Guia Prático da *Mamãe* de Primeira Vez

Guia Prático da Mamãe de Primeira Vez

DEBRA GILBERT ROSENBERG, L.C.S.W.
com MARY SUSAN MILLER, PH.D.

M.Books do Brasil Editora Ltda.

Rua Jorge Americano, 61 - Alto da Lapa
05083-130 - São Paulo - SP - Telefones: (11) 3645-0409/(11) 3645-0410
Fax: (11) 3832-0335 - e-mail: vendas@mbooks.com.br
www.mbooks.com.br

Dados de Catalogação na Publicação

Rosenberg, Debra
Guia Prático da Mamãe de Primeira Vez / Debra Rosenberg
2004 – São Paulo – M. Books do Brasil Editora Ltda.
1. Psicologia 2. Parenting 3. Maternidade

ISBN: 85-89384-40-3

Do original: The New Mom's Companion

© 2003 by Debra Gilbert Rosenberg.
© 2004 by M. Books do Brasil Editora Ltda.
Original em inglês publicado por Sourcebooks, Inc.
Todos os direitos reservados.

EDITOR: MILTON MIRA DE ASSUMPÇÃO FILHO

Produção Editorial
Salete Del Guerra

Tradução
Cássia Maria Nasser

Revisão de Texto
Iná de Carvalho
Lucrécia Barros de Freitas
Vera Ayres

Capa
Douglas Lucas

Editoração
Crontec

2004
1ª edição
Proibida a reprodução total ou parcial.
Os infratores serão punidos na forma da lei.
Direitos exclusivos cedidos à
M. Books do Brasil Editora Ltda.

Ao meu marido, Alan, por me amar e me fazer mãe, e aos meus filhos, Jill, Lynn e Mark, por enriquecerem minha vida e serem a principal razão de eu achar a maternidade algo tão pleno.

Agradecimentos

Sou grata a muitas pessoas pela ajuda e apoio. Amigos, familiares e inúmeras mães novatas contribuíram para minha vida e para este livro, contando-me suas histórias, dando sugestões, encorajando-me ou compartilhando sua experiência profissional – dádivas inestimáveis.

Obrigada às mulheres em meus grupos e, sobretudo, a Elizabeth Davies, Beth Hepburn, Laura Holmes, Beth Sirull e Elena Vassallo, cujas orientações, indicações, encorajamento e bondade ultrapassaram o escopo do grupo. Este livro é, de certa forma, de e para todas vocês.

Obrigada à dra. Audrey Bromberger pelas sugestões e comentários durante a revisão do capítulo sobre alterações físicas.

Obrigada ao West Suburban Temple Har Zion e, sobretudo, a Harvey Gross e Lucy Matz, por reconhecerem as necessidades das mães novatas e oferecerem espaço e apoio administrativo para os grupos de mães novatas.

Meus agradecimentos a minha agente, Linda Roghaar, cujo otimismo e entusiasmo ajudaram a manter o meu. E muito obrigada a minha editora, Deb Werksman, que, além de ter a mesma visão que eu sobre o que as mães desejam saber, ainda acrescentou sua sabedoria e *insight*, aprimorando ainda mais este livro.

Obrigada aos meus amigos e colegas, sem os quais eu não teria escrito este livro, especialmente a Edie Balch, Christine Baumbach, Katherine Billingham, Amy Brinkman, Carol Fred, Kitty Hall, Beth Inlander, David Inlander, Michael Klonsky, Susan Klonsky, Debra Landay, Hilarie Leib, Janice Monti, Alice Perlin, Sylvie Sadarnac-Studney, Ann Schreiner, Susan Sholtes, Cindy Tomkins, Judy Weiss e Susan Weiss, cujo apoio contínuo, orientação, informações úteis e palavras de encorajamento ajudaram-me a atingir meu objetivo.

Um agradecimento especial a Mary Susan Miller, amiga e parente, pelo carinho, sabedoria, encorajamento, excelentes ideias e confiança neste projeto.

Obrigada a minha mãe, Dorothy Gilbert, a meus irmãos, Steve Gilbert e Gary Gilbert, e a minha irmã, Kathy Gilbert, por crescerem comigo, ouvindo-me, contando-me suas histórias, dando-me orientações na parte legal e na área da informática, além de seu amor.

E, obviamente, eu não seria mãe sem meu marido e filhos. Minha gratidão e amor eternos a Alan, meu marido, e aos nossos filhos, Jill, Lynn e Mark. Fico perplexa com a profundidade de seu amor, paciência e apoio. Obrigada por transformar a maternidade em uma parte tão prazerosa de minha vida, por me ajudar a conciliá-la com o trabalho e por acreditar que meu sonho poderia, sem dúvida, virar realidade.

Sumário

Prefácio 11

Introdução 15

Parte Um: A Transição Pessoal **21**

Capítulo Um: Altos e Baixos Emocionais 23

Capítulo Dois: Alterações Físicas 57

Capítulo Três: Questões Práticas 85

Capítulo Quatro: Conciliando Trabalho e Lar 113

Parte Dois: Os Relacionamentos **147**

Capítulo Cinco: O Casamento 149

Capítulo Seis: Família Ampliada 191

Capítulo Sete: A Vida Social 225

Apêndice: Circunstâncias Especiais 253

Índice Remissivo 287

Prefácio

Mães novatas entram no mundo da maternidade como Alice no País das Maravilhas. Ficam perplexas com a contradição de suas emoções – alegria, medo, culpa, tudo agindo ao mesmo tempo em desarmonia; sentem-se confusas com a miríade de tarefas que precisam realizar para a estranha criatura que criaram e sentem-se totalmente incompetentes e ignorantes. Nada é familiar; nada mais parece fazer sentido. Lembro-me, mesmo no meu primeiro emprego, de que me senti mais segura do que ao enfrentar a responsabilidade do meu primeiro bebê. Afinal, como professora, podia seguir os planos de aula, metas definidas, sem contar que havia um orientador para me dar apoio e conselhos. A mãe novata não tem tanta sorte. Tornei-me mãe, sentindo que meus conhecimentos e preparo para uma função tão importante eram dolorosamente inexistentes.

A mãe novata de hoje, que considera essa nova etapa da vida profundamente confusa e ao mesmo tempo prazerosa, sente-se isolada, na maioria das vezes, e emocionalmente insegura. Espera-se que ela se adapte pronta e facilmente à maternidade, mesmo se morar em uma comunidade distante da sua mãe, apesar de dormir pouco, da indecisão entre trabalhar e ficar em casa e da existência ou não de amigas ou conhecidas próximas que também são mães pela primeira vez. Sem ninguém para orientá-la e, na maioria das vezes, praticamente sem nenhuma experiência em cuidar de bebês, é claro que ela perceberá seus desconfortos como anormais, com todas essas mudanças, ou que a ausência da felicidade total significa que é uma péssima mãe ou uma mulher inadequada. Suas emoções são intensas e desconhecidas, e ela acha que ninguém entende seus sentimentos.

Obviamente, mães novatas, levam muitas vantagens sobre suas mães, avós e bisavós. Uma mulher que planeja dar à luz nos Estados Unidos espera, e geralmente tem, um resultado positivo: bebê e mãe saudáveis. Há incentivo para que as mulheres foquem seus objetivos em adquirir conhecimentos, satisfação, na sua carreira e independência.

Mulheres de classe média são, na maioria das vezes, bem instruídas e intelectualmente preparadas para ter filhos. Dispõem de amplos conhecimentos e apoio para o nascimento como um fim em si mesmo. Planejam a gravidez e o parto; sabem o que acontece ao corpo e ao feto em desenvolvimento. São fisicamente preparadas para ter o bebê – mas não são social e emocionalmente.

Mulheres de países em desenvolvimento encaram a maternidade de forma bem diferente das mulheres americanas. O provérbio africano "É preciso toda uma comunidade para criar uma criança" assume significado completamente novo nas vilas de um país em desenvolvimento, como o Quênia. Uma vila Maasai inteira, com casas, pessoas e tudo o mais, cabe na praça de esportes comum de uma escola suburbana de ensino médio nos Estados Unidos, por exemplo. Parentes e amigos estão a alguns metros de distância, basta chamá-los e eles ouvirão. Homens e mulheres têm funções bem definidas, e as garotas aprendem a cuidar de bebês desde cedo. As mães novatas se vêem cercadas por mulheres experientes. Se têm problemas com a amamentação, a irmã, mãe ou prima estão ali para dar sugestões. Elas não se preocupam se vão ou não retomar a carreira profissional; sua função na comunidade *é* a sua carreira e integra a maternidade sem maiores problemas. Seu relacionamento com o marido não depende de eles conseguirem passar algum tempo juntos, dedicando-se aos passatempos e interesses mútuos, nem sofre porque a dinâmica conjugal muda por assumirem juntos a condição de se tornarem pais. Ela não fica isolada na maternidade. Mulheres e crianças da vila passam os dias juntas, sempre presentes para auxiliar a mãe novata em recuperação nas demais tarefas – cuidar do bebê que chora ou dar orientações.

Mães novatas em países em desenvolvimento não se preocupam em aprender massagem infantil ou em tocar Mozart para estimular o intelecto do bebê, nem com as condições da creche ou se o bebê conseguirá, um dia, ingressar na melhor faculdade. Não se preocupam em perder contato com os amigos ou em não conseguirem manter seus interesses. Não ficam isoladas das outras mães nem precisam lidar com todas as alterações nas emoções, prioridades e tarefas sem apoio, como acontece nos Estados Unidos, por exemplo. Mães novatas em países em desenvolvimento achariam este livro totalmente desnecessário. Elas não se esforçam para se adaptar à nova vida como mães porque essa não sofre mudanças drásticas.

Mas as vidas de mães novatas em nações mais prósperas mudam, e drasticamente. Com o progresso, a classe média perdeu o senso de comunidade e conexão que mulheres em outras partes do mundo acham natural. Ensinamos às mães novatas como respirar durante o parto difícil, como trocar a fralda do bebê, medir sua temperatura e tornar a casa segura para a criança, mas não as ajudamos a lidar com as transições emocionais e de relacionamento, quase universais no mundo industrializado. Sem esse apoio e compreensão, sem a expectativa de que ser mãe é um desafio pessoal e uma transição relevante, mães novatas sentem-se perdidas e solitárias, incompetentes, inadequadas e pouco femininas. Ouvimos muito sobre a depressão pós-parto e a psicose, com resultados geralmente desastrosos, e pouquíssimo sobre como é normal ficar chorosa durante algum tempo após o parto. As mulheres não têm conhecimentos nem recursos para avaliar se as lágrimas são de fato normais ou se deveriam buscar ajuda médica imediatamente. Não têm percepção nem acesso a outras mães, novatas ou experientes, para determinar se as desavenças conjugais são simplesmente consequência da falta de dormir ou se precisam de aconselhamento matrimonial. E, como a maternidade ainda é considerada normal e natural, ficam constrangidas por se sentirem tão pouco à vontade com toda essa incerteza.

Guia Prático da Mamãe de Primeira Vez preenche a lacuna na adaptação da mãe de primeira viagem à maternidade. Minha experiência como educadora de pais deixa claro que as melhores mães, aquelas capazes de proporcionar um lar carinhoso e estimulante com expectativas adequadas para os filhos, são as que conhecem sua identidade e sentem-se à vontade com suas opções e funções como mães, companheiras, filhas, colegas de trabalho e amigas. Também sei que, para a realização de um ajuste perfeito à maternidade, a mulher precisa encarar os sentimentos e reavaliar como a nova condição se encaixa em sua vida. Precisa questionar e trocar ideias e experiências com outras mulheres, integrando a maternidade às demais áreas de sua vida. É muito mais fácil ser mãe quando se é uma pessoa resolvida, de bem consigo mesma e com suas várias funções; tornar-se boa mãe e mulher realizada exige muito mais do que simplesmente aprender a cuidar do bebê.

Este não é um livro sobre como tornar-se uma mãe melhor; ele mostra como se sentir à vontade, segura e confiante como mãe. Mães de primeira viagem querem respostas diretas. Aqui está um livro de referência para ser usado quando você questionar suas atitudes e reações, um guia para tranquilizá-la, mostrando que seus sentimentos são perfeitamente normais e um guia para lhe dizer quando buscar ajuda profissional. "É também um guia para orientar os profissionais da área de psicologia em como devem agir com suas pacientes, entendendo-as melhor." Com o *Guia Prático da Mamãe de Primeira Vez,* a mamãe não precisa mais encontrar o caminho sozinha. Aproveite a viagem ao mundo da maternidade e tire vantagem deste guia, que está aqui para iluminar seu caminho.

– Mary Susan Miller, Ph.D.

Introdução

Este é o livro que eu gostaria de ter lido quando fui mãe pela primeira vez, que queria ter consultado quando fiquei horrorizada ao constatar que estava com raiva do meu amado bebê porque tinha acordado e queria brincar (de novo) às 3 da manhã; quando, como mulher modesta, me vi caminhando pelo apartamento, às vezes o dia todo, sem tomar banho, de camisola, com as abas do meu sutiã de amamentação descidas, os mamilos expostos ao ar refrescante e a quaisquer visitas; quando vizinhas e amigas davam a impressão de achar a maternidade muito mais fácil; quando me sentia exuberante, poderosa, cheia de amor e entediada, solitária e incompetente ao mesmo tempo; quando me enfurecia com meu marido por não valorizar completamente a mãe importante e bem-sucedida que eu era por ter conseguido manter nossa filha e eu vivas mais um dia, sem ter incendiado a casa. Eu queria alguém ou alguma coisa para me tranquilizar, dizendo que a maioria das mães de primeira viagem, que trazem os olhos vermelhos em consequência das noites passadas em claro, iniciantes no cuidado infantil, em transição física e emocional da juventude para a maternidade, tem todas as sensações que eu tinha.

Desde o início, adorei ser mãe, mas também logo reconheci que *me tornar* e não apenas *ser* mãe era muito mais trabalhoso do que eu previra. Conversei com amigas que se tornaram mães pouco antes de mim e a maioria concordou que essa transição para a maternidade era mais complicada do que pensávamos. Embora todas aceitassem certos aspectos da alteração de prioridades e quilos, havia outras mudanças nos relacionamentos, no estilo de vida, foco e em nossa alma que não esperávamos e para as quais, muito menos, estávamos preparadas.

Muitas grávidas têm uma ideia de como será o nascimento do filho. Algumas planejam ter o bebê em casa, outras optam pelo hospital, mas sem medicamentos, e outras querem ser anestesiadas o mais rápido possível. Algumas escrevem planos detalhados para o parto e convidam as melhores amigas a participarem, enquanto outras preferem deixar todas as decisões para o médico. Contudo, quando conversamos com mães de primeira viagem logo após o nascimento do bebê, fica evidente que, assim que o trabalho de parto tem início, as coisas raramente saem como as planejamos. O trabalho de parto pode ser mais longo e complicado do que imaginamos ou tão rápido que mal temos a chance de pensar. Mas, por mais que planejemos e nos preparemos, o nascimento do bebê quase nunca é exatamente como imaginamos.

Da mesma maneira, parece que não existe melhor forma de nos prepararmos para a inexperiência emocional que sentimos quando nos tornamos mães pela primeira vez. Tenho certeza de que, mesmo se lêssemos todos os livros sobre o assunto, poderíamos apenas absorver certa quantidade de informações. Eu não tinha a menor dúvida de que sabia mais do que o suficiente para me adaptar facilmente à maternidade e sei que não teria acreditado em ninguém que tivesse me dito que a experiência seria tão emocional e fisicamente desafiadora quanto o foi. Além disso, penso que aquele tipo de preparação foi como o plano de nascimento: pouco útil e nem de longe capaz de me preparar para a realidade.

Mesmo como assistente social clínica com inúmeras sobrinhas e sobrinhos, trabalhando com mães adolescentes e famílias adotivas, leitora de quase todos os livros disponíveis sobre gravidez, ainda estava despreparada para o impacto que a maternidade teve em minha vida. Eu sabia que a vida mudaria quando o bebê chegasse, mas não tinha a ideia da extensão dessas mudanças. Imaginei que acrescentaríamos uma pessoa à família e não que nos tornaríamos outras pessoas.

O nascimento desse bebê minúsculo deu-me a impressão de mudar não apenas o meu corpo, como também minha capacidade de pensar com clareza, o relacionamento com meu marido e meus sentimentos sobre minha mãe e outros familiares. A maternidade mudou grande parte de minhas amizades, minhas atitudes em relação ao trabalho, minha autopercepção como mulher, quase tudo o que se relacionava à *minha identidade*. Mudou tudo e, se não mudou, transformou sua importância relativa em minha vida. Todas as alterações não foram ruins; na verdade, tornar-me mãe foi maravilhoso. Mas havia muitos aspectos do processo que me pegaram de surpresa. Pouquíssimas mulheres mencionaram essas mudanças antes de eu iniciar a conversa e depois pareciam emocionadas e aliviadas ao contar como a maternidade as transformou. Todas davam a impressão de acreditar que a maternidade deveria ser uma experiência natural e positiva, *que não deveríamos considerá-la estressante*. Como mães de primeira viagem, às vezes era difícil admitir que a maternidade nos colocara em uma montanha-russa emocional e, quase sempre, sentíamos que o cinto de segurança não estava firme. Por vergonha ou constrangimento, não conseguíamos admitir para nós mesmas ou para outras mães novatas que achávamos desafiador o fato de termos nos tornado mães.

Mas, embora descobrindo que muitas outras mães de primeira viagem também tinham quase os mesmos sentimentos que eu, não consegui encontrar recursos que focassem minhas preocupações, minha adaptação à maternidade. Encontrei livros sobre amamentação, como se tornar um pai excelente, como fazer o bebê dormir, como massagear o bebê, como entrar em forma após o parto. Encontrei grupos com tópicos relacionados ao bebê. Nada nas livrarias ou na comunidade atendia às minhas necessidades específicas, nem respondia às minhas perguntas sobre mudanças emocionais e de relacionamento causadas pela maternidade.

Em 1989, após o nascimento do meu terceiro filho e minha imersão total na maternidade (agora já muito mais eficiente, confiante e tranquila em relação a ela), dei início aos Grupos de Mães de Primeira Viagem, reunindo-me com elas para discutirmos as emoções e experiências universais de se tornar mãe em nossa sociedade. Desde então, reúno-me com mães de todas as idades e origens, e elas concordam que, embora a maternidade seja maravilhosa – e quase todas adoram sua nova condição –, a maioria também luta para se adaptar às mudanças na identidade, corpo, relacionamentos, trabalho e vida que a nova função exige.

Mas nem toda mãe de primeira viagem tem acesso aos grupos e, por esse motivo, este livro nasceu para oferecer todo o apoio de que elas necessitam, a experiência de alguém que passou pela mesma situação e descobriu que não era a única. Este é o livro que eu teria escolhido quando não tinha certeza se era normal sentir solidão ou tédio, ou quando me preocupava se meu marido e eu nunca aprenderíamos a dividir igualmente as tarefas do lar. Eu o teria consultado quando minha mãe, subitamente, parecia muito mais sábia do que antes, ou quando minha ex-melhor amiga não conseguia entender nem se importar com minha nova vida. Este livro leva a sério sua exaustão, preocupações e ansiedades e foca em *sua* transição como pessoa que tenta integrar a maternidade às demais áreas da vida.

Este livro é para ajudar todas as mães de primeira viagem a se adaptarem ao fato de se tornar mãe, seja ela a primeira ou a décima quarta em seu círculo de amizades a ter um bebê, com 22 ou 42 anos, morando a dois quarteirões ou a dois mil quilômetros de distância de sua mãe, conhecendo a vizinhança há 10 anos ou há 10 dias. É para qualquer mãe de primeira viagem com perguntas sobre a maternidade. É para você.

Como o Livro Está Apresentado

O material aqui apresentado vem sob a forma de perguntas e respostas, para que o tópico de interesse seja encontrado com facilidade, obtendo-se assim uma resposta rápida. Tanto faz ler o capítulo inteiro ou apenas a pergunta específica, dependendo se você precisa de apoio rápido ou quer conhecimentos mais amplos. Os capítulos são organizados de acordo com as áreas específicas da vida feminina alteradas pela maternidade, desde as mudanças internas, mais pessoais e emocionais, até as adaptações infinitas nos relacionamentos mais importantes e vida profissional. De vez em quando aparece um exemplo ou citação real de uma mãe de primeira viagem, embora sem revelar seu nome verdadeiro.

Às vezes os tópicos se sobrepõem. Por exemplo: a vida sexual tem perguntas e respostas tanto no capítulo sobre alterações físicas como no referente a casamento, mas o aspecto da pergunta determina sua localização. Se a dúvida for sobre seu marido ter apresentado um nível de desejo diferente do seu, a resposta está no capítulo sobre casamento. Se você deseja saber sobre sexo após o nascimento do bebê, veja o capítulo sobre adaptação física.

A Parte Um tem como foco o que acontece à mulher como indivíduo quando se torna mãe, e divide-se em quatro capítulos. O primeiro trata das emoções, o segundo é sobre alterações físicas, o terceiro trata de questões práticas e o quarto da escolha entre retomar a carreira ou permanecer em casa. A Parte Dois é dedicada à maneira como os relacionamentos básicos mudam para adaptarem-se à nova função, e apresenta três capítulos: um sobre seu relacionamento com o pai do bebê, um sobre a família do marido e outro sobre sua vida social.

O coração deste livro vem de todas as mulheres que confiaram o suficiente umas nas outras e em mim para comparem e compartilharem suas histórias sobre o fato de se tornarem mães. Inclui a sabedoria e a experiência de centenas de mães – mulheres que assumiram a maternidade com todas as suas provações e delícias. Lembre-se sempre de que você não está sozinha. A maternidade é um desafio e um privilégio e você vai se sair muito bem.

Tornar-se mãe é uma das tarefas mais satisfatórias do mundo e também uma das mais difíceis.

Parte Um
A Transição Pessoal

Nada na vida me mudou mais do que a maternidade: nem sair de casa para estudar fora, o casamento, ou a perda de um ente querido. Tornar-se mãe é para sempre, irreversível e apaixonante: envolve o corpo, a alma e a maneira como despendemos nosso tempo. Muda a maneira de como as outras pessoas nos vêem e de como nos vemos. Antes de meu primeiro filho nascer, eu nunca tinha trocado uma fralda, mas tinha amplos conhecimentos sobre desenvolvimento e educação infantil e, por essa razão, minhas preocupações em me tornar mãe estavam relacionadas a questões práticas como amamentação, perder o peso adquirido durante a gravidez e se retomaria minha carreira ou não. Não pensei nem um pouco sobre como a minha vida pessoal mudaria assim que eu tivesse o bebê.

Embora este livro seja dedicado às mudanças causadas pela maternidade na mulher e em sua vida, a primeira parte destaca as alterações individuais e pessoais sofridas pela mãe de primeira viagem e se divide em quatro capítulos. O primeiro examina as mudanças emocionais da identidade; o segundo analisa as alterações físicas causadas pela gravidez; o terceiro trata do impacto provocado pela chegada do bebê e de como despendemos nosso tempo; e o quarto discute as questões relacionadas à vida profissional.

Embora o que a mãe de primeira viagem vivencie de maneira física afete emocionalmente seus sentimentos – o que ela *faz* de fato afeta seus sentimentos tanto no contexto físico como no emocional, e seu *trabalho* causa impacto em suas emoções e auto-imagem –, tentei manter essas áreas separadas por questões de conveniência e clareza. Quando suas emoções parecerem fora de controle, você encontrará respostas para perguntas sobre as alterações de humor no primeiro capítulo. No meio da noite, quando você estiver se perguntando se há algo clinicamente errado ou se é normal o seu cabelo cair, a resposta estará no capítulo sobre alterações físicas. Quando sufocada pelas pilhas enormes de roupinhas minúsculas, porém sujas, consulte o capítulo sobre as mudanças práticas causadas pela maternidade e veja algumas dicas para superar o problema com o mínimo desconforto (seu ou do bebê). E, quando se sentir dividida entre o trabalho que adora e o bebê que ama, o capítulo sobre questões de escolha de vida será a fonte de informações de que você necessita.

Nos próximos quatro capítulos, você encontrará respostas às suas perguntas sobre tudo o que lhe afeta como indivíduo.

A maternidade é um processo. Aprenda a amar esse processo calmamente.

Capítulo Um

Altos e Baixos Emocionais

Adorei ser mãe, mas fui pega de surpresa pela intensidade e variedade de minhas emoções. Eu alternava, às vezes a cada minuto, entre irritabilidade e calma, insegurança e confiança, melancolia e alegria. Meu humor era imprevisível, e minhas preocupações eram desconhecidas. Não esperava me sentir entediada ou solitária; não contava com a força do meu amor; ninguém me avisou que minhas ideias, anteriormente bem definidas sobre trabalhar fora de casa, logo se tornariam obscuras. Em questão de meses, ficava entre questionar como o hospital teve coragem de deixar minha filha aos meus cuidados (será que eu era *realmente* adulta para ser mãe?) e sentir que sempre tinha sido mãe. O fato de me tornar mãe exigia quase tanto quanto o de cuidar do bebê, e era uma metamorfose tão interessante quanto a gravidez.

Eu fazia inúmeras perguntas sobre essa transformação pessoal aos amigos e familiares que já tinham bebês. Quase sempre outras mães de primeira viagem ficavam emocionadas com o fato de eu levantar a questão e queriam literalmente comparar seus infortúnios. Mas, além disso, principalmente entre mães mais experientes, logo as mulheres falavam (e com entusiasmo) sobre como os primeiros dias de maternidade foram maravilhosos. Apenas depois de termos conversado um pouco, e de eu ter revelado alguns dos meus momentos de incerteza e explosão emocional, outra mulher admitiu, aos poucos, que passara o primeiro ano de maternidade em meio a um nevoeiro e nem sempre foi feliz. Parecia haver desconforto real, se não amnésia, em admitir a dificuldade dos primeiros dias.

Fiquei chocada ao não encontrar livros que analisassem o que acontece à identidade da mulher quando ela se torna mãe, porque era óbvio para mim que ter um bebê era muito mais complexo do que jamais imaginara. Também me surpreendi ao constatar como a maioria das mães de primeira viagem se sentiu aliviada quando levei a conversa para o lado menos agradável do início da maternidade. Todas nós nos sentimos melhor ao saber que a maioria – se não todas – das mães novatas, em nossa cultura, sofre com o processo de incorporar a maternidade à sua vida.

Este capítulo responde a perguntas sobre a jornada emocional na maternidade. Muitas mulheres reavaliam várias áreas da vida quando elas se tornam mães pela primeira vez e vivenciam reações e emoções que não previram. Este capítulo analisa como a mãe de primeira viagem se vê em seu mundo, o que significa ser boa mãe e como encontrar uma maneira de manter a identidade anterior à maternidade. Embora o fato de se tornar mãe represente um desafio para a maioria das mulheres de maneira nunca esperada, ele é extremamente comum.

Todos aprendem muito no primeiro ano de vida do bebê, inclusive ele.

Pensei que estivesse muito bem preparada para me tornar mãe. Por que estou tão perplexa com a *realidade* da situação?

Você pode estar tão bem preparada quanto possível, mas, depois que me tornei mãe e passei a trabalhar com centenas de mães de primeira viagem, não tenho dúvidas de que ninguém entende totalmente o que é ser mãe antes de ter tal experiência. É como Alissa, mãe pela primeira vez, disse: "Antes de meu bebê nascer, pensei que estivesse bem preparada. Tinha um bom casamento; li muitos livros sobre gravidez e cuidados infantis e mal podia esperar para me tornar mãe. Mas nada me preparou para a maneira como me *sinto*: apaixonada, dolorida, incompetente, poderosa, exausta e sufocada. O que torna tudo tão difícil?"

Ler o máximo possível sobre o nascimento do bebê e seus cuidados pode ajudá-la muito durante a gravidez e o parto e até ensinar-lhe o básico para cuidar do bebê. Pintar o quarto dele e comprar as roupinhas, a cadeirinha para o automóvel e seu carrinho ajudarão você a ir se preparando para tomar conta do bebê. Mas esses livros e todos os equipamentos necessários não conseguem prepará-la para as adaptações pessoais, emocionais e cotidianas inerentes à maternidade. Assim como ninguém pode descrever precisamente como será seu parto, ninguém pode lhe ensinar como você vivenciará a maternidade.

Mudanças são difíceis, e grande parte de sua vida muda quando o bebê chega em casa. Muitas mães de primeira viagem admitem se sentir irreconhecíveis, emocional e fisicamente, até para si mesmas. O corpo fica diferente, as emoções fogem do controle, a eficiência e a competência caem drasticamente e as prioridades e os interesses são, de súbito, tão limitados, que tememos ter nos transformado em seres enfadonhos. A maneira como passamos os dias (e noites) muda de forma repentina e drástica, principalmente nas primeiras semanas. Os relacionamentos mais significativos competem pela atenção com o bebê, que obviamente não tem tantas qualidades compensadoras nesse momento, mas que temos um amor tão intenso que traz lágrimas aos nossos olhos. Embora todos esses aspectos da transição para a maternidade sejam praticamente universais, não há nada que você possa fazer para se preparar melhor.

Apesar de termos pensado, antes do nascimento do bebê, que adoraríamos cada faceta da maternidade, sentir-se à vontade na nova vida não acontece automaticamente, muito menos com facilidade, e não conseguimos nos adaptar a todas as mudanças em questão de dias. O nascimento do primeiro filho é também o nascimento de uma mãe – portanto, vá devagar e não seja muito dura consigo mesma. Seus esforços aos poucos começarão a compensar e você *sentirá* a vida mais fácil; com tempo, paciência e experiência, conseguimos nos recuperar fisicamente e nos adaptar à maternidade, aprendendo como conciliar nossas diversas funções e desenvolver confiança e competência.

Às vezes é difícil conciliar a tão sonhada maternidade com a realidade de ser mãe.

Por que ninguém me disse como era complicado ser mãe?

A maioria das mulheres considera a maternidade um desafio, mas pouquíssimas estão dispostas a admitir o fato para si mesmas, muito menos para os outros. Mães de primeira viagem abraçam a maternidade pensando na alegria de cuidar do recém-nascido adorado, jamais contando com o estresse da transição. Em público, descrevem a maternidade como bela e feliz; na mídia, mães aparecem como seres naturais e femininos. Na vida real, raramente divulgam as partes obscuras: a dificuldade para se sentar, a falta crônica de sono ou o tédio repetitivo de cuidar do bebê o dia todo. Quando a realidade pessoal não se iguala ao que todas parecem vivenciar com tanta facilidade, é difícil aceitá-la.

Embora muitas mães de primeira viagem confessem, ao menos para si mesmas, que se chocam com os desafios da maternidade, considerá-la difícil é exatamente o que eu penso que as impede de compartilhar seus sentimentos com os outros. Algumas apresentam um tipo de "machismo da maternidade". Não querem que ninguém saiba que não estão vivenciando a época mais feliz da vida. Acreditando que a maternidade é natural e, portanto, simples, elas se sentem inferiores e imperfeitas ao constatarem o contrário, por não se sentirem perfeitamente satisfeitas, organizadas e maravilhosas. Outras, isoladas e exaustas durante as árduas primeiras semanas, desenvolvem "amnésia da maternidade"; as primeiras adaptações passam de forma tão indistinta que elas honestamente não se lembram das oscilações de humor e do caos.

Não há conspiração para manter mulheres que não são mães ignorantes das provações da maternidade. Mas é preciso coragem para ser a primeira a reconhecer como é difícil se tornar mãe. Se pensarmos que todo mundo lida com a situação melhor e mais facilmente do que nós, é óbvio que relutaremos em contar às pessoas nossas dificuldades. Mas, acredite em mim, a maioria das mulheres concorda conosco; se iniciarmos uma conversa com outras mães de primeira viagem sobre nossas lutas, sem dúvida constataremos que estamos em boa companhia.

Por que me sinto feia, gorda, desarrumada?

Tereza, advogada e mãe de primeira viagem, sentiu-se da mesma maneira. "Vejo mulheres dando à luz e, apenas algumas semanas depois, estão com ótima aparência, bem dispostas e com tudo sob controle, enquanto eu ainda me sinto um lixo", disse. "Não consigo nem mesmo ter uma aparência decente para ir ao supermercado. Por quê?"

Porque você é uma pessoa e uma mãe de primeira viagem real, passando por um período normal de adaptação à maternidade. Talvez tenha expectativas e exemplos pouco realistas. As mães de primeira viagem em revistas e na tevê têm ótima aparência porque faz parte do trabalho delas. Se sua carreira depende da aparência, e você teve a oportunidade de contar com um *personal trainer* em período integral, cozinheira, maquiador e babá, talvez consiga dedicar horas diariamente para voltar à forma e parecer magnífica, também. É uma pena que inúmeras pessoas, sobretudo os ricos e famosos, não contem como é complexo para a mãe de primeira viagem comum cuidar de si mesma enquanto cuida do recém-nascido.

Certamente algumas mulheres parecem lidar com a adaptação à maternidade com enorme graciosidade. Algumas precisam dormir menos para funcionar bem ou são mesmo muito eficientes. Outras são biologicamente abençoadas com corpos que retornam às dimensões anteriores à gravidez pouco depois do parto. Algumas têm quem lhes possa ajudar, e outras ainda, sentem-se tão mal quando desorganizadas ou desleixadas que encontram maneiras de melhorar a aparência, ao menos em público. Mas, sem dúvida, elas são minoria.

Se você é apenas uma pessoa comum, então é perfeitamente normal demorar um pouco, talvez muito, para se adaptar emocional e fisicamente à nova vida. Não se sinta inferior por não ser o que imagina que as outras são. Aproveite e aceite quem você é e não pense que precisa parecer uma modelo, a menos que já o seja. Com o passar do tempo e à medida que o bebê se torna mais independente (e isso acontece, acredite!), você conseguirá retomar algumas coisas que a fazem se sentir "inteira". Por enquanto, tente aceitar sua aparência ou procure alguma coisa simples que possa ajudá-la a se sentir melhor. Coloque o bebê no moisés enquanto escova os cabelos ou passa batom. Tereza, a advogada, descobriu que o simples fato de não usar tênis e moletom o tempo todo a fazia se sentir mais à vontade, como antes. Sobretudo, lembre-se de que você é ótima, exatamente do seu jeito.

O parto não foi como planejei. Como superar a decepção?

É difícil superar a decepção quando a vida real é diferente da fantasia. Se você planejou a presença de sua melhor amiga para ajudá-la no parto e descobriu que ela não estava na cidade, ou desejava um parto sem medicamentos e constatou que estava implorando por remédios após 13 minutos de trabalho de parto, é difícil aceitar que um acontecimento tão importante não aconteceu como foi idealizado.

Inconscientemente, alguns livros e cursos de preparação para o parto parecem criar armadilhas para a decepção. As grávidas ficam com a impressão de que conseguirão controlar o parto e depois se decepcionam quando a situação progride lenta ou rapidamente, com o surgimento de complicações ou, no frenesi do momento, quando todos os planos vão por água abaixo. Uma enfermeira que conheço me disse, certa ocasião, que treme ao ver casais que chegam ao hospital com um plano de parto, pois sabe que a decepção quase sempre acompanha suas altas expectativas.

Ter um bebê pode ser maravilhoso, mas também pode representar enorme esforço. Se o parto não atendeu às suas expectativas, a raiva e a decepção são normais. Enfrente-as; aceite o fato de que não foi o que você desejou e procure concentrar-se na nova família e vida. Se conversar com seu médico, parteira, amigos e familiares não ajudar a superar seus sentimentos, considere a possibilidade de procurar um terapeuta especializado. Seus sentimentos são reais e válidos e merecem ser considerados.

Minha gravidez e parto foram muito difíceis. Como posso ser boa mãe se tive tantos problemas para dar à luz?

Gosto de comparar a gravidez e o parto ao noivado e casamento. Após o noivado, não fazemos outra coisa a não ser planejar. Passamos meses nos preparando para o grande dia, entrando em forma, tentando prever e controlar cada detalhe. Queremos que o dia seja perfeito, e imaginamos que sua perfeição indicará o sucesso do casamento. Da mesma maneira, durante a gravidez, focamos nossos cuidados na preparação emocional e física para o parto; cada dor, pontada ou pensamento chama nossa atenção. Esperamos que o preparo cuidadoso garanta nossa excelência como mãe.

Mas tanto o casamento como o parto marcam apenas o início de novas etapas. A vida de casada talvez seja completamente satisfatória mesmo que tenha chovido torrencialmente no dia do casamento e a dama de honra tenha vomitado no vestido da noiva. Da mesma maneira, medicamentos, repouso e intervenção médica não nos condenam à maternidade difícil. Tanto a maternidade como o casamento envolvem compromissos a longo prazo e evolução nos relacionamentos. A maternidade não é determinada pela capacidade de parir sem gemer, e a necessidade de intervenção médica não nos diminui como mulher.

O parto talvez tenha sido decepcionante, mas não está relacionado à nossa capacidade futura como mãe. A meta da gravidez não são bebê e mãe saudáveis? Portanto, você não fracassou e certamente poderá ser excelente mãe! O parto, apesar de parecer durar para sempre, representa apenas a fração mínima da maternidade. Você poderá ser ótima mãe, qualquer que seja a maneira que você e o bebê começaram o processo. Felizmente os dois estão bem agora. Aproveite para curti-lo. Você já é um sucesso.

A meta da gravidez e do parto são bebê e mãe saudáveis. Se você alcançou esse resultado com ou sem medicação, inseminação artificial, cesariana, adoção ou deu à luz após dez minutos de trabalho de parto em seu quarto sem derramar uma gota de suor, obteve sucesso.

E se o meu bebê e eu não passamos os primeiros minutos juntos?

O vínculo que você desenvolve com o bebê não depende apenas das primeiras horas após o nascimento. Ele cresce e se aprofunda com o decorrer do tempo. Você não está sentenciada a um relacionamento frio e distante, mesmo se ficou inconsciente durante os primeiros *dias* após o parto, se o bebê ficou na incubadora e você não pôde segurá-lo constantemente, ou se algum outro problema os manteve separados durante semanas.

Há muitas razões para a mãe de primeira viagem e o bebê não terem o início ideal, desde uma criança prematura precisando de cuidado intensivo durante várias semanas até a depressão pós--parto da mãe. Quase sempre, coisas pequenas (e às vezes, grandes) ocorrem, atrapalhando o plano do nascimento, e, aí, aquelas primeiras horas não são como você previu. Mulheres que, por inúmeras razões, não conseguem cuidar do recém-nascido logo em seguida são sem dúvida capazes de desenvolver excelente relacionamento com o bebê. Tente não se preocupar, nem se apressar; relaxe, recupere-se e conheça o bebê.

Estabelecer um vínculo nas primeiras horas de vida do bebê é maravilhoso, quando acontece e, de fato, os pesquisadores acreditam que poder segurar o bebê logo após o nascimento seja o ideal. Mas os especialistas em vínculo materno-infantil nunca tiveram a intenção de que suas constatações se tornassem um peso para as mães de primeira viagem; apenas queriam que elas tivessem melhor oportunidade de um bom começo com o bebê. O relacionamento entre mãe e filho cresce e se aprofunda com o decorrer dos anos, e é extremamente complexo para ser determinado apenas nas primeiras horas.

Às vezes até mesmo as mães inexperientes que têm parto simples se surpreendem por não sentirem amor instantâneo no momento em que vêem o bebê, o que não impede o desenvolvimento de relacionamentos calorosos e profundos. Você e o bebê se apaixonarão mutuamente antes que possa perceber. Não permita que a decepção de não desenvolver "vínculo" com ele nas primeiras três horas (ou mesmo dias ou semanas) de vida a desespere, pensando que jamais se formará.

Você pode criar o vínculo. Despenda tempo focando-se no bebê. Carregue-o sempre que puder; olhe em seus olhos enquanto o amamenta; mantenha-o no moisés para que fique perto de você; amamente-o sempre que necessário. Veja por que está chorando, converse com ele, dance com ele e preste atenção ao que ele gosta ou não. Com pouco tempo e atenção, o vínculo se desenvolve naturalmente. Você e o bebê podem, sem dúvida, ter uma vida maravilhosa juntos.

Como posso fazer tudo que é necessário para o bebê? Caso não o faça, eu o estarei magoando?

Existe uma faixa tão grande de estilos aceitáveis de criar os filhos e tantas informações sobre o início do desenvolvimento infantil que muitas mulheres, sobretudo as com maior nível de instrução, preocupam-se com o fato de que seu bebê ficará em desvantagem se não for adequadamente estimulado todos os dias. Anna, uma artista, desesperou-se, achando que não fazia o suficiente pelo bebê. "Quando vejo todos os livros e cursos sobre cuidados infantis", ela diz, "há sempre alguma coisa que eu 'deveria' fazer." Certamente não vou lhe dizer para ignorar o bebê, mas talvez ajude a diminuir sua culpa saber que Albert Einstein e Madre Teresa de Calcutá provavelmente foram criados sem os benefícios da massagem infantil, móbiles em preto e branco, assentos para o carro ou vídeos educativos.

Apesar da tendência de fazer com que pais de primeira viagem acreditem que deveriam oferecer estímulos constantes, o que os bebês realmente precisam é de estimulação *equilibrada*. Se o bebê está se desenvolvendo bem, atingindo as metas sociais e físicas na idade prevista, sem criar problemas o tempo todo, é provável que esteja adequadamente estimulado. Lembre-se de que cada bebê precisa de determinado nível de estímulo; alguns menos do que outros. Se o bebê se irrita ou se assusta com facilidade, talvez esteja recebendo estímulos demais. Em vez de se preocupar se está fazendo o suficiente, preste mais atenção às reações do bebê, brinque com ele com carinho e tranquilidade, acalme-o quando estiver irritado e ele ficará bem.

Não deixe os especialistas criarem problemas onde não existem. Desde que você passe algum tempo diário relacionando-se diretamente com o bebê, é bem provável que ele esteja recebendo estímulos suficientes. Reagir às necessidades e emoções do bebê é tão importante quanto lhe proporcionar um ambiente estimulante.

Porém, se tem certeza de que não está fazendo o suficiente pelo bebê porque simplesmente não sabe como interagir com ele, a solução é simples:

- Converse com o bebê sempre que estiverem juntos. Diga-lhe o que vê e o que está fazendo; fale os nomes de cada parte do corpo e de todo o ambiente. Lembro-me de que me sentia tola ao contar à minha filha sobre os lençóis que estava dobrando, mas conversar com o bebê enquanto fazemos as tarefas domésticas pode acalmá-lo e aprimorar seu vocabulário.

- Faça o que gostar com o bebê. Se você adora cantar, invente canções. Se adora ir a museus, coloque o bebê no carrinho e vá. Seu prazer será contagiante e ajudará a apresentar o bebê a diversas atividades de forma natural e prazerosa para ambos. Ele talvez não aprecie Monet, mas ficará fascinado pela variedade de sons e imagens.

- Faça brincadeiras com o bebê, como esconder o rosto ou objetos. Se não conhece nenhuma brincadeira, não se preocupe, o bebê também não. Invente, pergunte aos amigos ou procure livros, vídeos, CDs, DVDs ou fitas na biblioteca para ajudá-la.

- Você talvez já tenha ouvido dizer que a música de Mozart ajuda o desenvolvimento cerebral infantil, mas não há problema algum em ouvir músicas sertanejas ou populares, se preferir. Música sempre é bom.

- Mostre ao bebê antigos álbuns de fotografias, produza sons com objetos domésticos ou demonstre como arremessar as meias no cesto de roupas sujas. O bebê quer o envolvimento da mãe. Se você gosta de ficar com ele e de realizar atividades juntos, a estimulação está garantida. Um passeio ao supermercado com a mãe que, com entusiasmo, aponta as maçãs ao mesmo tempo em que diz "maçãs" é tão valioso quanto ouvir fitas dos grandes mestres da música todos os dias. Talvez até melhor.

Embora essas dicas se relacionem mais ao bebê, não fique pensando que não está fazendo o suficiente. Se você sente que está fazendo todo o possível pelo bebê, então confie em seus instintos e dê uma trégua a si mesma. Os especialistas que imploram às mães de primeira viagem para estimular o bebê estão dando sugestões e não tentando abalar sua confiança.

Não se preocupe com o fato de não dar estímulos suficientes ao bebê. O mais importante é o seu relacionamento com ele e não o que faz por ele.

Posso ser boa mãe mesmo me sentindo frustrada e desejando tantas coisas para mim também?

Ser boa mãe não requer que a mulher desista de tudo por causa do bebê. Por mais adorável que ele seja, passar cada minuto cuidando dele sem pensar em você não preenche todas as *suas* necessidades. Também não é egoísmo, no sentido pejorativo, querer fazer o que costumava lhe dar prazer ou desejar atenção para si mesma, pelo menos de vez em quando. Você pode ser excelente mãe, ao mesmo tempo em que atende às suas necessidades.

Boas mães são pessoas de carne e osso, que sentem tédio, frustração e precisam de diversão e estímulo adulto. Certamente boas mães colocam com frequência as necessidades do bebê ou da família acima das suas, mas não há benefícios nem para você nem para o bebê se você não se cuidar. Helen, mãe pela primeira vez, participante de um de meus grupos, disse que ouviu falar que "uma mãe feliz é uma boa mãe", e é verdade. Não podemos dar tudo para o bebê se não dermos um pouco para nós mesmas.

Além de ser importante cuidar emocionalmente de si mesma para ser generosa e carinhosa com o bebê, o cuidado pessoal também proporciona bom exemplo para a criança. As mulheres, principalmente, precisam aprender a atingir o equilíbrio entre cuidar dos outros e de si mesmas. Se mantivermos em perspectiva as necessidades de todos, se *todos* na família, inclusive nós mesmas, tiverem tempo particular e conjunto para cuidarem de seus interesses, descansar e se divertir, então o bebê crescerá se sentindo amado e respeitado, além de nos amar e respeitar como indivíduos.

Portanto, quando achar que não consegue ser altruísta por mais um minuto, preste atenção: chame uma amiga, procure uma babá, leia um livro, faça uma caminhada ou qualquer atividade que a renove e a preencha emocionalmente. Não sinta culpa nem constrangimento; cuide-se, para cuidar do bebê. Não é egoísmo cuidar bem da pessoa encarregada do bebê, sobretudo quando essa pessoa é você.

> *Cuide-se. Se a mamãe não estiver feliz,
> ninguém na família estará.*

Como lidar bem com todas as funções sob minha responsabilidade?

Muitas mães de primeira viagem me disseram que se sentem culpadas o tempo todo, que não estão sendo boas mães, boas esposas, boas amigas, boas donas-de-casa, boas empregadas ou boas filhas. Pareciam esperar que, ao se tornarem mães, continuariam a fazer tudo como antes, além de aprenderem a lidar com as novas funções da maternidade, e que fariam tudo imediatamente com perfeição. Impossível!

Quando perguntei a uma amiga íntima e mãe sábia qual seria o conselho mais importante que daria às mães de primeira viagem, ela respondeu sem hesitar: "Reduza suas expectativas". Tente ser realista sobre o que pode ou não realizar. *Reduza as expectativas e não se sinta culpada.* A culpa se origina do fato de querer fazer algo que você sabe que não deveria; não há motivo para culpa por ser incapaz de atender às suas exigências impossíveis.

Conciliar todas as funções de mãe exige muita energia emocional e física. Se, antes de ter o bebê, todo o seu tempo era preenchido com trabalho, casamento, amigos e família, como você pode esperar continuar com todas essas funções e responsabilidades quando acabou de assumir outra, importante e exigente? Faça um esforço consciente para reavaliar suas prioridades.

- Faça uma programação para suas atividades indispensáveis (banho, refeições, dormir, cuidar do bebê etc.), incluindo o tempo gasto em cada uma.
- Determine as outras atividades que mais lhe interessam e de quanto tempo precisa para dedicar a cada uma. Limpar o ba-

nheiro ou visitar amigos pode ser uma necessidade diária para algumas mulheres ou semanal para outras. Coloque as tarefas que *você* valoriza em seu calendário.

- Descubra quais conexões lhe são mais importantes. Considere quais relacionamentos são mais satisfatórios e/ou precisam de contato pessoal mais frequente e quais podem ser mantidos por meio de telefonemas e correio eletrônico.
- Programe atividades e pessoas menos importantes e menos prazerosas com menor frequência ou elimine-as de vez.
- Se está preocupada, pensando que está negligenciando alguém que ama, informe-a de que sua pouca atenção não é pessoal; você não tem tempo suficiente para *ninguém*.
- Não inclua nem se preocupe com o desnecessário ou desagradável (pessoas ou tarefas). Seja generosa consigo mesma ao escolher o que ou quem evitar ou eliminar.

Quando temos bebê novo em casa, as pessoas que nos amam entenderão que estamos aprendendo a controlar nossa nova vida. É perfeitamente aceitável e normal para mães de primeira viagem sentirem-se solicitadas em muitas direções, ao tentarem ser tudo para todos, inclusive para si mesmas. Naturalmente nos sentimos infelizes ao abandonarmos certos hábitos, mas nosso tempo e energia são agora limitados pela realidade. A melhor solução é reavaliar nossas prioridades e reduzir as expectativas. Quando formos realistas em relação ao que podemos assumir, seremos mais bem-sucedidas. Não se sinta mal; você está se saindo muito bem!

Mães pela primeira vez geralmente precisam reduzir suas expectativas.

Amo meu bebê. Então por que estou chorando?

Certa mudança de humor e algumas lágrimas são normais. É como Cássia, mãe pela primeira vez, disse: "Meu bebê tem apenas algumas semanas de vida e ainda me sinto emotiva o tempo todo. Parece que não tenho controle sobre minhas emoções. Chego ao ponto de perguntar o que está errado quando *não* choro." Se você é como a maioria das mães de primeira viagem, lágrimas e mudanças no humor fazem parte das primeiras semanas. A variação hormonal drástica e brusca, a falta de dormir e a adaptação à função após o parto às vezes transformam mulheres de temperamento tranquilo em megeras temporárias, e mulheres comunicativas, despreocupadas, em manteigas derretidas. A variação de emoções normais pós-parto é ampla e quase sempre difícil de tolerar.

A "cura" mais bem-sucedida para esse transplante de personalidade que ocorre no início da maternidade é o tempo. A maioria das mulheres que vivenciam esse "baby blues"[1] comum, não-patológico, percebe que seu nível mais familiar de flexibilidade e autocontrole emocional retorna após algumas semanas ou meses. As contribuições físicas para as mudanças de humor se acomodam – o descontrole hormonal diminui, as dores e desconfortos do parto desaparecem e ficamos mais descansadas. Os sentimentos inesperados e as mudanças no relacionamento tornam-se mais comuns, e voltamos a nos sentir um pouco mais como antes.

Na maioria das vezes, as mudanças de humor são desagradáveis e surpreendentes, mas não perigosas. Faz parte da transição normal para a maternidade constatar que nos derretemos em lágrimas ao assistirmos programas na tevê, discutirmos com a mãe quando banhar o bebê ou simplesmente nos sentirmos idiotas ou confusas. Se pudermos nos descrever como felizes entre explosões emocionais, se somos capazes de sentir prazer, comer normalmente e dormir, quando temos a oportunidade de fazê-lo, e se vivemos cada dia sem causar grandes danos (e sem temer constantemente que o faremos), provavelmente estamos vivenciando os típicos altos e baixos que seguem o parto.

---

1 Tristeza vivenciada pela mãe nos primeiros dias de vida do bebê.

Uma porcentagem pequena, mas significativa, de mães de primeira viagem *de fato* desenvolvem psicose ou depressão pós-parto, obviamente mais debilitante e difícil de controlar, exigindo cuidados médicos. Se você não tem certeza de que suas emoções estão fora de controle ou do normal, faça a si mesma as seguintes perguntas:

- ❧ Sente-se triste ou ansiosa *a maior parte* do tempo?
- ❧ Tem dificuldades para se alimentar ou dormir?
- ❧ Sente vontade de se suicidar ou praticar homicídio?
- ❧ Teme causar danos a si ou ao bebê?
- ❧ Você ou seu marido acham que você não está em seu juízo perfeito?

Se você respondeu sim a qualquer uma das perguntas anteriores, ou se acha que suas emoções estão fora de controle na maioria das vezes, talvez esteja com um problema sério e precise ser avaliada por um médico ou um profissional de saúde mental. Não sofra desnecessariamente: procure ajuda imediata. Consulte alguém que entenda e tenha tratado com sucesso a psicose ou a depressão pós-parto, ou que possa lhe recomendar um bom profissional. Você, seu marido e o bebê merecem que você aja com mais confiança e tenha saúde, e atualmente existem inúmeros tratamentos disponíveis.

Fico com o bebê o tempo todo. Por que me sinto tão solitária?

A mãe de primeira viagem quase sempre fica confusa quando reconhece que, por cuidar do bebê o tempo todo, ela nunca está sozinha, mas sente solidão. Se você trabalha fora ou não, provavelmente esteja passando muitas horas com o bebê. Ficar sozinha com uma criança que ainda não fala é exatamente o problema; nunca estamos *realmente* sozinhas, claro, afinal estamos constantemente cuidando do bebê, mas sentimos solidão porque não temos com quem *conversar*: O bebê é apenas um bebê.

A questão real é: amamos e adoramos o bebê, mas estar com ele nem sempre basta. Literalmente nunca mais ficamos sozinhas, então não sentimos mais falta disso, mas ansiamos pela companhia de adultos. Curtimos ficar com o bebê em função de todos os seus progressos importantes (e irrelevantes), mas, a partir do momento em que cuidar dele é uma atividade contínua, não temos tempo para nós mesmas. Essa ambivalência, embora desagradável, é normal.

Seja honesta consigo mesma sobre o que mais lhe faz falta. Se cuidar do bebê não lhe deixa tempo para ficar sozinha, talvez precise procurar uma babá ou revezar com uma amiga, para que possa ficar sozinha um pouco. Se sente falta de conviver com outros adultos ou participar de atividades não relacionadas ao bebê:

- ✤ Planeje passeios nos quais o bebê possa ir ou visitas a amigos que gostem de crianças.
- ✤ Retome o trabalho, mesmo que por algumas horas semanais.
- ✤ Participe (ou organize) de um grupo ou curso para mães de primeira viagem.
- ✤ Faça trabalho voluntário.
- ✤ Vá ao museu, lanchonete ou zoológico com o bebê. Converse com adultos nesses lugares.
- ✤ Leia.
- ✤ Faça contatos com pessoas pela Internet.
- ✤ Puxe conversa com aquela mulher que lhe pareceu simpática com um bebê, que você viu no parque.

O principal é que você não se sinta mal com o fato de o bebê não ser suficiente para você. A maioria das mulheres que se torna mãe ainda aprecia a companhia de adultos e precisa de um tempo sozinha. A ambivalência é normal.

Desde o nascimento do bebê, sinto-me como uma leoa. Por que me tornei tão exigente?

É impressionante o que a natureza faz, não é? Proteger o bebê é um instinto natural. Eliane ficaria muito constrangida de devolver a sopa no restaurante, mas, logo depois que o bebê nasceu, ela não aceitava nada que não fosse perfeito para ele. "Eu era tolerante, submissa e paciente, mas agora sei que faço qualquer coisa para proteger meu bebê ou garantir que ele tenha tudo que deseja." Ela se viu tendo atitudes e abordando pessoas em nome do bebê que pareciam sem propósito e, embora temesse ser considerada muito exigente, também gostava de se sentir capaz de proteger e cuidar da filha. É perfeitamente aceitável e adequado defender os direitos e interesses do bebê.

Muitas mulheres foram criadas acreditando que solicitar tratamento especial ou realizar desejos pessoais não é educado ou feminino. Confiança é confundida com agressão, e, tradicionalmente, as mulheres não desejam ser vistas como agressivas. Embora você possa querer alguma coisa tanto como qualquer outro indivíduo, provavelmente foi ensinada a se sentir uma verdadeira bruxa, se fizer exigências. Mas, quando nos tornamos mães, além de ser aceitável cuidar do bebê, é também instintivo. Embora você nunca tenha se incomodado em pedir a alguém que saísse do *seu* caminho, agora pedirá que montanhas sejam removidas para sair do caminho do bebê.

Suas qualidades de leoa podem, afinal, ajudá-la a ser mais positiva em relação a si mesma, o que é ótimo para você e seus filhos. Quando aprendemos a pedir o que o bebê quer e a garantir que ele seja bem tratado, passamos a nos sentir mais livres para solicitar o que *nós* queremos. Quando conseguimos o que desejamos com educação e firmeza, o bebê aprende a fazer o mesmo; a confiança recém-adquirida é um excelente exemplo para os filhos. Trate bem os outros e espere ser bem tratada; assim, você e seus filhos desfrutarão os benefícios.

Por que me sinto quase invisível agora que sou mãe?

Quando estamos grávidas, recebemos todo tipo de atenção. Contudo, assim que o bebê nasce, parece que ninguém mais nos nota ou se importa em saber como *nós* estamos. A "invisibilidade" da mãe de primeira viagem é difícil de aceitar, sobretudo se apreciamos a atenção proporcionada pela gravidez. O período de gestação é uma das poucas ocasiões na vida em que somos, na verdade, encorajadas a ser egocêntricas – e a sensação é muito boa. Várias mães de primeira viagem timidamente confessaram que sentem saudades do obstetra, porque até mesmo o enfoque dos cuidados de saúde mudam da mãe para o bebê.

Mas, se as grávidas recebem muita atenção, os bebês receberão ainda mais. Estranhos no shopping center, que apenas algumas semanas atrás teriam parado para encantá-la com histórias sobre a gravidez, agora param para admirar o bebê. Familiares querem saber com quem o bebê se parece; estranhos querem carregá-lo e, pelo jeito, ninguém parece notá-la. O contraste é surpreendente, e muitas mulheres sentem um vazio incrível quando o enorme interesse e preocupação antes voltados para elas parecem desaparecer. Sentimo-nos ignoradas quando mais precisamos de apoio e confiança.

Nos primeiros dias como mãe, é difícil sentir-se atraente, confiante ou competente, e, assim, a perda da atenção pode ser bastante dolorosa. Passamos de rainha a empregada do bebê. Para reduzir a lacuna da atenção, precisamos aprender a buscar as pessoas mais diretamente. Diga ao seu marido, mãe, cunhada, vizinhos, amigos – todos que você ama e em quem confia – que você ainda precisa de tempo com eles, não apenas com o bebê, e seja clara sobre seu desejo de concentrar-se em temas adultos.

Além disso, tente reconhecer que o fascínio com o bebê pode ser uma extensão do amor que as pessoas sentem por você. Aprenda a expressar suas necessidades emocionais quando se sentir negligenciada ou solitária e reconheça que o magnetismo do bebê não diminuiu o seu. E não tenha dúvidas de que inúmeras outras mães de primeira viagem vivenciam essa invisibilidade com decepção, também.

Se você deseja ou precisa de atenção ou apoio, peça.
Até mesmo o marido mais carinhoso ou a amiga mais dedicada
talvez não saiba de suas necessidades ou de que você precisa de
ajuda.

A razão me diz que o bebê está bem, mas às vezes me vejo verificando se ele ainda está respirando. Estou maluca?

Nem um pouquinho. A maioria das mães de primeira viagem procede da mesma forma "desnecessariamente". Preocupamo-nos tanto com o bebê que, mesmo sabendo que ele está bem, nosso coração precisa da tranquilidade que o gesto nos dá. É apavorante ter toda a responsabilidade de cuidar desse novo ser que amamos tanto e perceber como nosso poder é pequeno. Portanto tentamos nos consolar, verificando se ele está respirando. Se isso nos faz sentir melhor, sem perturbar o bebê, não há problema nenhum.

Temer pela vida do bebê quando ele dorme três horas a mais do que o usual é uma coisa; preocupar-se o tempo todo com a segurança dele é outra. Se você verifica a respiração do bebê de vez em quando, tudo bem, mas não se exceda na ansiedade.

Se você e seu marido acham que sua ansiedade sobre o bebê é além do normal, analise estas perguntas:

- Você está tão insegura quanto ao bebê permanecer vivo que, ao verificar sua respiração, constantemente o acorda?
- Sua preocupação *a* impede de dormir à noite?
- Você não consegue tomar banho (ir ao banheiro etc.), a menos que haja outro adulto em casa?
- Você não quer contratar uma babá por temer que ela sequestre o bebê?

- Outras pessoas sempre lhe dizem que suas preocupações são exageradas ou infundadas e, mesmo assim, não se sente tranquila?
- Sente que ninguém, exceto você, tem atenção suficiente para cuidar do bebê e se preocupa em não ser atenta o suficiente?
- Você questiona sua opinião sobre o bebê?

Se você respondeu sim a várias dessas perguntas, é hora de pensar em procurar ajuda. Embora uma certa preocupação seja normal, um médico ou profissional de saúde mental pode avaliar sua ansiedade e ajudá-la melhor.

Muitas mães (e pais) de primeira viagem que conheço verificam a respiração do bebê ao menos uma vez. Enquanto sua ansiedade não é exagerada nem arruína sua vida, sua preocupação se baseia em uma mudança inesperada na rotina do bebê, e você sabe que é tolice, vá em frente e se tranquilize. Observe o tórax subir e descer suavemente, admire sua beleza inacreditável, agradeça a boa sorte e volte para a cama.

É normal preocupar-me tanto com o fato de que nem sempre serei capaz de manter meu bebê em segurança?

Na tentativa de ajudar jovens pais a evitar tragédias desnecessárias, revistas femininas, jornais e programas de televisão mostram tantos perigos potenciais para bebês e crianças pequenas que a maioria das mães de primeira viagem fica aterrorizada com o fato de que algo terrível acontecerá ao bebê, a menos que ela aja para impedir. Pobre Cynthia, mãe de primeira viagem extremamente ansiosa! Não permitia nem mesmo que o *marido* cuidasse sozinho do bebê, o que na minha opinião é exagerado e doentio. Embora eu, sem dúvida, me considere uma mãe cuidadosa e preocupada, também acho importante reconhecer que as preocupações com a segurança não devem interferir na capacidade de desfrutar a vida. Eduque-se meticulosamente, seja prudente com quem cuida do bebê e mantenha a casa segura, mas também tente relaxar e ajudar o bebê a aproveitar o mundo. *É tão importante ensiná-lo a sentir-se bem em seu mundo quanto mantê-lo seguro.* Se você se sente imobilizada ou consumida por preocupações com o bem-estar do bebê (como na pergunta anterior), talvez seja necessário procurar ajuda.

Como pais dedicados, é natural querer proteger o filho de qualquer desconforto ou crise. E certamente existem atitudes que podemos tomar para minimizar riscos a nosso filho, incluindo nunca deixar o pequenino andar de carro sem o assento adequado e verificar as referências para qualquer babá, além de seguir as orientações do pediatra sobre a alimentação do bebê, como colocá-lo na cama para dormir, não o deixar sozinho na banheira e assim por diante.

A casa pode se tornar mais segura se tirarmos vantagem da abundância de recursos disponíveis para ajudar os pais a minimizarem os perigos para a vida do bebê. Uma indústria inteira floresceu para proporcionar casas seguras para as crianças; a Internet, livrarias e bibliotecas possuem inúmeros materiais que nos mostram quais produtos são mais seguros, os que devem ser evitados e como tornar o ambiente do bebê o mais adequado possível. Podemos contratar um profissional especializado na área, mas certamente faremos um excelente trabalho sozinhas. (Lojas de móveis infantis, de brinquedos e inúmeras lojas de ferragens oferecem produtos seguros para crianças a indivíduos que gostam de encontrar soluções sem a ajuda de profissionais.) Podemos ainda prestar atenção aos produtos que são retirados do mercado e conversar com outras mães para trocarmos experiências. Desde que façamos o possível para manter a segurança do bebê, a ansiedade constante não se justifica.

Obviamente, é importante criar um lar seguro para o bebê, mas mantê-lo *para sempre* longe do perigo é uma responsabilidade intimidante. Primeiro: por mais que você tente, não é possível prever ou se planejar para cada problema potencial. Segundo: muitos adultos perfeitamente saudáveis andando por aí hoje em dia passaram os primeiros anos da vida dormindo de bruços em berços com grades de espaçamento tão amplo que não seriam vendidos hoje. E terceiro: na maior parte do tempo, as crianças, de uma maneira ou de outra, crescem em segurança. Em outras palavras: como mãe ou pai, faça o

44 ❧ A Transição Pessoal

melhor possível, espere que seja o suficiente e tente não enlouquecer com sua função de protetor.

Não podemos proteger nosso filho de todo perigo concebível, e o bebê precisa saber que acreditamos que o mundo é um lugar bom e seguro para viver. Ensine-o o que é seguro, como confiar no próximo e em si mesmo.

Por que às vezes fico tão irritada com o bebê?

Porque você é um ser humano. É como Márcia explicou: "Amo esse bebê mais do que jamais pensei ser possível, mais talvez do que jamais amei outra pessoa, mas, de vez em quando, por exemplo, quando ele está enjoadinho às 3 da manhã, quero jogá-lo pela janela". Muitas mulheres se sentem culpadas se admitirem que ficam irritadas com o recém-nascido, mas não é incoerente e nem anormal sentir frustração ou raiva de alguém que amamos. O amor incondicional não requer a eliminação de todas as outras emoções. É perfeitamente normal ressentir-se de alguém que nos deixa acordadas a noite toda e, quando somos impedidas de dormir, é até mais provável que nossas emoções se tornem exacerbadas. *Desde que não ajamos com violência por causa da raiva, que não nos preocupemos com o fato de que faremos algo perigoso, essa reação é normal.* Desagradável, talvez, mas normal.

Amamos o bebê simplesmente porque ele existe e porque é maravilhoso, inteligente, sensível, lindo e charmoso. Quando sentimos a grandeza de nosso amor e sabemos que faríamos qualquer coisa por ele, sentimo-nos bem conosco e também nos orgulhamos de nossa capacidade de amar e de ser uma excelente mãe. Essa adoração pelo bebê é importantíssima, pois nos ajuda a superar noites difíceis, passadas em claro, problemas com a dentição e birras, ao mesmo tempo em que acreditamos que o bebê é extremamente especial.

O fato de sermos capazes de amar esse bebê apesar da inconveniência que ele trouxe à nossa vida nos faz sentir um tanto santas. Quando o amamos simplesmente por existir, apesar das dificuldades ocasionais, ele se sente digno desse amor, o que é excelente. O amor imenso que sentimos pelo bebê contribui para sua auto-estima.

Aceite, contudo, que às vezes você se sentirá irritadíssima com ele. Então, faça como Júlia. Sempre que ela sente a raiva aumentar, dá um tempo: toma um banho rápido, um café, ou pede a ajuda do marido. Às vezes pede até mesmo a uma amiga que fique com o bebê alguns minutos. É importante tirar alguns momentos para se acalmar e depois, quando se juntar novamente ao bebê, será capaz de saudá-lo com um sorriso (razoavelmente) sincero e dizer (sinceramente): "Ah, que saudade!"

Desde que você não cometa nenhum ato no momento da raiva, saiba que *senti-la* é desagradável, mas normal. Jamais se esqueça de que amor e raiva coexistem. Faça o melhor possível para *demonstrar* o amor e *controlar* a raiva. Contudo, se achar que não consegue controlá-la, procure ajuda profissional imediatamente.

É comum, até mesmo natural, sentir raiva do bebê às vezes, mas nunca maltratá-lo ou submetê-lo a abusos.

O que aconteceu com a pessoa inteligente e interessante que eu era?

Você é interessante *agora*. Pensando bem, a sobrevivência é interessantíssima, e a sobrevivência do bebê é o que tanto a consome, no momento. Se você estivesse se afogando em águas infestadas de tubarões, seus interesses também seriam bastante limitados. Portanto, agora você está imersa na maternidade. Claro, falar sobre o esforço de chegar em terra firme é mais interessante do que descrever o esforço de remover nódoas de banana da camisa predileta, simplesmente porque afogamentos são menos comuns. Fraldas, vômito e dentição são tão obrigatórios para a mãe de primeira viagem quanto o ar para a vítima de afogamento.

Antes de o bebê nascer talvez tenhamos pensado que nunca seríamos uma daquelas mães totalmente envolvidas por pequenos detalhes da vida do bebê, mas agora nada nos parece mais interessante do que seus arrotos, flatulências e outras gracinhas. Porém, quando estamos com outras mães, notamos que nossa conversa brilha. Veja bem, não é que deixamos de ser interessantes, mas o que nos interessa é profundo, limitado e apaixonante. Outras mães de primeira viagem sentem-se igualmente consumidas pelos detalhes da vida do bebê. São eles que mantêm mãe e bebê vivos e saudáveis e é por essa razão que são tão envolventes. Os assuntos das conversas talvez não atraiam muito as mulheres que não são mães, o que não as torna menos importantes nem diminui seu charme.

Quando temos certeza da sobrevivência do bebê, quando enfrentamos o dia com mais eficiência e à noite dormimos melhor, começamos a ter espaço para pensar em outros assuntos não relacionados ao bebê. Retomamos o velho entusiasmo pelas atividades que nos davam prazer e conseguimos nos concentrar em outras coisas, exatamente como fazíamos antes de ele nascer. Você não precisa ser tão rígida consigo mesma; se não era uma pessoa enfadonha, provavelmente não o será agora. Você apenas está completamente envolvida em cuidar do bebê, uma tarefa gigantesca.

Não consigo me concentrar em nada; não aguento ler e sempre durmo durante um filme. Dar à luz causa lesão cerebral na mãe?

Não, é apenas a impressão que temos. As primeiras semanas de maternidade parecem derreter nosso cérebro. Ficamos emocional e fisicamente exaustas e não temos oportunidade de nos recuperar. Trabalhamos 24 horas por dia, sete dias por semana e não há horário previsível, nem mesmo tempo para descansar. Obviamente temos dificuldade em nos concentrar!

Essa situação é temporária. Lembro-me de Natalie, quando seu primeiro filho completou seis semanas de vida, achando que nunca mais conseguiria ler um livro. Apenas semanas mais tarde, o bebê já dormia a noite toda e sua capacidade de se concentrar melhorou. Cada mulher tem um ritmo próprio para se adaptar à maternidade. A recuperação física do parto e a capacidade de lidar com as noites em claro afetam o poder de concentração. A atenção, o nível de ansiedade e a capacidade de tolerar a frustração influenciam o poder de concentração. Até mesmo o temperamento do bebê pode influenciar a capacidade mental, pois, se ele estiver irritado ou exigente, requererá mais energia e atenção.

Manter o recém-nascido vivo, razoavelmente limpo e satisfeito é um trabalho de período integral. Quando aprendemos a desempenhá-lo com mais eficiência e o bebê se torna menos exigente, percebemos que nosso cérebro estava em compasso de espera, aguardando calmamente a chance de ser usado para alguma atividade não relacionada ao bebê. Nos meses seguintes, retomamos a capacidade de concentração por períodos de tempo mais longos. Passamos da leitura de catálogos para revistas e das novelas reapresentadas na sessão da tarde para o filme da semana. Quando menos esperamos, somos capazes de ler um livro do começo ao fim. Talvez não de uma só vez e talvez outro que não seja *Guerra e Paz*, mas o cérebro retoma suas funções assim que estivermos descansadas, mais confiantes e eficientes. Nossa inteligência não diminui; está apenas adormecida enquanto passamos as noites em claro.

Agora que sou mãe, por que me irrito toda vez que alguém me pergunta: "O que você fez o dia todo?" O que acham que faço? Que fico sentada, comendo bombons?

Provavelmente, quem lhe faz essa pergunta não tem a menor ideia de como você preenche seu tempo. Certamente sua amiga, seu marido ou sogra sinceramente desejam saber como você passa o dia, agora que o bebê nasceu, porque se importam com você. Não querem acusá-la de preguiçosa. Contudo, sua reação mostra que não se sente muito à vontade com sua resposta.

O mais estressante sobre essa pergunta temida e frequente é que, embora atarefadas o dia todo e exaustas por volta do meio-dia, há pouco para mostrar de nossos esforços. De alguma forma, o dia desaparece sem que nada tenha sido feito. Ao contrário de trabalhar fora de casa, cujo trabalho tem início e término distintos e tarefas específicas a serem realizadas e finalizadas, a maternidade acontece o dia todo e é impossível ser quantificada. Portanto é normal, ao nos perguntarem o que fizemos o dia todo, reagirmos com raiva ou na defensiva, espumando, iradas, porque queremos saber a mesma coisa. Leva algum tempo para aprendermos a atender as necessidades do bebê, descobrir como ir ao banheiro sem que ele (ou nós) derrame lágrimas e fazer outra tarefa, além das maternas.

Precisamos reconhecer o valor do que fazemos o dia todo. Amamos o bebê, cuidamos para que ele se sinta à vontade, lavamos suas roupas, além de o alimentarmos e o divertirmos, de o abraçarmos, de o acalmarmos, conversamos com ele, lhe damos banho e lhe ensinamos sobre o mundo. Em outras palavras, nós o ajudamos a crescer saudável e emocionalmente equilibrado. Nossos dias transbordam com intensa atividade maternal. Quando analisamos nosso trabalho dessa maneira, entendemos que não há necessidade de nos sentirmos constrangidas ou de nos colocarmos na defensiva. Cuidar do bebê é um trabalho valiosíssimo e que consome todo nosso tempo, portanto, temos o direito de nos orgulhar dele.

Por que não acho que meu bebê é perfeito?

É bastante estressante quando suas fantasias sobre o bebê, anteriores ao nascimento, estão muito distantes da realidade agora confrontada. A decepção com o bebê é difícil de admitir, embora seja comum que os bebês de verdade apresentem pouquíssima semelhança com aquele de nossos sonhos. Eles nascem com personalidade e tipo corporal próprios, e, às vezes, o nosso não parece ter as qualidades que esperávamos ou que desejávamos.

A decepção é normal, mas também é importantíssimo aprender a amar o bebê que temos. Claro, seria ótimo se ele tivesse os seus olhos e não os da Fátima, tia do seu marido, e o temperamento e nível de atividade que você sonhou. Mas, até mesmo os bebês de verdade, mais parecidos com o que idealizamos, são às vezes temperamentais, malcheirosos e pouco encantadores. Seu bebê é do jeito que deveria ser e é preciso aprender a amá-lo como é, apreciando sua personalidade inesperada.

- Tente ver o bebê sem preconceitos. Renomeie o que você não gosta. O que você considera hiperatividade pode ser reinterpretado como entusiasmo intenso. O bebê passivo pode ser considerado altamente observador. O bebê muito apegado seria bastante carinhoso.
- Considere as qualidades do bebê como positivas e elas o serão.
- Lembre-se de que sua função como mãe é ajudar o bebê a se desenvolver para que se torne a melhor pessoa que *ele* possa ser – independente, bondoso e capaz. *Sua função não é transformá- -lo no que você quer que ele seja.*
- Concentre-se nos pontos fortes do bebê e, à medida que ele cresce, encoraje-o e ame tudo o que ele ama. Se você mantiver a mente aberta em relação à sua singularidade, aprenderá a amá-lo como ele realmente é.

Se essas ideias não lhe ajudarem a superar a decepção, será melhor verificar se não está sofrendo de depressão pós-parto. Sentir-se desorientada ou secretamente decepcionada pelo filho que parece não agir da maneira que esperávamos é uma coisa; outra bem diferente é sentir ódio, raiva ou desejo de feri-lo. Converse com seu médico e procure ajuda profissional, se acha que não consegue cuidar ou amar seu bebê adequadamente. Embora seja necessário aceitar a decepção quando a realidade não atende às nossas expectativas, você e o bebê precisam sentir o máximo de prazer possível, um com o outro.

Uma boa mãe aprende a amar o filho como ele é e se adapta para melhor atendê-lo.

Como posso recobrar o controle sobre minha vida?

Jane, que precisava de rotina e estruturação, disse: "Sempre gostei de planejar o futuro, saber o que, quando e como aconteceria, ser organizada. Não suporto como a minha vida se tornou caótica apenas por causa de um bebezinho!" Anna queixou-se: "Sempre gostei de ser espontânea, fazer coisas imprevisíveis. Agora que tenho um bebê, sinto-me muito presa. Como retomar a vida descomprometida que eu levava?" Um bebê tão pequeno causa um impacto tão grande!

Se preferimos uma vida organizada, previsível ou outra, em que poderíamos ficar acordadas até o amanhecer se desejássemos, o bebê dificultará a manutenção do antigo estilo. Obviamente, ele não sabe outra coisa além de ser espontâneo, mas a espontaneidade no bebê não combina com uma rotina rígida ou com aquela do tipo largue-tudo-e-corra-para-o-mundo. Até o bebê mais previsível às vezes nos surpreende, dormindo apenas 10 minutos, quando ontem, no mesmo horário, dormiu uma hora e meia, e alguns bebês de mães liberais exigem alimentação e sono regulares. Felizmente, nenhuma dessas situações precisa ser sempre dolorosa.

Se você gostava de manter horário para tudo, talvez seja mais simples relaxar, ao menos temporariamente, sua necessidade de organização, à medida que o bebê se torna mais integrado à sua vida. Isso significa que será melhor aprender a realizar tarefas em segmentos, a se sentir à vontade, deixando-as temporariamente inacabadas e começar a apreciar mais os desvios que o bebê impõe à rotina. Mas, enquanto a mãe fanática por rotina se adapta às necessidades do bebê, ele também aprende a se ajustar ao estilo de vida da mãe. Se você é do tipo que gosta de organização, encontrará ajuda em inúmeros livros sobre cuidado infantil que defendem métodos para regular padrões de alimentação, sonecas diurnas e sono noturno do bebê. Algumas crianças se adaptam ao horário imposto desde o início, tendo maior probabilidade de se encaixarem na necessidade de estruturação da mãe. À medida que mãe e bebê se adaptam às manias e necessidades um do outro, os dias adquirem um ritmo mais confortável, e a ordem volta ao normal. Sem dúvida alguma.

Da mesma maneira, a mulher mais espontânea pode estabelecer maneiras de manter sua flexibilidade. Ela precisa aprender a adiar algumas aventuras ou a reduzi-las, para atender o estilo do bebê. Se você é do tipo que vai para onde o vento levar, se beneficiará ao descobrir quais sonecas poderão ser adiadas sem explosões suas ou do bebê, ao aprender a se preparar para sair assim que ele toma o último gole de leite e ao apreciar o fato de que ele pode ser tão imprevisível quanto você. A espontaneidade do bebê nem sempre acontece ao mesmo tempo que a sua, mas ele não precisa prendê-la com corrente a uma bola de aço.

Assim que você e o bebê se adaptarem mais um ao outro, a maternidade se tornará mais prazerosa. Lembre-se de que os bebês não apenas tentam virar sua vida de cabeça para baixo – eles conseguem. Comportam-se da única maneira que sabem. Preste atenção às necessidades dele assim como às suas e ele aprenderá a se adaptar à sua vida e vice-versa. Bebês são totalmente dependentes e indefesos durante um curto período de tempo, como também são incrivelmente portáteis e adoram estar em qualquer lugar, desde que em companhia da mãe. Não precisamos abandonar nosso estilo de vida preferido para sermos boas mães.

Adoro ser mãe, mas ultimamente parece que perdi minha identidade. Quem sou eu?

Carina explicou assim: "Esperava que ter um bebê seria um *acréscimo* à minha vida; não imaginei quanto ele *mudaria* não apenas meu estilo de vida, como também a ideia que eu fazia de mim mesma". Antes de ser mãe, sua identidade era provavelmente composta por uma variedade de funções e relacionamentos com os quais você estava acostumada. Era filha, amiga, irmã, esposa, colega de trabalho, além de participar de diversos grupos, incluindo sua raça, família de origem, religião, curso, faculdade, comunidade e profissão. Sua identidade certamente também incluía idade, características físicas, energia, hábitos, passatempos, inteligência, aparência, estilo de roupas e grupo socioeconômico. Tudo se somava para formar quem você era e como via a si mesma. Você sabia exatamente quem era.

Muitas mulheres sentem, ao menos no início, que a função de mãe elimina todas as outras. Se uma fonte importante de nossa identidade e auto-estima se encontra no trabalho e reduzimos nossa participação no emprego, logicamente a identidade precisa ser remodelada. Se a aparência era importantíssima, então a mudança física e de estilos de roupas nos leva a questionar sobre em quem nos transformamos. Além disso, se o fato de se tornar mãe significa compromisso e dedicação total à nova função e abandonamos as demais para ser a melhor mãe possível, então nos sentimos vazias nas raras ocasiões em que não temos o bebê por perto para nos definir. Com todas essas mudanças, é normal não sabermos mais quem somos.

Embora seja desconfortável não termos mais um retrato nítido de quem somos, é comum a mãe de primeira viagem querer saber o que aconteceu ao seu eu antigo, familiar. É demorado entendermos como ser boas mães e manter nossa identidade, como descobrir onde a maternidade entra em nossa vida e como integrar todos os aspectos mais importantes do nosso passado e futuro. Ao sentir que você perdeu seu "eu":

- ❧ Planeje um passeio semanal sem o bebê, no qual possa fazer algo sozinha.
- ❧ Comece (ou retome) uma rotina de exercícios físicos, assim que seu médico liberá-la. Mesmo se precisar levar o bebê junto para caminhar, escolha atividades que lhe dêem prazer e das quais não desistirá.
- ❧ Faça um esforço para se encontrar pessoalmente – não apenas por correio eletrônico – com antigos amigos ou colegas de trabalho.

- Participe ou organize com outras mães de primeira viagem um grupo relacionado a alguma área de interesses comuns (livros, ciclismo, arte, mercado de ações etc.).
- Comece um novo hobby (culinária, marcenaria ou aquarela, por exemplo).
- Faça trabalho voluntário.
- Retome um passatempo favorito da juventude, mesmo que seja pintura a dedo.

Dê tempo a si mesma para se ajustar à maternidade e tente tolerar o desconforto, enquanto se adapta. Permita-se certa desorganização durante algum tempo, para que possa redescobrir sua identidade. Lembre-se daquilo que lhe dava prazer no passado e seja quem você é agora. Sua vida mudou drasticamente; tenha paciência consigo mesma e voltará a se sentir à vontade com sua identidade.

A maternidade muda nossa vida. Não tem que se tornar sua identidade, mas contribui para ela, mostra quem você é e quais são seus valores, além de lhe permitir a oportunidade de uma tremenda satisfação e um crescimento pessoal.

Minha mãe sempre deixou bem claro quanto se sacrificou pelos filhos: como posso evitar sobrecarregar *meus* filhos com meus arrependimentos?

A maneira mais fácil é viver sua vida de forma a minimizar os arrependimentos e a se responsabilizar pelas escolhas feitas. Para tanto:

- Pense bem antes de tomar decisões.

- Assim que fizer determinada escolha, aceite-a. Se agiu com boa intenção, se deu certo ou não, nem desculpas nem arrependimentos serão necessários.

- Se alguma coisa não funciona para você como mãe ou como indivíduo, admita a insatisfação e *procure solucionar o problema*. Se não gosta de ficar em casa com o bebê o tempo todo, encontre um trabalho ou hobby que a faça sair de casa. Se está trabalhando arduamente para proporcionar ao bebê e à família o conforto de uma renda maior, mas acha que gostaria de passar mais tempo em casa com ele, encontre uma maneira de reduzir a carga de trabalho.

- Não se queixe das escolhas feitas. Se está infeliz, faça mudanças adequadas. Se quer elogios pelo trabalho árduo ou pelos sacrifícios feitos, orgulhe-se de si mesma sozinha; ninguém quer ser a causa do martírio de um ente querido. Não há valor nenhum em compartilhar todas as dores ou decepções sofridas por causa dos filhos.

- Faça o melhor possível porque quer fazê-lo e não diga aos *seus* filhos o mesmo que a fez sentir-se um peso para sua mãe.

- Entenda, principalmente, que cada escolha feita sacrifica outra. Sinta-se bem com as opções escolhidas para não lamentar as oportunidades perdidas.

Ser boa mãe não exige sacrifício e, na verdade, sacrificar-se não é uma boa ideia. Seja boa mãe ao ser uma pessoa realizada que, por acaso, também é mãe.

A maternidade é permanente e implica enorme responsabilidade. Será sempre tão sufocante?

Felizmente, a maternidade é para sempre, mas a sensação sufocante de responsabilidade e o nível de envolvimento constante diminuem à medida que o bebê cresce. Kátia disse que entrou em pânico quando percebeu que estava sozinha com o bebê pela primeira vez; imaginou que talvez não fosse a pessoa certa para cuidar da filha, ensiná-la e orientá-la durante a infância. Rita disse que foi como receber um papel, em uma peça de teatro, sem roteiro. Muitas mulheres relatam reações semelhantes, imaginando como acabaram se tornando mães.

Com um pouco mais de tempo e experiência, o aspecto inexorável da maternidade se torna mais normal. À medida que adquirimos eficiência e nos sentimos mais à vontade com a nova função, o pânico e a exaustão são substituídos pela confiança, e o medo de não ser capaz de vencer os desafios de ser mãe dará caminho às inúmeras alegrias que o bebê nos traz. Embora sempre nos sentiremos responsáveis (ou no mínimo preocupadas) com o bem-estar do bebê, cuidar dele se torna instintivo. Por fim, naturalmente, ele cuidará de nós.

É preciso ter fé: fé em si mesma, acreditar que poderá se tornar mãe competente e maravilhosa, que o bebê desabrochará e que esse período de adaptação é transitório. Você vencerá os desafios da maternidade, assumirá a responsabilidade e, certamente, chegará o momento em que olhará para trás e se lembrará desse período da sua vida com carinho e saudade.

Capítulo Dois

Alterações Físicas

Durante a gravidez, o universo parece dedicado ao útero. Ao alcance das mãos, temos profissionais de saúde, inúmeros livros explicando o desenvolvimento da mãe e do bebê e a data aproximada do término da gestação. A gravidez difere para cada mulher: é prazerosa para algumas, desconfortável para outras. Mas, de uma maneira ou de outra, a maioria das grávidas de primeira viagem passa nove meses concentrada nas mudanças e sensações físicas. Não importa que nos sintamos bem ou mal; sabemos que, em questão de meses, a gravidez chegará ao fim e seremos recompensadas com um lindo bebê.

Assim que damos à luz, toda aquela atenção muda bruscamente para o bebê. Ficamos encarregadas de mantê-lo vivo e bem, apesar de o nosso corpo ter sofrido mudanças enormes e repentinas. O desequilíbrio hormonal é total, praticamente não dormimos e o corpo está tentando voltar ao "normal". Passamos os dias carregando e erguendo o bebê, curvando e alongando o corpo como nunca. E aquele lindo bebê que imaginamos, embora ainda encantador, não coopera nem a metade do que esperávamos.

Enquanto cuidamos do recém-nascido, parece que ignoramos nossas necessidades pessoais. Quando o parto transcorre sem problemas, fazemos um exame completo seis semanas depois e retomamos a vida normal. Mesmo com partos mais complicados, temos que cuidar do bebê e prosseguir com a vida. Tudo isso após termos perdido 10 ou 15 quilos em 24 horas, passarmos noites em claro e tentando nos adaptar à nova identidade.

As perguntas e respostas neste capítulo são dedicadas às preocupações que as mães de primeira viagem têm em relação ao corpo após o parto. A falta de dormir apresenta consequências reais, os hormônios não retornam imediatamente às condições anteriores à gestação e outras partes do corpo reagem e sofrem com o novo estilo de vida. Toda mãe de primeira viagem que conheço tem dúvidas se sua recuperação normal é, de fato, normal e muitas acham que a dor lombar, a queda capilar e outras alterações físicas comuns, mas não planejadas, indicam que algo está errado.

Este capítulo tem por objetivo ajudá-la a saber quais sintomas mostram que talvez seja necessário um pouco mais de paciência e quais exigem cuidados profissionais. Felizmente, na maioria das vezes, você constatará que a recuperação será ótima, segundo seu ritmo, e que esse ritmo, embora normal, não é igual ao de sua irmã nem ao das mulheres nos livros. Tente lembrar-se de que há enorme variedade de normalidade nas alterações físicas que o parto desencadeia, tenha calma e procure o médico sempre que estiver preocupada.

Meus cabelos estão caindo muito. É comum? Eles voltarão ao estado anterior?

A perda capilar temporária (observe a palavra "temporária" aqui) é muito mais comum do que a maioria das mulheres imagina. Portanto, sim, é comum e, sim, as belas madeixas provavelmente voltarão ao estado anterior. O estresse intenso ou a alteração hormonal (por exemplo dar à luz) pode causar mudanças no ciclo de desenvolvimento capilar da mãe de primeira viagem, resultando em queda temporária. Até 2/3 de todas as mulheres sofrem de perda capilar perceptível em determinado momento da vida, e o parto é um dos fatores mais frequentes.

Algumas mulheres notam quantidades chocantes de cabelos caindo quando os lavam ou escovam, enquanto outras percebem uma mudança mais sutil na textura ou brilho. Elza sabia sobre muitas das alterações que seu corpo sofreria com o parto, mas nunca previu que seus cabelos, sempre espessos e brilhantes, ficariam mais ralos e menos encorpados. Afligiu-se ao perceber que a gravidez e o parto não deixaram nenhuma parte do corpo inalterada. Felizmente, o problema é transitório, na maioria das mulheres, e os cabelos de Elza retornaram à glória original na época do primeiro aniversário do filho.

Pode-se fazer muito pouco para combater a mudança capilar pós--parto. Há medicamentos que prometem ajudar no crescimento dos cabelos. Certamente, podemos consultar o médico para descartar problemas de saúde mais complexos e pedir sugestões ao cabeleireiro para melhorar a aparência das madeixas maltratadas. Mas saiba que, embora pouquíssimas mulheres esperem que até mesmo seus cabelos passem por uma crise de identidade, a queda capilar ocorre com frequência, é quase sempre temporária e se trata apenas de um problema estético.

Minha pele não é tão clara quanto antes da gravidez. Ela voltará ao normal?

Algumas mães de primeira viagem notam que a pele melhora com a gravidez e com os primeiros meses de maternidade, mas, outras, sem dúvida, vivenciam problemas. Assim como as variações hormonais são responsáveis pela acne adolescente, também o são pelas irritações dermatológicas relacionadas ao parto. Quase sempre mães de primeira viagem dormem menos e seguem uma dieta alimentar diferente, o que pode contribuir para uma piora na pele. Felizmente, os problemas dermatológicos não duram mais que na adolescência. A pele volta ao normal assim que os níveis hormonais, padrões de sono e alimentares se restabelecem.

Se as irritações dermatológicas forem intoleráveis, não deixe de procurar o médico. Caso contrário, cuide bem da pele, lave-a regularmente com sabonete suave, mantenha uma dieta alimentar saudável, beba bastante água, durma o máximo possível e tente ser paciente.

A gravidez e o parto causaram um descontrole total no corpo. Quando os hábitos de alimentação e de sono e os níveis hormonais retornarem ao estado anterior à gravidez, a pele também voltará ao seu equilíbrio.

Ainda me sinto cansada o tempo todo. Será que algum dia conseguirei descansar novamente?

Claro que ainda está cansada. Mas, sim, um dia você vai descansar, embora demore. Muitos pais de primeira viagem se surpreendem pelo longo tempo necessário para que o bebê aprenda a dormir a noite toda. E, após semanas acordando a cada duas ou três horas toda noite, muitos estão dispostos a comemorar um período contínuo de sono da meia-noite às 4h30 da manhã. Comparadas à noite após noite de sono fragmentado e brincadeiras fora de hora, às 3 da manhã, quatro horas e meia de sono contínuo no escuro são uma bênção. Mas sabemos não ser o suficiente.

Cada bebê é singular e talvez seja completamente normal para o seu acordar uma ou duas vezes durante a noite, no primeiro ano de vida. Se ele é uma corujinha, você ficará cansada até ele começar a dormir por mais tempo. Além de causar cansaço, a falta de dormir também pode ser bastante perturbadora, prejudicando o raciocínio, reflexos e causando ineficiência, sem mencionar mau humor.

Sonecas ajudam, mas geralmente não são suficientes para o descanso necessário. Além disso, muitas mães acham difícil seguir o velho conselho: "Durma sempre que o bebê dormir", porque precisam ficar acordadas para dar um jeito na casa ou porque sentem que deveriam fazer alguma coisa em vez de dormir. Cochile quando puder, mas, se precisar apenas apreciar a paisagem pela janela ou ler um romance, ótimo; não precisa acrescentar culpa à exaustão. Faça o que lhe pareça ser melhor. Porém tenha paciência consigo mesma e com o bebê: ficará menos cansada, assim que os padrões de sono dele permitirem que retome os seus. Até lá, tente algumas táticas usadas por outros pais de primeira viagem:

- Fran e Tim, os pais cronicamente exaustos de Carlos, três meses de vida, decidiram dividir os cuidados noturnos do bebê. O ritual da hora de dormir começava às 21h. Fran ia para cama, sozinha, por volta das 22h e dormia por, no mínimo, quatro horas, sem interrupção. Tim dormia ao lado de Carlos, dando-lhe o leite materno que Fran tirara antes ou acalentando-o, quando necessário, até que Fran assumisse seu posto, por volta de 2h30 da manhã. Então Tim dormia ininterruptamente até às 7h. Embora tenham dormido separados durante várias semanas até Carlos passar a dormir a noite toda, garantiam várias horas de sono toda noite. Assim que o bebê começou a dormir ao menos seis horas seguidas, voltaram a compartilhar a cama.

- Outros casais preferem que cada um tenha uma boa noite de sono regularmente, revezando-se nos cuidados do bebê, segundo a necessidade. Para alguns, a cada duas noites; para outros, um fica "de plantão" durante a semana, enquanto o outro assume o posto nos finais de semana. Se um precisa de menos horas de sono, pode ficar de plantão mais vezes. Trabalhem juntos para encontrar uma maneira de maximizar as horas de sono e ambos obterão benefícios.

- Há inúmeros livros sobre como ajudar o bebê a dormir a noite toda.* Peça sugestões ao pediatra, à melhor amiga, bibliotecária ou vendedor de livraria. Veja se seu bebê tem idade suficiente para tentar os métodos sugeridos e verifique se você se sente à vontade com eles. Alguns especialistas aconselham deixar o bebê chorar por períodos de tempo cada vez mais longos, e muitos pais de primeira viagem estão dispostos a seguir a sugestão.

Embora a exaustão constante seja normal, ela é difícil. A situação *vai* melhorar. Você se torna mais eficiente, mesmo sem dormir o bastante e, por fim, o bebê fica mais disciplinado, e conseguimos as horas de

---

* Sugestão de leitura: Soluções para Noites sem Choro, M. Books, 2003 – visite www.mbooks.com.br. (N. do E.)

sono desejadas. Tente dormir sempre que possível e lembre-se da sensação crônica da falta de dormir para ser mais compassiva com outros pais de primeira viagem (e de segunda ou terceira, também) exaustos.

O bebê que precisa dormir muito pouco ou chora bastante não está sendo "malvado", apenas é um bebê. A situação vai melhorar.

Não sei se amamento ou se dou a mamadeira. Prefiro um método ao outro, mas todas as minhas amigas e familiares fizeram o contrário. Como devo agir?

Felizmente, nos dias de hoje, as mulheres têm opções para alimentar o bebê. Infelizmente, ter opções significa que podemos fazer uma escolha que ninguém faria. Ter confiança ao decidir amamentar (ou não) o bebê quando amigos e familiares fizeram outra escolha pode ser complicado. Ambas as opções são razoáveis, mas a decisão é sua e é preciso sentir confiança em relação a ela.

O bebê precisa ser alimentado e cuidado e, embora essa seja uma área em que cada pessoa tem uma opinião, amamentar ou não o bebê dependerá apenas de você. O objetivo aqui é proporcionar alimento e amor a ele, e isso pode ser alcançado tanto com a amamentação como com a mamadeira. Embora mães de primeira viagem tenham dificuldade em adquirir confiança, desde que o bebê esteja se desenvolvendo, nenhuma apologia ou explicação se faz necessária.

Há ampla evidência de que amamentar o bebê nos primeiros meses de vida é vantajoso para mãe e filho. Embora eu seja defensora ferrenha da amamentação, também sei que amamentar não é para qualquer uma. Algumas mães não podem fazê-lo por motivos físicos (por exemplo: o medicamento usado pela mãe para determinado problema clínico fica no leite materno e prejudica o bebê) e outras simplesmente consideram a atividade desagradável ou difícil. Em alguns casos, a situação profissional da mãe torna estressante a amamentação além das primeiras semanas. Pouquíssimos bebês são alérgicos ao leite materno, e a mamadeira, aí, é a opção saudável. Há boas razões para optar entre o peito e a mamadeira, e existem fórmulas excelentes no mercado para que todos os bebês sejam bem nutridos.

Se você analisou meticulosamente os prós e os contras da amamentação, então sua escolha foi racional. Sua decisão talvez seja contrária à das outras mulheres em sua família ou círculo social, mas não quer dizer que esteja errada.

Não importa sua decisão – peito ou mamadeira – lembre-se de passar parte do tempo da alimentação do bebê segurando-o e olhando-o nos olhos. Fale com ele, cante ou apenas troque olhares carinhosos. Se você amamentar entre outras mães que usam a mamadeira, cubra-se discretamente (a manta estrategicamente colocada é suficiente) e, se for o contrário, relaxe. Desde que o bebê seja saudável, a maneira como você o alimenta só diz respeito a você, ao seu marido, ao bebê e aos profissionais de saúde envolvidos. Qualquer que seja sua escolha, está agindo corretamente.

Todo mundo diz que amamentar é "natural". Desejo muito amamentar meu bebê, mas parece que não está funcionando.

Amamentar *é* natural, mas não significa que sempre ocorre tranquila ou facilmente. Conheço inúmeras mulheres que confessam ter levado *semanas* para adquirirem confiança ou proficiência para amamentar. Se você é mãe pela primeira vez, amamentar é novidade para você e para o bebê. Ambos estão aprendendo uma nova habilidade que pode demorar para ser colocada em prática, sem problemas.

A amamentação bem-sucedida não depende apenas da determinação da mãe, embora ela seja crucial. A capacidade de amamentar eficientemente depende de muitos fatores, inclusive do estilo de sucção do bebê, do tamanho da sua boca, da produção de leite, da forma dos mamilos, da dieta e da paciência da mãe. Quando não nos sentimos confiantes, suamos frio só em pensar que o bebê está faminto, mas é preciso encontrarmos uma posição confortável, relaxarmos o suficiente para permitir o fluxo de leite e ingerir grande quantidade de líquidos. É difícil controlar tudo; precisamos de tempo para desenvolver nossas técnicas de amamentação, permitir que os seios e mamilos se adaptem às novas funções e para que o bebê aprenda a sugar adequadamente.

Converse com o médico, se achar que há algo errado com a amamentação. *Não* dê ouvidos à sogra ou à vizinha que dizem que "o bebê não está mamando o suficiente", a menos que ele chore com constância e não esteja ganhando peso, nem se desenvolvendo apropriadamente. Paciência, persistência e tenacidade são essenciais; um pouco de autoconfiança e coragem também ajudam. Se você estiver empenhada em aprender a amamentar e não existirem razões médicas ou físicas que lhe impeçam, a amamentação ficará mais fácil. É bem provável que em mais algumas semanas você e o bebê estejam completamente à vontade com a situação. Respire fundo; permita-se ter tempo de aprender. Aceite o fato de que você ainda não se sente bem com a situação, apesar de achar lindo nas outras mães. Amamentar pode ser maravilhoso, sim, mas, para a maioria das mulheres, leva tempo, exige dedicação e esforço antes que se torne "natural".

E, se a amamentação não funcionar para você, por mais que queira ou tente, tudo bem. A meta da amamentação é nutrir o bebê e não fazê-la se sentir culpada ou inadequada como mãe.

Simplesmente porque algo é normal ou "natural" não significa que seja fácil ou sempre agradável.

Amamentar sempre dói tanto assim?

Depende de quanto é "tanto assim". Se dói apenas quando o bebê está segurando o peito, nas primeiras semanas de adaptação da mama ou quando o bebê, inadvertidamente, morde o mamilo, a dor é desagradável, mas normal. Continue; a dor desaparece quando a mama se acostuma mais à amamentação e o bebê fica mais apto.

Muitas mães de primeira viagem ouvem, de fontes que se dizem confiáveis, que amamentar não dói, se "feito corretamente". Esse comentário, além de fazer a mulher se sentir um fracasso, é completamente errado. Sobretudo nas primeiras semanas, amamentar pode ser muito doloroso, e há motivos lógicos. Antes de parir, é bem provável que ninguém jamais tenha mordiscado seus mamilos durante 20 minutos seguidos, várias vezes ao dia, dia após dia. Embora seja esse o objetivo deles (e mesmo se seguirmos aquela falsa recomendação para esfregar os mamilos com uma toalha todos os dias, durante algumas semanas antes do parto), os mamilos precisam se adaptar antes de a amamentação deixar de ser dolorosa. Não sinta constrangimento nem vergonha pelo fato de sentir dor quando amamentar – *a maioria das mulheres sente dor ao menos durante algum tempo.*

Contudo, se amamentar lhe causa mais dor do que consegue tolerar, é preciso descobrir o motivo. Algumas vezes ela é causada pelo fato de o bebê sugar incorretamente, outras por um duto obstruído ou apenas pela mama estar excessivamente cheia. Se você apresentar febre e sintomas de gripe, talvez esteja com infecção na mama, ou se notar uma substância branca, semelhante à coalhada na boca do bebê, é possível que você tenha o fungo *Candida albicans;* entre em contato com o médico, pois esses problemas talvez tenham de ser tratados clinicamente.

Peça a alguém experiente para observá-la enquanto amamenta, e, depois, siga suas sugestões ou procure um livro sobre o assunto para ajudá-la a diagnosticar o problema. É preciso determinar se o problema pode ser solucionado por meio da adaptação à maneira como o bebê suga, fazendo mais repouso, ou se é necessário procurar ajuda do médico. Qualquer que seja o motivo, beba bastante líquido e, principalmente, descanse mais, repousando na cama e amamentando até a dor desaparecer.

Além dos problemas mencionados, é comum lactantes sentirem desconfortos inesperados na mama. A "descida do leite" – a sensação de quando o leite na mama desce para a amamentação – é às vezes acompanhada por sensações desconhecidas ou desconfortáveis. Algumas mulheres sentem formigamento, outras sentem cãibras, algumas a sensação de abarrotamento e outras uma pontada. A descida do leite pode ocorrer não apenas quando a mãe está pronta para amamentar, como também quando pensamos no bebê ou ouvimos um bebê chorar. Algumas mulheres sentem dor ou desconforto generalizado quando o bebê suga ou apenas durante os primeiros segundos de amamentação e, às vezes, apresentam vazamento na outra mama. Tudo isso é normal e às vezes inconveniente, mas não preocupante.

Qualquer mãe experiente em amamentação nos dirá, se sentirmos dor ou não, para cuidarmos bem dos mamilos e mamas para evitar infecção ou desconforto. Lembre-se de limpar qualquer excesso de leite ou saliva do bebê com um pano limpo e úmido, após cada mamada, descanse o máximo possível, beba bastante líquido e deixe as mamas expostas ao ar sempre que possível. Sim, talvez você se sinta meio exposta, mas os resultados compensarão. E sempre, se a dor for grave, ou se estiver na dúvida, procure seu médico e peça ajuda e orientação. Você não precisa sentir dor nem vergonha.

Com a amamentação, sinto que meus seios não mais me pertencem, deixaram de ser sensuais. As sensações voltarão ao que eram antes?

Assim que o bebê desmamar e as mamas não estiverem mais a serviço do bebê exigente, elas voltarão a ser suas. Com a amamentação, os seios parecem se transformar em algo completamente diferente do que eram antes e pode ser preocupante pensar que uma parte tão sensual do corpo seja agora estritamente utilitária. Quando essa parte do corpo que antes era sensual e reservada se transforma em "objeto de trabalho", segundo um pai de primeira viagem, quase sempre à vista de qualquer um nas proximidades, é difícil imaginar que algum dia retome o lugar mais sensual e pessoal em nossa vida. Mas isso vai acontecer.

À medida que o bebê cresce e começa a ingerir alimentos cada vez mais sólidos, retomamos o controle da mama. Ela pára de vazar ou congestionar e pode até mesmo retornar à forma e tamanho anteriores. Não precisamos organizar nosso guarda-roupa, dieta ou horários para acomodarmos a amamentação. Se amamentarmos até um ano, ou mais, como acontece a um número cada vez maior de mães, veremos que amamentar deixa de controlar cada aspecto da vida dos seios. Depois que desmamamos o bebê, eles retomam a antiga privacidade e provavelmente recuperam a sensualidade. Os "objetos de trabalho" voltarão a ser como antes.

Ouvi dizer que amamentar ajuda a perder o excesso de peso adquirido durante a gravidez com maior rapidez. É verdade?

A mãe de primeira viagem não deve se preocupar com o peso, principalmente se estiver amamentando! Na verdade, o peso é muito menos importante do que o fato de nutrir o bebê. Amamentar é bom para o bebê e para você. Amamente porque oferece benefícios aos dois e nem sequer *pense* em seu peso.

A razão de as pessoas acreditarem que a lactante perderá mais peso origina-se da ideia de que as calorias ingeridas pelo bebê são maiores do que as consumidas pela mãe enquanto amamenta. Lactantes precisam de dieta alimentar saudável para amamentarem com êxito e manterem a saúde, e essas, sim, devem ser as prioridades. Na verdade, amamentar requer mais calorias do que a gravidez, e o nível energético do leite certamente será afetado, se restringirmos as calorias.

Uma rotina rígida de dieta e exercício seria difícil ou até pouco saudável durante a amamentação. Estou convencida de que algumas mulheres não perdem os últimos quilos porque o corpo necessita do consumo calórico extra ou de gordura corporal para sustentar a amamentação ou porque o bebê não usa toda a quantidade de leite produzida.

Não temos qualquer controle sobre o que poderá acontecer no nosso caso. Nenhuma técnica ou dieta (incluindo-se a amamentação) funciona para todas. Você não agirá corretamente se perder o peso adquirido com a gravidez rapidamente nem estará errada se não o fizer. Amamente o bebê porque esse é o seu desejo – mas não conte com a amamentação como parte do seu programa de emagrecimento.

Lactantes precisam consumir muitas calorias para sustentar a produção de leite. Por favor, não se preocupe com o peso enquanto estiver amamentando!

Meus seios estão muito diferentes agora. O que poderá acontecer a eles?

Embora a gravidez obviamente mude os seios, em geral eles retornam, mais ou menos, à antiga forma e tamanho, dentro de algumas semanas ou meses, com amamentação ou não. A rapidez com que retomam a aparência anterior depende de fatores hereditários, idade, peso adquirido durante a gravidez e quanto aumentaram. Algumas mulheres acham que os seios retornam completamente ao normal após algumas semanas, enquanto outras acham que estão maiores ou menores, menos firmes, mais ou menos sensíveis, ou que os mamilos mudaram. É raro após a gravidez os seios ficarem absolutamente diferentes do que eram antes, mas às vezes acontece. Geralmente as mudanças são sutis e perceptíveis apenas para a mulher, o marido e o médico.

Se você amamenta, é comum haver uma quantidade mínima de leite nas mamas até um ano após a desmama. Os mamilos podem se tornar, permanente ou temporariamente, mais protuberantes, sobretudo se eram achatados antes da amamentação. Algumas mulheres constatam alterações na resposta sexual à estimulação dos mamilos ou mamas. São alterações comuns, normais e mínimas.

Contudo, é possível termos uma reação emocional até mesmo às mudanças mais sutis. A mulher que antes tinha seios grandes e os vê agora menores, poderá se sentir satisfeita, mas aquela cujos seios eram pequenos e que gostava de vê-los maiores durante a amamentação pode se entristecer ao vê-los retomando o tamanho original. Da mesma maneira, é decepcionante constatar que os seios perdem parte da sensibilidade se eram muito sensíveis sexualmente antes de o bebê nascer, mas será uma agradável surpresa se o contrário acontecer.

Quaisquer que sejam as alterações, lembre-se de que apenas você e seu marido as percebem ou se importam, e que as mamas, na verdade, são apenas uma parte do corpo, apesar de receberem tanta atenção. Elas continuarão a mudar sutilmente no decorrer da vida, com ou sem gestações subsequentes. Será mais saudável aceitá-las como são; curta os aspectos positivos e adapte-se ao restante.

Perdi quase todo o peso que ganhei na gravidez, mas meu velho jeans ainda não serve. É imaginação minha ou meus quadris estão mais largos e a barriga maior, desde que tive o bebê?

Talvez não seja o que você desejava, mas muitas mulheres percebem que o corpo fica diferente após o parto. Os quadris, sem dúvida, ficam mais largos e a barriga mais redonda do que antes. Mesmo quando retornamos ao peso normal anterior à gravidez, os quilos podem ter sido redistribuídos. O alargamento dos quadris é muito comum, pois a pelve quase sempre se alarga e se afrouxa durante o parto. Muitas mães de primeira viagem percebem que não são mais como eram na adolescência; têm o corpo mais adulto e feminino agora.

Algumas mulheres acham que com o tempo retomam a forma anterior. Outras percebem que as novas curvas são mais duradouras. A gravidez envolve todo o corpo, mas lembre-se de que o corpo muda com a idade, com filhos ou não; ter filhos causa mudanças drásticas, visíveis e bruscas.

O melhor que podemos fazer é cuidar de nós mesmas, durante e depois da gravidez. Mantenha uma dieta alimentar saudável, exercite-se regularmente e o corpo se readapta – ou porque retoma a forma anterior ou porque nos acostumamos à nova pessoa em que nos transformamos. E entenda que, gostando ou não do novo corpo, foi ele que a ajudou a ter esse bebê que tanto ama. Quadris mais largos ou não, esse corpo é fantástico.

Meu apetite está maior desde que dei à luz. Como o dia todo. É normal?

Não é tão incomum. Se você amamenta, precisa consumir 500 calorias a mais por dia do que durante a gravidez. É óbvio que sinta fome; precisa comer mais para sustentar a amamentação. Além disso, se você é como a maioria das mães de primeira viagem, fica em casa muito mais do que antes. Está cansada, mal-humorada, entediada. O corpo está diferente. Você está atarefada o tempo todo, mas acha que não faz nada. Como a maioria das mulheres, principalmente quando se sente exausta ou solitária, não dirá a si mesma: "Preciso manter uma dieta saudável e me exercitar mais". Provavelmente apanhará uma caixa de biscoitos de chocolate e comerá todos sozinha.

Embora não seja bom para você, é (quase sempre) lógico. O açúcar nos dá energia, e o chocolate nos proporciona prazer e sem dúvida é disso que precisamos: energia e prazer. Embora o efeito dos biscoitos não seja duradouro, pode nos dar o ânimo de que precisamos para enfrentar aquelas semanas sem dormir ou sem contato com adultos, e isso faz sentido. É muito mais fácil observar o que comemos quando não estamos exaustas.

É difícil para muitas mães de primeira viagem comer adequadamente nas primeiras semanas. Parece que não há tempo para o preparo de pratos nutritivos, assim, os lanches durante todo o dia substituem refeições mais equilibradas. Se você teme perder o controle dos hábitos alimentares (ou peso), consulte seu médico para descartar quaisquer problemas clínicos. Ao determinar que a ingestão constante de alimentos é estritamente comportamental, há algumas coisas que podemos fazer para melhorar a qualidade e quantidade do consumo alimentar.

- Compre apenas alimentos nutritivos para que as tentações sejam saudáveis, incluindo frutas e verduras. Lave-as antes de guardá--las, a fim de que estejam prontas para serem ingeridas sempre que necessário.
- Faça alguma atividade física sempre que sentir ímpeto de comer em excesso. Caminhe ou corra, parada no mesmo lugar (o bebê achará muito engraçado), antes de abrir o saco de balas.
- Tente cozinhar. Às vezes o envolvimento no preparo dos alimentos pode satisfazer o desejo de comer sem, na verdade, ingerir grandes quantidades. Prepare pratos mais elaborados, mas nada de lamber a panela.
- Beba bastante líquido. Prepare chá ou café (sem cafeína, se estiver amamentando) toda manhã. Beba quente ou gelado. Beba muita água. Sentirá menos fome se estiver cheia de líquidos, e eles são necessários durante a amamentação.
- Satisfaça à necessidade oral de comer, telefonando para uma amiga, antes de assaltar a geladeira.
- Se realmente precisar do açúcar, mastigue chiclete ou chupe balas duras. Ambos permanecem na boca mais tempo com menos calorias do que outros doces.

Por fim, quando colocar o sono em dia e criar uma rotina que lhe seja adequada, o ato de comer não dominará seu tempo, e, ao desmamar o bebê, o apetite diminuirá naturalmente. Você se acostumará a ter acesso aos alimentos o dia todo, e começará a ter energia suficiente para se exercitar, em vez de comer, quando se sentir cansada. Até lá, é preciso se dar a chance de adaptação à nova vida.

Meu bebê já tem seis meses. Há algo errado comigo por ainda parecer que estou grávida?

Não há nada errado com a barriga arredondada; algumas mulheres até consideram essas curvas mais femininas. Contudo é verdade que a gravidez pode afetar bastante algumas partes do corpo, e a barriga certamente é uma delas. Dependendo da atitude, parto e genética, obter uma barriga lisa como na adolescência será mais ou menos difícil para as mulheres. Se você for determinada e geneticamente propensa, certamente será possível perder a barriga em questão de meses.

Tempo, determinação e auto-aceitação são os maiores aliados para recuperar a forma após a gravidez, e muitas mulheres não imaginam o esforço necessário. O peso talvez esteja redistribuído, os hábitos alimentares mudam e a exaustão e a amamentação tornam a dieta e o exercício praticamente impossíveis. Mas, sem dúvida, se estivermos preparadas e dispostas, poderemos fazer algumas coisas para melhorar nossa forma física.

Primeiro: obtenha o sinal verde do médico, antes de começar um programa de exercícios físicos após o parto. Mulheres que fazem cesariana sabem que a recuperação e o retorno às antigas formas demoram mais. É preciso ter certeza de que todas as incisões estão completamente curadas e que estamos fisicamente preparadas para qualquer tipo de exercício que pretendemos começar. A barriga lisa não compensa o risco potencial de dor, infecção ou exaustão causadas pelo excesso de esforço.

Quando estivermos adequadamente descansadas e recuperadas do parto, poderemos começar a fazer exercícios para os músculos abdominais. Procure uma academia, pergunte ao médico ou siga um livro ou vídeo para encontrar esquemas adequados. Com a prática constante e consciente, podemos reeducar os músculos distendidos e afrouxados pela gravidez e parto, para, então, retornar ao estado familiar mais "durinho"...

Seja tolerante consigo mesma e aceite o corpo que tem. Foi ele que lhe trouxe esse bebê maravilhoso; merece elogios e não reprovação.

> *Seu corpo criou e nutriu o bebê. Não o odeie; trate-o com respeito.*

A mudança do olfato é normal?

Muitas mulheres, ao se tornarem mães, notam uma tolerância recém-adquirida para o que antes era intolerável; faz parte da adaptação natural do corpo à maternidade. Sara, mãe de primeira viagem que anteriormente levava uma vida sem a presença de crianças, comentou como a mudança foi estranha. Subitamente, sentiu-se bastante à vontade em um grupo de mães e bebês em que tinha uma mãe com o nariz perto do bumbum do bebê, outra com o dedo na fralda e a própria Sara cheirando, feliz, o bebê que acabara de regurgitar! Essa aceitação casual das funções humanas malcheirosas deve ser a forma natural de nos ajudar a vencer o que, de outra forma, seria uma necessidade insuportável para os pais.

Os aromas emitidos pelo bebê nos ajudam a saber do que ele precisa. Embora a maioria das mulheres não diga que *gosta* desses cheiros, muitas curtem a proximidade e intimidade que acompanham os cuidados do recém-nascido. Talvez o olfato esteja diferente agora, mas é muito mais provável que o amor e a ternura permitam que ele se adapte para que possamos cuidar muito melhor do bebê.

Curiosamente, à medida que o bebê cresce, esses aromas se tornam desagradáveis de novo. Quando ele começa a ingerir mais alimentos sólidos e, principalmente, está pronto para aprender a usar o vaso sanitário, surpreendemo-nos ao descobrir que nossa velha e conhecida repulsa pelos odores corporais voltou. Quando o ato de trocar fraldas perde o charme, tanto nosso corpo como o do bebê nos dirá que ele está pronto para mudanças. Nosso nariz sabe.

Nas últimas semanas venho sofrendo de dor lombar. Está relacionada ao fato de eu ter um bebê?

Provavelmente. A dor lombar pode se originar quando não nos adaptamos adequadamente à brusca mudança no peso entre trazer o bebê no ventre durante a gravidez e carregá-lo nos braços agora, agitado, crescendo e às vezes inquieto. Não se preocupe, achando que o carrega "demais", mas talvez o esteja carregando incorretamente ou de maneira a causar esforço lombar. Se o incômodo começou a partir do nascimento do bebê, será melhor procurar ajuda. Peça ao seu médico para sugerir alguns exercícios para melhorar sua dor lombar e para que avalie se você precisará de intervenção mais intensa. Muitas mulheres sentem alívio com massagem especializada regular ou ocasional.

Também seria aconselhável encontrar outro método para manter-se próxima ao bebê e garantir, assim, conforto de *ambos*. Há inúmeros cangurus e outros dispositivos no mercado para nos ajudar a carregá-lo sem esforço lombar desnecessário. Peça alguns emprestados de amigas e vizinhas por uma hora, pois diferentes modelos adaptam-se melhor à mamãe e ao bebê do que outros. Dispositivos que colocam o bebê na frente do corpo da mãe funcionam muito bem para determinadas mulheres do que os do tipo mochila. Lembre-se de que o bebê cresce rapidamente; é recomendável encontrar um que se ajuste às diversas fases do seu desenvolvimento.

Cuidado ao pegar o bebê. Abaixe a grade do berço antes de erguê-lo. Lembra-se daquelas sugestões de manter as costas retas para erguer objetos pesados, usando as pernas? Elas se aplicam quando apanhamos o bebê, seja do chão, do banco do carro ou da banheira. Ao nos curvarmos para erguê-lo, causamos esforço lombar.

À medida que o bebê cresce e fica mais pesado, chegará o momento em que não seremos capazes de carregá-lo com a mesma frequência de antes sem sobrecarregarmos as costas. Não há problema algum, e é até bom para ambos que o bebê encontre outras maneiras de se acalmar. Quando ele precisar ficar perto de você, sente-se na cadeira de balanço para segurá-lo, deite-se com ele na cama ou no sofá. Converse, cante e leve-o para passear no carrinho ou de carro, na cadeirinha apropriada, para acalmá-lo, sem impor esforço extra às suas costas.

Quando o bebê está carente, é melhor segurá-lo e confortá-lo. Entretanto é bom também que a mãe se cuide. Se você não consegue carregar o bebê o dia todo, não o faça. Pode segurá-lo e acalentá-lo sem se machucar. Se não cuidar de suas costas, acabará com problemas mais sérios e depois não poderá segurá-lo de forma alguma. Nenhum dos dois gostará dessa situação.

As estrias desaparecerão?

Depende. Cerca de metade das mulheres que dão à luz desenvolve estrias que, em geral, são proporcionais ao ganho de peso. Segundo alguns estudiosos, estrias são determinadas por fatores genéticos ou hormonais. O tipo de pele, cor e elasticidade parecem contribuir para se tornarem perceptíveis e permanentes. Muitas pessoas que têm grande e repentino crescimento também apresentam estrias nos joelhos, coxas ou seios.

Lembre-se de que a maioria das mulheres constata drástica melhora nos primeiros meses após o parto. À medida que recuperamos a forma antiga e o tônus muscular, as estrias se tornam menos visíveis. Geralmente sua cor volta ao normal, embora algumas mantenham a aparência brilhante. Infelizmente, há pouquíssima evidência de que produtos adquiridos sem receita médica previnam ou removam estrias, embora cremes certamente não farão mal nenhum, e algumas mulheres juram que resolvem o problema. Minha opinião é que os cremes "bem-sucedidos" provavelmente "funcionam" em mulheres que não desenvolveram estrias profundas.

Embora elas não sejam um dos efeitos colaterais mais agradáveis da gravidez, são clinicamente inofensivas e constituem facilmente um lembrete particular da maternidade. Lúcia, uma mãe de primeira viagem e maratonista, considera-as "medalhas de honra". Comprou um maiô maravilhoso, dizendo, sem muito arrependimento, que os dias em que usava biquíni pertenciam ao passado. Claro, você e seu marido as verão, mas geralmente ninguém mais, pois, felizmente, estrias desaparecem sob as roupas. O melhor conselho que posso lhe dar é: aceite-as, pois você sabe que não é a única a tê-las.

Meu bebê já tem algumas semanas de vida e ainda estou sangrando. É preocupante?

Há enorme variação na facilidade e rapidez com que as mulheres se recuperam do parto. Embora provavelmente não haja motivos com os quais se preocupar, a certeza somente virá quando você falar com seu médico. O período de seis semanas que muitos médicos dão para o primeiro exame pós-parto baseia-se no tempo *médio* de recuperação, o que significa que pode ser perfeitamente normal estar recuperada em quatro semanas ou somente depois de oito. Da mesma maneira, o período de tempo em que mulheres normais continuam a sangrar após o parto varia.

Como você provavelmente até já saiba, o tempo de recuperação para mulheres que têm parto normal difere do tempo para mulheres submetidas à cesariana. Além disso, é lógico que a recuperação pode ser comprometida se o trabalho de parto foi intenso e cansativo, ou se a mãe não recebeu nenhuma ajuda após o parto. Ter um bebê que sofre de cólicas, levando-nos a carregá-lo durante horas toda noite, reduzindo nossas horas de sono, também pode contribuir para a demora da recuperação.

Pergunte ao médico o que é normal no *seu* caso. Parece que as mulheres que ficam de pé muito tempo depois do parto sangram mais, e um repouso sempre ajuda. Preste atenção no que está sentindo e sempre, mas *sempre* mesmo, pergunte a profissionais apropriados se estiver preocupada. Se seu médico ou sua parteira não se mostrar complacente ou responsivo às suas preocupações, procure um hospital. Tudo é novo, e você tem o direito de ser tranquilizada se não estiver bem e receber o auxílio se precisar.

Não há perguntas tolas ou idiotas. Se seu médico, amigos ou parentes tentam fazê-la se sentir inferior ou constrangida, você está consultando as pessoas erradas. Encontre alguém prestativo e atencioso, que a trate com respeito.

Quando vou menstruar de novo?

As mulheres retomam a menstruação dentro de algumas semanas ou até mais de um ano após o parto. A ovulação também pode voltar a qualquer momento. Três meses após o parto, cerca de 90% de mulheres que não amamentam e 1/3 de lactantes menstruam. Algumas descrevem a sensação de que o ciclo está retornando, mas não menstruam durante meses. Outras retomam o ciclo regular antes de terem certeza de que o sangramento pós-parto parou. O que é normal para uma mulher pode ser totalmente contrário ao que é normal para outra. A menstruação pode voltar e imediatamente retomar os ciclos anteriores à gravidez ou pode mudar por completo. Os ciclos poderão ser mais intensos ou mais suaves, mais ou menos previsíveis do que antes.

Em geral, lactantes não constatam o retorno normal do ciclo logo após o parto, como as mães que não amamentam, e, às vezes, a menstruação não recomeça antes da desmama completa. Visto que muitas mães amamentam por longos períodos de tempo, elas podem passar um ano ou mais, depois do parto, sem menstruarem. Mas entenda que a amamentação não garante que a menstruação não voltará. E apenas porque não tornou a menstruar, isso não significa que você não poderá engravidar de novo; portanto, não confie nisso como método de controle de natalidade.

O médico nos deu o sinal verde para fazermos sexo novamente, mas parece que não estou lubrificando como antes. É comum?

Sem dúvida. Muitas mães de primeira viagem sentem uma redução na lubrificação vaginal durante o ato sexual, sobretudo nas primeiras semanas pós-parto. Mudanças hormonais, redução do desejo, exaustão ou ansiedade podem causar esse problema, que em geral é temporário. Frequentemente, isso passa com o tempo.

Se você está com secura vaginal ou desconforto durante a relação sexual, primeiro fale com seu médico. Assim que a possibilidade de algum problema clínico for eliminada, ele poderá sugerir um lubrificante vaginal (a maioria não requer receita médica). Talvez seja tudo de que você precisa para tornar sua vida sexual mais confortável, até que os hormônios e tudo mais, de maneira geral, voltem ao normal.

Se o lubrificante lhe parece pouco atraente ou insuficiente, você precisa apenas de um pouco mais de romantismo, sono e tempo para que o relacionamento sexual volte ao nível de prazer vivenciado antes de o bebê nascer. Demora algumas semanas (ou meses ou até mais para determinadas mulheres) para os tecidos doloridos, ovulação e hormônios retornarem ao normal. Estar sempre cansada ou preocupada com a possibilidade de acordar o bebê também agrava a dificuldade que muitas mulheres têm de entrar no clima. Muitas simplesmente acham que o sexo perdeu a prioridade anterior e, sem o tempo e a energia que costumavam dedicar ao relacionamento sexual antes de o bebê nascer, a lubrificação pode se tornar um problema. Para o futuro próximo, você precisará de mais criatividade, romantismo, luz de velas, música, babá, lubrificante e, sem dúvida, mais carícias preliminares para ficar fisicamente pronta. A situação vai melhorar.

Tenho medo de fazer sexo novamente e sentir dor – existe essa probabilidade?

A perspectiva de fazer sexo quando ainda não nos sentimos totalmente à vontade com tantas mudanças em nosso corpo é compreensivelmente assustadora. Se o medo da dor é sobrepujante, acabará influenciando o nível de tensão quando tentamos fazer amor. Essa tensão emocional provavelmente causará maior desconforto físico, tornando o sexo mais doloroso do que em outras situações.

Mas sexo não é apenas uma questão psicológica; obviamente também há fatores físicos envolvidos. Se você passou por uma episiotomia* ou cesariana ou ainda sente dores do parto normal, seus medos podem ter fundamento. A dor e a possibilidade de infecção, se fizermos sexo antes de estarmos totalmente cicatrizadas, são as preocupações que os médicos têm quando sugerem que esperemos cerca de seis semanas após o parto para retomarmos a vida sexual. Contudo, se você atingiu seis *meses* pós-parto, sente-se bem e é capaz de cavalgar horas a fio, talvez seja hora de descobrir onde está o problema.

Assim que o médico lhe deu permissão para retomar a atividade sexual, se você ainda tem medo de dor (completamente compreensível e bastante comum), tente compreendê-lo. Algumas mulheres sentem desconforto ou dor nas primeiras vezes em que fazem sexo após o parto, mas outras não. Aquelas que acham a relação sexual desconfortável geralmente dizem que se sentem "apertadas" ou sem graça. Em geral, não é tão ruim e melhora cada vez mais. É impossível saber se sentiremos ou não dor, se não experimentarmos.

Entretanto a probabilidade de dor com frequência aumenta com o medo que temos dela. Provavelmente enrijecemos todos os músculos, reduzindo a possibilidade do relaxamento total e da excitação sexual se ficarmos com medo de sofrer. Além disso, algumas mulheres têm medo de engravidar novamente ou de acordar o bebê e

---

* Episiotomia: Incisão efetuada na região do períneo, normalmente com anestesia local, para ampliar o canal de parto e prevenir um rasgamento irregular durante a passagem do bebê. Fonte: www.e-familynet.com.

não se envolvem totalmente no ato sexual, tornando a situação ainda mais desconfortável. É claro que não ajuda muito lhe dizer para não se preocupar, mas seria ótimo se você pudesse fazer exatamente isso.

Converse com seu marido. Conte-lhe seus medos. Talvez ele esteja com receio de machucá-la também! Passem tempo juntos para relaxar e namorar. Entenda que as primeiras vezes em que fizerem amor após o parto podem ser diferentes – pode ser ótimo, desconfortável e certamente melhorará com o tempo. Comece devagar, no início.

Lembre-se: casais geralmente têm mais de um bebê, o que prova que continuam a fazer sexo depois do nascimento do primeiro filho. Todos os pais, até você, podem continuar a ter prazer sexual. Se sua vida sexual era prazerosa antes de dar à luz e você estiver fisicamente preparada, em breve fazer amor pode e será satisfatório e não doloroso. Muito em breve.

Casais geralmente têm mais de um bebê, o que prova que as pessoas fazem sexo após o nascimento do primeiro filho.

Meus *antebraços* doem. O médico diz que é de carregar o bebê o dia todo, mas nunca ouvi falar disso antes. É verdade?

Muito provavelmente. Pense nas diversas maneiras em que vem usando seu corpo desde o parto. Todos os dias você passa horas alimentando, carregando, erguendo e segurando o bebê; não é de espantar que o corpo reaja de forma inesperada. O uso diferente e constante das mãos e braços desde o parto pode facilmente causar dores e câibras. Com o tempo, os músculos se fortalecem e a dor diminui. Até lá, experimente estas sugestões:

- Preste atenção à postura, enquanto amamenta o bebê. Tente diversas posições, permitindo que os músculos relaxem.

- Use travesseiros para apoiar o bebê ou seus braços, sempre que amamentá-lo.
- Certifique-se de estar relaxada e confortável antes de começar a amamentar. Procure a melhor posição possível; amamentar deve ser agradável e confortável para ambos.
- Tenha boa postura sempre que erguer ou segurar o bebê. Use as pernas e não as costas ou os braços, ao erguer qualquer objeto.
- Mude de posição frequentemente enquanto segura o bebê.
- Use o moisés ou o canguru para aliviar os braços.
- Descanse os braços sempre que possível.

Se esses pequenos truques não aliviarem a dor, mais uma vez, fale com seu médico. Ele poderá indicar exercícios específicos para que você faça sozinha ou em sessões de fisioterapia. Embora dores no braço, mão ou punho não sejam fatais, são desagradáveis e, na maioria das vezes, há uma maneira simples de reduzi-las. Analise como você lida com o bebê, faça os ajustes necessários e tenha certeza de que isso é comum e, normalmente, temporário.

Desenvolvi veias varicosas durante a gravidez. São permanentes?

Ninguém gosta delas, mas muitas mulheres desenvolvem veias varicosas (veias inchadas, escuras e visíveis) durante a gravidez, principalmente nas pernas, e às vezes são permanentes. Elas causam desconforto e deformidade variáveis, desde veias arroxeadas, achatadas, pouco visíveis (frequentemente chamadas de "aranhas vasculares") e indolores, a veias tortuosas, inchadas, escuras e muito doloridas. Visto que veias varicosas são geralmente causadas por fraqueza na parede vascular, o aumento do fluxo sanguíneo para sustentar o feto na gravidez pode resultar em varicosidade. Quase metade das mulheres com veias varicosas visíveis tem predisposição hereditária. Assim, se sua mãe ou avós as têm, é bem provável que você também as terá.

Felizmente, muitas mulheres percebem uma redução significativa na visibilidade e desconforto das veias varicosas nas primeiras semanas ou meses após o parto. Se decorreram apenas algumas semanas após o parto, espere um pouco mais para ver se elas se retraem naturalmente. À medida que o peso, fluxo sanguíneo e hormônios retornam ao estágio anterior à gravidez, esses "mapas rodoviários" poderão desaparecer logo.

Há alguns métodos não invasivos, capazes de minimizar o problema. Durante a gravidez, seu médico talvez tenha indicado repouso e recomendado que você erguesse as pernas periodicamente ou usasse meias elásticas apropriadas, que continuam sendo excelentes tratamentos, mesmo depois do parto. Algumas mulheres beneficiam-se de meias elásticas de alta compressão, obtidas apenas com prescrição médica; pergunte ao médico se elas seriam úteis no seu caso. Na maioria das vezes, seu uso é suficiente para reduzir a aparência e dor associadas às veias varicosas.

Mulheres reagem às veias varicosas de diversas maneiras, dependendo do desconforto físico ou do nível de deformidade. Conheci três que deram à luz com uma diferença de algumas semanas uma das outras e todas desenvolveram veias varicosas bastante visíveis nas pernas. Bárbara sentia dor constante, causada pelo aumento nas veias, e procurou o médico em busca de alívio. Jéssica não gostava da aparência das pernas, mas não sentia nenhum desconforto físico; simplesmente jurou nunca mais usar short ou saias curtas. E Patrícia decidiu que as veias, embora desagradáveis, faziam parte de sua nova aparência.

É razoável buscar ajuda, se as veias são doloridas ou causadoras de constrangimento insuportável, e é razoável também decidir simplesmente aceitar as alterações físicas do corpo. Não importa o que você faça em relação às veias varicosas, permita-se esperar o tempo necessário para retomar a vida normal, informe-se bem e tome a melhor decisão para o seu caso.

A realidade é que algumas mulheres, apesar de todos os cuidados, não constatam grande melhora mesmo após meses do parto e, embora algumas mal percebam ou se importem com suas veias varicosas, outras querem que elas desapareçam. Felizmente, há inúmeros métodos clínicos para eliminar, ou ao menos melhorar, a aparência e dor das pernas, sendo que alguns, dependendo do diagnóstico, estão incluídos em diversos planos de saúde. Se a dor física e a aversão emocional pela aparência das pernas persistirem, peça a opinião do médico para lhe dar opções acessíveis a você.

Tenho hemorróidas. O que posso fazer para me sentir melhor ou eliminá-las?

Hemorróidas são relativamente comuns; tratam-se apenas de veias varicosas do reto, ou ânus. Coçam, incham, doem e ocasionalmente sangram. Quase sempre surgem nos últimos meses de gravidez e nas primeiras semanas após o parto, em consequência do aumento de pressão no reto, agravando-se com a constipação. Se não lhe incomodavam antes da gravidez, geralmente desaparecem nas primeiras semanas posteriores ao parto.

Cremes ou pomadas disponíveis sem prescrição médica e banhos de assento proporcionam alívio temporário e ajudam na cicatrização. Beba bastante líquido, coma alimentos ricos em fibra para reconquistar a regularidade intestinal, use compressas frias, sente-se apenas em almofadas de borracha infladas, tipo boia, e repouse. Geralmente uma dessas sugestões funciona.

Como em qualquer situação clínica, se o desconforto for intolerável ou se as hemorróidas não apresentarem sinais de cicatrização, procure seu médico. *Alguns casos exigem cuidados médicos.* Obviamente, é sempre difícil cuidarmos de nós mesmas de forma adequada, ao mesmo tempo em que cuidamos do recém-nascido, mas não precisamos de dores extras nesse momento. Além disso, hemorróidas são um problema relativamente simples de resolver.

A vida já é difícil com um recém-nascido; não precisamos de dores extras.

Até mesmo o número que calço aumentou. Isso está mesmo acontecendo?

Claro que sim. Os pés de algumas pessoas continuam crescendo a vida toda, quase sempre de maneira imperceptível, mas às vezes o suficiente para exigir certo ajuste no número do sapato, após alguns anos. Não é incomum descobrirmos que nossos pés incham ou crescem durante ou após a gravidez. O aumento do fluxo sanguíneo e o peso contribuem para a alteração pequena, mas perceptível, no número dos sapatos.

Você sofreu retenção hídrica durante a gravidez? Aumentou o número dos sapatos em busca de conforto? Se o tamanho maior resultou da retenção hídrica, os pés retornarão às antigas proporções juntamente com outras partes do corpo. Abandonou o salto alto e adotou sapatos baixos para evitar o andar desajeitado? Em caso afirmativo, poderá constatar que é o conforto recém-adquirido longe dos saltos altos, e não o crescimento real dos pés, que a leva a usar sapatos maiores do que antes de o bebê nascer.

Não se preocupe. Você não é nenhuma aberração, apenas uma mulher ciente de que seus pés ficam mais à vontade em sapatos maiores. O aumento nos pés talvez seja desagradável, mas não é perigoso nem indica que você estará usando sapatos de palhaço antes de ultrapassar sua idade fértil.

Capítulo Três

Questões Práticas

"O que você fez o dia todo?" Sempre odiei essa pergunta, em parte porque, nas primeiras semanas após o nascimento do meu bebê, senti que necessitava justificar minha existência e, em parte, porque não tinha tanta certeza do que me mantivera tão ocupada o dia todo sem, contudo, me proporcionar nada que mostrasse meus esforços. Este capítulo a ajudará a encontrar uma resposta para essa pergunta, e a se tornar mais eficiente e mais aberta a aceitar suas ineficiências.

Este é provavelmente o capítulo mais prático do livro: inclui dicas sobre culinária e pagamento de contas, ideias para manter o bebê bem-humorado enquanto a mãe tenta concluir determinado projeto e ideias para fazer compras com mais eficiência. É evidente que essas não são as únicas maneiras de simplificarmos a vida, e obviamente você não deve achar que essas sugestões significam que a sua vida *tem de ser* mais eficiente. Mas, se é uma área em que você gostaria de contar com certa ajuda, eu incluí aqui métodos testados e aprovados, muitos recomendados por mães de primeira viagem que também queriam se sentir melhor em relação à maneira como passavam seu tempo.

Use quaisquer ideias que lhe agradem. Relaxe e desfrute o novo ritmo e estrutura de vida, sempre que possível. Há inúmeras maneiras "certas" ou "melhores" de agir. Descubra o que é importante para você e sua família e desenvolva aptidões e ritmo necessários, durante os meses seguintes.

Sempre que não souber exatamente o que fazer, apenas ouça. Ouça a si mesma, seu marido e seu bebê. Você encontrará a resposta.

Serei uma péssima mãe se não conseguir manter a casa em ordem?

Claro que não! Nos primeiros meses, é praticamente impossível limpar a casa com a mesma facilidade com que você e o bebê podem criar a desordem. Até que ponto acha que sua casa precisa ficar limpa e organizada? Caroline, dois filhos, diz que sempre aconselha às amigas que se tornam mães para baixarem seus padrões. A maioria das mulheres que conheço, mães há algum tempo, acham que tiveram de aprender a esperar menos de si mesmas e a tolerar mais o caos; algumas até aprenderam a se sentir mais à vontade cercadas pelos pertences familiares. Na verdade, desde que a Secretaria de Saúde não seja requisitada para vistoriar sua casa, é bem provável que sua preocupação com a desordem seja mais desconfortável do que a própria desordem.

Se você se incomoda com o fato de a desorganização aparente indicar que você é péssima mãe, que nunca poderá receber os amigos novamente ou lembrar-se da cor do carpete do quarto, tenha paciência consigo mesma. Ficará mais organizada quando se recuperar totalmente do parto e colocar o sono em dia. Até lá, o bebê não se importa em ser tão preocupado com a ordem da casa e, felizmente, não se importa se você também não for. Além disso, cuidar da casa e ser mãe não são a mesma coisa. Podemos ser excelentes mães e péssimas donas de casa.

Se está preocupada com a desordem por temer que o marido, a sogra ou os vizinhos julguem sua capacidade de ser mãe, então é preciso trabalhar sua sensibilidade à opinião alheia a seu respeito. Nas primeiras semanas e meses de vida do bebê, é difícil manter tudo sob controle; nenhuma mãe precisa da preocupação extra de preencher as supostas expectativas dos outros. Se as pessoas que a cercam realmente a amam, entenderão.

Tente não fazer autojulgamentos; sua capacidade de lidar com a desorganização da casa não é necessariamente um reflexo de saúde mental, caráter ou aptidão como mãe. Se você se sente melhor quando sua vida e casa estão organizadas, ótimo; se não se importa nem percebe, ótimo também. Desenvolva melhores aptidões organizacionais (peça, implore ou contrate alguém para ajudar) *se lhe fizer bem*. Com o tempo, tornamo-nos mais aptas a lidar com a bagunça e vemos que não precisamos passar no "teste da luva branca" (nem mesmo saber do que se trata) para sermos mães espetaculares.

O bebê crescerá lembrando-se do tempo que passaram juntos, o que você valoriza e quem você é como ser humano – não da organização da casa.

Como posso tomar banho todos os dias com um recémnascido em casa?

Raramente as mães de primeira viagem conseguem tomar banho diariamente, sobretudo antes do meio-dia. Mas, por fim, cada uma encontra a sua maneira. Precisamos desenvolver um método totalmente novo para a higiene pessoal, mas com certeza acabaremos descobrindo o que funciona para nós. Aqui estão alguns métodos testados e experimentados:

- Levante-se junto com seu marido toda manhã (ou antes) e deixe-o cuidar do bebê enquanto você toma banho antes de ele sair para o trabalho.
- Tome banho durante a soneca do bebê.
- Coloque o bebê na cadeirinha ou banheirinha, dentro do banheiro, perto de você. Assim é fácil conversar com ele, ouvi-lo e observá-lo enquanto você toma banho.

- ❧ Tome banho de banheira junto com o bebê.
- ❧ Tome banho à noite, quando seu marido estiver em casa e cuidando do bebê.
- ❧ Tome banho rapidamente.

Acredite em mim, tornamo-nos mais eficientes com o tempo. Aprenderemos os hábitos do bebê e, instintivamente, saberemos quando ele ficará tranquilo enquanto tomamos banho. Dormiremos mais regularmente e assim daremos menos valor aos cochilos e mais à higiene. Enquanto isso, console-se com o fato de que essa talvez seja a pergunta mais frequente de mães de primeira viagem.

É dificílimo e uma importante conquista para a mãe de primeira viagem tomar banho antes do meio-dia.

Como decidir o que fazer primeiro quando me sinto puxada em todas as direções?

Primeiro precisamos estabelecer novas prioridades. É difícil saber o que fazer primeiro se não decidirmos o que é mais importante. Considere o que você e seu marido valorizam. Clara sente-se constrangida se a casa não estiver brilhando, portanto limpeza é fundamental para ela. Janet não vive sem ver as amigas toda semana, assim, estabeleceu uma noite para semanalmente sair com elas. Se um jantar em família é essencial para o *seu* bem-estar emocional, então é preciso encontrar uma maneira de realizá-lo. O que for mais importante para você e seu marido e, finalmente, para o bebê, precisa se tornar prioridade de honra em sua vida.

Segundo: defina exatamente o que é essencial para a sobrevivência familiar, como, por exemplo, manter a família alimentada, vestida e limpa o suficiente para prevenir doenças ou constrangimento. Depois, analise o que lhe dá prazer, porque também é importante descansar, sentir-se amada, divertir-se. Cada família tem o próprio esquema. É preciso decidir o que é mais importante. Evidentemente precisamos ter certeza de que as necessidades básicas de sobrevivência são atendidas, mas podemos limpar e decorar cada centímetro quadrado da casa, se for essa a nossa paixão, ou manter uma limpeza mínima, comprar comida pronta e dedicar mais tempo à família, amigos ou passatempo preferido.

Após definir o que é mais importante e essencial para você e seu marido, tente cuidar disso primeiro. Quando há um bebê na jogada, precisamos analisar cuidadosamente tudo o que costumávamos fazer sem pensar. Temos de ajustar um pouco nossos padrões e abandonar a ideia de que precisamos cuidar de tudo, todos os dias, com perfeição. Um jantar em família não tem de ser preparado todas as noites, bilhetes de agradecimento podem ser mais sucintos e menos eloquentes e a tevê pode substituir o cinema. Mas não precisamos abandonar o que mais valorizamos.

Priorize e organize, reduza o perfeccionismo e faça o que necessita e deseja, tudo a seu tempo. Cuide primeiro do essencial; o resto fica segundo a vontade ou necessidade. Aprendemos a desempenhar melhor essas tarefas e a não nos preocuparmos tanto com coisas irrelevantes. Então, mesmo se não atingirmos a plena eficiência, vamos nos sentir melhor.

Há muito por fazer agora e minha cabeça está confusa. Como posso me lembrar de tudo?

Faça listas. É um desafio lembrarmos de tudo quando há um bebê por perto, e fazer anotações tem dois objetivos. Anotar o que precisamos fazer ou comprar nos dá um registro visível, concreto, que não nos deixa esquecer. Podemos segurar a lista nas mãos, acrescentar algum item, riscar o que já foi feito (a melhor parte). E, para muitas pessoas, o ato de anotar ou ver algo escrito ajuda a memorizar. Portanto, mesmo que percamos a lista – o que naturalmente acontece, às vezes –, teremos maior chance de reconstruí-la.

Listas de tarefas devem ser sucintas e práticas:

- ❧ Seja clara sobre o que requer atenção imediata, o que pode esperar e quem é responsável por determinada tarefa.
- ❧ Sempre que possível, divida tarefas em várias partes: "limpar a pia", "passar o aspirador de pó", e "lavar a roupa", em vez de "limpar a casa", para não se sentir sufocada pelas próprias expectativas.
- ❧ Tente ser realista com o que pode realizar em determinado período de tempo.
- ❧ Estime o tempo necessário para fazer determinada tarefa e inclua coisas que possam ser feitas em 10 minutos de explosões de energia.

Lista de compras funcionam melhor se forem abrangentes e específicas:

- ❧ Faça listas separadas para supermercado, loja de ferragens ou farmácia, dependendo de suas necessidades.
- ❧ Faça listas contínuas: quando abrir o último pacote de biscoitos, escreva "biscoitos"; quando perceber que há apenas mais um rolo de papel higiênico, acrescente "papel higiênico" à lista. Assim, não temos de verificar os armários ou puxar pela memória para saber do que precisamos na hora das compras. (E a lista pronta facilita mais o ato de delegar as compras a outra pessoa, que é sempre uma ótima ideia.)

Use listas diárias, semanais e mensais:

- ❧ Especifique o que precisa ser feito diariamente, toda semana, todo mês ou quando possível.

Denise, uma das pessoas mais organizadas que conheço, faz listas de pessoas para quem precisa telefonar, enviar bilhetes de agradecimento, de tarefas domésticas, aniversários importantes etc. e sugere mantê-las em um caderno espiral ou prancheta bem grande, para não sumirem. Audrey, artista e mãe de primeira viagem de gêmeos, prefere listas separadas, presas à geladeira com ímãs e uma caneta. Decida o número, o formato e a localização das listas, segundo seu estilo, e ajude-se a recobrar o controle.

Não se transforme em escrava das listas; descarte-as, se você se sentir pressionada a fazer mais do que pode. O objetivo delas é ajudá-la e, quando usadas adequadamente, podem ser valiosas na definição de prioridades, organização geral da vida e para mensurar quanto conseguimos fazer diariamente. Ao concluir uma determinada tarefa, risque-a da lista. Você vai se sentir tão bem quanto ao terminar todas.

Faço listas e sou bastante direta em relação às prioridades; o que mais posso fazer para ser mais eficiente?

Toda mãe desenvolve artifícios para ajudá-las nas tarefas cotidianas. Elaborar listas e definir prioridades certamente são importantes. Sem dúvida, com o tempo, você inventará artifícios próprios. Aqui estão algumas dicas que mães de primeira viagem consideram úteis. Use as ideias que mais a atraírem:

- ❧ Seja flexível e criativa. Tente um método diferente para solucionar determinado problema ou desempenhar tarefas complicadas.
- ❧ Caso sinta dificuldade em realizar alguma tarefa, adie-a. Será melhor enfrentá-la mais tarde, com a cabeça fresca e outro estado de espírito.
- ❧ Algumas mulheres gostam de fazer várias coisas de uma só vez. Se esse é o seu caso, economize tempo, realizando diversas tarefas juntas. Por exemplo: programe lavar a roupa de modo que esteja pronta para ser dobrada enquanto você assiste ao programa

preferido na tevê. Use telefone sem fio ou celular com fone de ouvido para manter as mãos livres e fazer telefonemas importantes ou falar com uma amiga, enquanto põe a mesa ou limpa a sala de estar. Se você combinar trabalho físico com estimulação intelectual ou entretenimento, aproveitará mais sua eficiência.

- Outras mulheres preferem dedicar concentração total a uma tarefa de cada vez. Se esse é seu estilo, escolha uma tarefa por dia, dedique-se inteiramente a ela até terminá-la, mesmo que faça um intervalo de vez em quando para cuidar do bebê.

- Convide uma amiga para ir às compras com você.

- Entenda que a atividade que representa tarefa para você é aventura para o bebê. Explicar com voz dramática que está esfregando a banheira ou redigindo um relatório pode ser muito divertido para o bebê de seis meses. Fazer compras no supermercado, com todas as cores, texturas, odores, sem mencionar outros consumidores admirando o bebê, transforma-se no ponto alto da semana dele, e não no martírio que é para você. Ver as situações sob a perspectiva do bebê torna-as mais divertidas e aumenta sua eficiência.

- Sheila, mãe de primeira viagem organizadíssima, estabeleceu estações de trabalho por toda a casa. Tarefas que não podiam ser concluídas de uma vez ficariam esperando o momento em que ela tivesse tempo de terminá-las. Essa atitude eliminou o tempo de limpeza e preparação, permitindo transições mais imediatas de uma tarefa para outra. Quando tinha um momento livre, ela lia o jornal, folheava uma revista ou colocava mais quatro fotos no álbum.

- Pequenas sobras de tempo devem ser usadas sabiamente. Às vezes temos apenas cinco ou dez minutos antes de o bebê acordar. Em vez de exclamar, frustrada, que não dá para fazer nada, *use* esse tempo. Você se surpreenderá com o que pode realizar entre cinco e dez minutos: limpar o armário do banheiro, lixar a unha, dar um telefonema ou iniciar um projeto maior. Executar aos poucos uma tarefa mais complexa (como limpar a garagem) deixa o projeto menos assustador e nos dá a sensação de maior eficiência.

❧ Desenvolva o *seu* estilo. Aceite seus talentos e falhas. Peça ideias aos amigos e troque aptidões com eles. Seja tolerante principalmente consigo mesma. A situação é nova, e você, a cada momento, torna-se mais capaz e eficiente.

Meu bebê já tem quatro meses; como agradecer parentes e amigos pelos presentes que nos mandaram?

Não é fácil redigir bilhetes nem dar telefonemas de agradecimento com um recém-nascido por perto, mas apenas depois de várias semanas ou meses é que seremos consideradas grosseiras ou mal-agradecidas. Em geral, as pessoas entendem que, como mãe de primeira viagem, não temos muito tempo ou capacidade de focarmos nossa atenção em responder com algo que reflita adequadamente nossa gratidão ou carinho. Aqui estão alguns itens a serem considerados para facilitar e agilizar o envio de agradecimentos.

❧ Ao receber um presente ou um cartão para o bebê, coloque-o em determinada caixa ou sacola, até ter tempo para redigir um bilhete de agradecimento ou dar um telefonema. Anote a data em que recebeu o presente e sua descrição, para não esquecer quem deu o quê.

❧ Algumas mulheres acham mais fácil redigir um bilhete de agradecimento no dia em que o presente chega, enquanto outras preferem esperar para fazê-lo até que tenham um número maior de bilhetes para mandar. Decida o que é melhor para você. Talvez seja necessário redigir vários de uma só vez no início, pois o volume maior de presentes chega logo após o nascimento. É claro que, se nessa época é mais difícil formular frases completas, imagine redigir um texto legível e coerente. Portanto não se cobre muito em relação a esses primeiros agradecimentos.

❧ Nem todo bilhete de agradecimento precisa ser uma obra-prima. Três ou quatro sentenças são suficientes: "Muito obrigada pelo carinhoso... (preencha o espaço e seja específica). Adoramos; é

Questões Práticas ❧ 93

perfeito para nosso (bebê, gosto, esquema de cores). Não vemos a hora de (revê-la, mostrar-lhe o bebê, usá-lo). Muito obrigada por sua (generosidade, senso de humor, carinho). Beijos, ..." E está pronto.

- ❧ Compre selos postais e cartões de agradecimento em grande quantidade (até mesmo por telefone ou Internet) e guarde-os com uma caneta ao lado e a agenda de endereços. Escreva um por dia. Ou dois. Antes que você perceba, terá respondido a todos.
- ❧ Faça seu marido escrever bilhetes de agradecimento para a família e amigos dele. Estou falando sério.

Todos aqueles que nos amam sabem que estamos atarefadas. Ao menos informe que recebeu o presente para que a pessoa que o enviou não pensar que ele se perdeu na confusão da chegada do bebê.

Bilhetes de agradecimento não precisam ser obras-primas literárias.

Pagar as contas tornou-se um desafio; o que posso fazer para me organizar melhor?

Aqui estão algumas ideias que poderão facilitar sua contabilidade:

- ❧ Uma maneira de simplificar o pagamento de contas é usar um número menor de cartões de crédito. Pode-se eliminar várias contas mensais, usando-se apenas um cartão de crédito aceito em quase todas as lojas de departamentos, supermercados ou farmácias, bem como em restaurantes, hotéis e postos de gasolina, em todo o mundo. Se consolidarmos nosso crédito usando apenas um cartão, além de termos um número menor de cheques para fazer todo mês, será mais fácil monitorar os gastos. Se tivermos um dos cartões que oferecem milhagem aérea, temos o bônus de acumular milhas extras cada vez que o utilizarmos. Se você fizer todas as compras com apenas um cartão de crédito, *então não compre mais nada com outra forma de pagamento e não se esqueça de saldar a dívida toda mensalmente.* Caso contrário, as taxas de juros astronômicas serão piores do que o atraso no pagamento.

- ❧ Algumas contas podem ser automaticamente debitadas no cartão de crédito ou na conta bancária, como assinaturas de jornais, contas de luz, água e telefone, servidores da Internet e outros pagamentos mensais. Basta garantir o saldo na conta, e, lembre-se, é melhor saldar as dívidas todo mês ou elas acabarão custando muito mais.

- ❧ Outra alternativa é optarmos por não usar cartões de crédito para nada, eliminando completamente alguns pagamentos mensais. Essa estratégia funciona bem para pessoas que têm fácil acesso ao dinheiro e que precisam de controle externo dos gastos. Quando pagamos à vista, em dinheiro, sabemos o que gastamos diariamente.

- ❧ Se você paga muitas compras com cheques, deduza o valor de cada um imediatamente para ter certeza de que há fundo suficiente. Mantenha o controle de depósitos e saques constantemente atualizado, pela mesma razão. Cheques devolvidos podem ser tão dispendiosos quanto o pagamento atrasado de contas.

- ❧ Algumas contas regulares podem ser debitadas diretamente da conta bancária. Na maioria das vezes, água, luz, telefone, prestação da casa e outras com vencimento mensal aceitarão, como já dissemos, o débito em conta, com a sua autorização. Assim como alguns empregadores usam o depósito automático de cheques (ótima ideia também, pois o dinheiro entra na conta bancária mais rapidamente, sobretudo se você demora a depositar o cheque), essas empresas usam o débito automático. Verifique essa possibilidade para o seu caso. Cada pagamento automático é uma preocupação a menos.

- Se você não gosta de que as contas se acumulem, pague-as no momento em que chegam. A vantagem desse método é que não precisamos ser muito organizadas para manter o controle de todas as contas até podermos pagá-las nem lembrar o dia de vencimento de cada uma. A desvantagem é que perdemos os juros dependendo do tipo da conta bancária dos vários dias entre a data do pagamento e o dia exato do vencimento.

- Se você prefere pagar as contas com menor frequência ou teme esquecer-se de determinado pagamento ao esperar pelo melhor dia de emitir o cheque, tente a sugestão de Márcia. Com alguns telefonemas, você pode solicitar a mudança do vencimento de todas as contas para determinada data, todo mês. Basta entrar em contato com a empresa encarregada e solicitar a alteração. Depois, quando as contas chegarem, coloque-as imediatamente dentro de um arquivo, pasta ou gaveta específica para contas a pagar. Sete a dez dias antes do vencimento, dependendo se o dinheiro já está disponível e do seu nível de ansiedade, pegue-as juntamente com a calculadora e o talão de cheques e pague-as. Guarde os recibos e estará livre dos pagamentos daquele mês.

Quando adquirirmos o hábito de pagar contas da maneira mais simples e funcional, ficaremos menos ansiosas, teremos menos pagamentos atrasados e mais tempo para outras tarefas. Talvez você possa usar o tempo e dinheiro extras para passear.

Há coisas que eu deveria fazer e que desconheço?

Há quatro coisas que os pais de primeira viagem nem sempre lembram quando o bebê nasce:

- Se você tem plano de saúde, o bebê precisa ser colocado como dependente, o que, às vezes, pode ser feito por telefone ou pela Internet. Mas, para que ele tenha total cobertura, precisa ser feito um exame e quase sempre há um prazo determinado para efetuá-lo. Telefone para a empresa em que trabalha ou para a própria companhia do plano de saúde, e saberá como proceder.

- ❧ Solicite algumas segundas vias da certidão de nascimento do bebê. O cartório de registros cobra por isso. A certidão de nascimento é um documento importantíssimo necessário para tudo que diz respeito ao bebê – até para solicitação de passaporte (bebês também precisam de passaporte para saírem do país), ingresso na escola e várias outras situações legais ou financeiras. Observe que, quando há necessidade do documento original, você deve apresentar a segunda via.

- ❧ Se você não registrou o bebê logo que ele nasceu, faça-o agora. Procure o cartório de sua cidade.

- ❧ Se você tem testamento, atualize-o; se não tem, é hora de fazê-lo. Você e seu marido devem pensar em quem gostariam que se tornasse responsável pela criança, se algo lhes acontecer, e verificar se as pessoas escolhidas estão dispostas a aceitar o encargo.

Embora eu saiba que você não precisa de mais tarefas, essas sugestões pouparão tempo, dinheiro e aborrecimentos futuros.

Não consigo ficar em dia com tudo que falta por aqui; estamos sempre necessitando de alguma coisa. Como posso me transformar em boa "supervisora de almoxarifado"?

Sempre que o dinheiro e a despensa permitirem, compre por atacado, principalmente quando os preços compensarem. Faça uma lista de todos os itens necessários, dos supérfluos aos mais comuns, que seria mais ou menos assim:

- ❧ Produtos de limpeza e higiene: papel higiênico, papel-toalha, sabão ou detergente para lavar louças, desinfetante, lustra-móveis, álcool, cera, sabão em pedra e sabão em pó para lavar roupas, creme dental, xampu, cotonete, lenços umedecidos, desodorante, fraldas.

- Produtos não-perecíveis: farinha, açúcar, cereais, enlatados e congelados, arroz, feijão, macarrão.
- Produtos perecíveis: leite, suco, pão, frutas frescas, queijo, margarina, chocolate, verduras.

A lista pode ainda incluir soluções para lentes de contato, molhos, e sorvetes, mas a ideia é ter em mente itens e alimentos não-perecíveis que usamos regularmente e que podemos comprar por atacado sempre que possível, antes que fiquemos sem algum produto essencial. Faça um levantamento de preços. Às vezes, pacotes tamanho-família de um produto custam mais do que embalagens menores. Mas comprar por atacado resulta em ir menos às compras e, com isso, também na economia de alguns centavos.

Atenção: não compre itens em excesso porque o bebê cresce rápido (fraldas descartáveis para recém-nascidos, por exemplo) e também porque podemos nos enjoar deles, antes que possamos consumir toda a quantidade. Verifique o estoque antes de ir às compras e mantenha a lista dos produtos necessários aberta e atualizada, para não depender da memória. E veja se é possível para o supermercado fazer entregas, principalmente nos primeiros dias do bebê em casa. Uma lista de compras bem-feita, espaço de armazenamento no armário, Internet e cartões de crédito facilitam a vida estressada da mãe de primeira viagem.

Sinto falta do meu dia-a-dia antes do bebê nascer. O que posso fazer para criar uma nova estrutura cotidiana?

Procure estrutura na espontaneidade do bebê; ele provavelmente tenha uma pequena rotina em andamento, e você é sua assistente nisso. Quando o bebê está cansado, você reconhece os sinais e o ajuda a se acalmar para dormir. Quando está faminto, você o alimenta e assim por diante. A estrutura existe; é apenas um pouco mais flexível e menos previsível do que você estava acostumada – mais de acordo com as necessidades do bebê. Talvez você passe a depender de padrões no comportamento dele, que desaparecem com a mesma rapidez que você os identificou, o que não significa que você estivesse errada, mas apenas que o bebê está se desenvolvendo e mudando, mais uma vez. Porém continuamos a descobrir e a desenvolver padrões em meio ao pandemônio.

Jane, mãe pela primeira vez que sentia falta da estrutura e da satisfação do trabalho de enfermeira, começou a anotar em um caderno o que fazia o dia todo. Quando leu as planilhas diárias, após uma semana cuidando do bebê, se sentiu muito melhor; não notara sequer que o bebê tinha um horário. Ao perceber que ele dormia toda manhã e toda tarde, quase no mesmo horário, e que ela passava literalmente horas todos os dias envolvida na amamentação e na troca de fraldas, sentiu-se mais tranquila ao constatar que passava o tempo bem e de forma inteligente. E conseguiu encontrar momentos para si mesma, ao reconhecer certa previsibilidade em seu cotidiano.

Algumas mães introduzem horários aos bebês mais cedo do que outras, insistindo em sonecas em determinada hora, trabalhando arduamente para estabelecer um padrão organizado e previsível de alimentação, sono e diversão. Certamente podemos tentar fazer o bebê dormir e comer de acordo com um horário, mas é preciso saber que, embora alguns bebês reajam bem a essas rotinas, outros resistem até as tentativas das mães mais insistentes. O bebê nos informa até que ponto consegue lidar com determinada estrutura; se a resistência dele for grande, precisamos esperar um pouco mais antes que ele possa tolerar a imposição de horários.

Enquanto o bebê não está preparado para concordar com a ideia de como vocês devem passar o dia juntos, é preciso fazer alguns ajustes. Se você sempre gostou de estrutura, viver com o bebê pode lhe dar a impressão de um terremoto no conforto da rotina. Mas saiba que ele será exigente, carente e desorganizado apenas por pouco tempo. Sim, talvez agora não tenhamos nada mais tangível para mostrar como passamos o dia do que pilhas de fraldas sujas, brinquedos e roupas, mas essas são "realizações" importantíssimas para a mãe e o bebê. A melhor opção é tentar nos acostumar aos altos e baixos de viver de necessidade em necessidade, e não de projeto em projeto, e ao fato de que nosso horário ainda será incerto durante algum tempo.

Quando convivemos com um bebê, a vida é realmente uma caixinha de surpresas.

Quando estou ao telefone ou envolvida em determinado projeto, às vezes o bebê reclama minha atenção. Como mantê-lo ocupado e contente por mais 10 ou 20 minutos?

Após as primeiras semanas, embora pareça difícil de aceitar, depende em grande parte de você, e não do bebê, decidir o que é importante e necessário, o que fazer imediatamente e se é o bebê ou o projeto que pode esperar. Obviamente precisamos abandonar tudo se o bebê estiver doente, inquieto ou em perigo, mas, quando ele está sentado ao nosso lado, podemos decidir se abandonamos a tarefa que estamos desempenhando ou não. Precisamos aprender a avaliar as necessidades do bebê e como ajudá-lo a se divertir sozinho para que possamos fazer tudo que desejamos.

Alguns bebês são tranquilos desde o início e simplesmente ficam a nos observar realizando as tarefas, mas outros precisam amadurecer um pouco antes de poderem se divertir sozinhos por mais de dois minutos. Muitos bebês não conseguem ficar sentados tranquilamente antes de terem certo controle da cabeça e das mãos, para que possam manipular brinquedos, observar cada movimento da mãe ou apenas admirar as partes de seu corpinho e a capacidade de se mexer. Se o bebê ainda é muito pequeno, a vontade que a mãe tem de que ele seja mais paciente não é realista. É preciso esperar mais algumas semanas para que a capacidade de ele ficar sozinho atenda às nossas necessidades.

Quando o bebê tem idade suficiente para ficar tranquilo durante curtos períodos de tempo sem o envolvimento ativo da mãe, podemos tentar alguns artifícios para mantê-lo entretido um pouco mais. (É evidente que, se você for o único adulto na casa, o bebê deverá sempre estar em lugar seguro, de preferência onde possa ser visto e ouvido.)

- ❧ Use a Regra dos 10 Minutos. Na maioria das vezes, se você dedicar atenção total ao bebê durante 10 minutos, ele ficará tranquilo durante meia hora ou mais, fitando os dedinhos do pé ou observando-a trabalhar. Brincar com ele *antes* de iniciar determinado projeto, dando-lhe total atenção, poderá prolongar esse período de tempo até ele sentir sua falta novamente. Um carinho de vez em quando evita choro.

- ❧ Tenha brinquedos específicos para situações especiais. Marla tem um saco denominado especificamente de "brinquedos de telefone"; quando ela está conversando ao telefone, usa os brinquedos específicos. O bebê, na verdade, fica ansioso para brincar com eles, e ela consegue terminar a conversa em paz. Esses brinquedos têm de ser bastante interessantes, totalmente seguros e próprios para serem usados pelo bebê sozinho e, para não se tornarem rotineiros, não devem ser dados toda hora ao bebê, exceto quando você quiser mantê-lo distraído. É preciso mudá-los, à medida que o bebê se desenvolve, ou ele perderá o interesse.

- ❧ Sempre que possível, converse com o bebê enquanto você trabalha. Na maioria das vezes, os bebês interpretam a conversa da mãe como envolvimento suficiente. Você pode ler para ele o documento que está elaborando ou descrever, em detalhes, o prato azul e branco com a sopa borbulhante. Além de saber que você está interessadíssima nele, você também o ajudará a desenvolver aptidões de linguagem, identificar cores e apreciar sua conversa elaborada.

- ❧ Contrate uma babá, chame uma amiga ou alguém da família quando precisar terminar uma tarefa dentro de determinado prazo. Mesmo o bebê mais bonzinho às vezes precisa de colo e de brincadeiras, e é insensato e frustrante para a mãe e para o bebê tentarem solucionar o problema sem ajuda.

Você aprenderá o que funciona para você e para o bebê. É bom ensiná-lo, assim que puder entender, que o seu trabalho (ou vida) é importante também e, embora o ame muito, nem sempre pode brincar com ele. Dê atenção às suas necessidades e ele, por fim, permitirá que você cuide das suas. Com o tempo, ele se torna mais auto-suficiente e vo-cê tem mais tempo para realizar seus projetos.

Se você der atenção total ao bebê irritado ou inquieto durante aproximadamente 10 minutos, conseguirá acalmá-lo e satisfazê-lo de modo suficiente, e ele passará a brincar calmamente ao seu lado, por meia hora ou mais.

Desde o nascimento do meu bebê, estou atrasada com tudo. Eu era tão pontual... Como posso voltar ao que era?

Planeje com antecedência e simplifique. Antes de o bebê nascer, sair de casa compreendia apanhar as chaves, a bolsa e fechar a porta. Agora você precisa preparar o bebê, apanhar todos os itens necessários para os cuidados dele e, às vezes, trocar a fralda ou alimentá-lo antes de sair. Muitas mães de primeira viagem mal conseguem sair de casa antes do jantar, porque, muitas vezes, ainda não simplificaram a rotina.

Se você vai levar o bebê:

- ⊷ Planeje os passeios com antecedência, considerando os prováveis horários de soneca e refeição do bebê.
- ⊷ Acrescente no mínimo 5 a 15 minutos ao tempo gasto no trajeto para preparar o bebê, colocar e tirar toda a parafernália do carro.

- Marque reuniões ou encontros em momentos em que o bebê provavelmente estará calmo.
- Não carregue uma bolsa separada; coloque a carteira, as chaves e quaisquer outros elementos essenciais na sacola de fraldas. Assim, você terá que se preocupar em carregar apenas um objeto.

Se você não levar o bebê :

- Faça com que a pessoa que ficar cuidando dele assuma a tarefa ao menos 15 minutos (meia hora, se você for ansiosa) antes de você sair.
- Se estiver amamentando, programe o compromisso de forma a ter tempo suficiente para alimentá-lo e se preparar antes de sair.
- Organize as coisas do bebê e a sua bolsa, uma hora ou mais antes de entregá-lo à babá, para que possa colocá-la a par da situação e você se despedir do bebê.

Se você levar o bebê ou não:

- Sugira um intervalo de tolerância de 15 a 20 minutos para o horário da reunião, como "Estarei na recepção entre 1h e 1h15", e depois tente chegar mais cedo.
- Planeje o percurso, o que levará etc., ao menos duas horas antes do passeio, fazendo anotações, se lhe ajudar.
- Não planeje atividades em que a pontualidade seja essencial.
- Quando a hora de chegada pontual é importante, planeje chegar ao menos 15 minutos antes. Assim, poderá descansar, tomar um café ou ver se o bebê não vomitou em sua roupa. Se não conseguir chegar mais cedo, ao menos chegará na hora certa.

Até que tudo se torne mais previsível e controlável novamente, você terá de repensar o que é preciso para sair com o bebê sem grandes transtornos. Você ainda está tentando descobrir quais equipamentos levar, como organizá-los e carregá-los; é fácil esquecer quanto tempo pode demorar para colocar tudo no carro e incluir esse tempo de preparação como parte do percurso. Relaxe seus padrões! Alguns minutos de atraso não vão fazer muita diferença na situação geral.

Sair com o bebê é tão complicado... Isso melhora?

Sim, melhora se você ajudar, o que significa que duas mudanças importantes precisam ocorrer. Primeiro precisamos nos tornar mais eficientes e razoáveis sobre que itens do bebê são realmente necessários e, segundo, precisamos ser mais realistas em relação ao comportamento infantil.

Algumas mães de primeira viagem acreditam que estarão maltratando o bebê se saírem de casa sem cada brinquedo e cobertor. Quando você for ao supermercado, precisa *realmente* do chocalho predileto de João, três chupetas, cinco fraldas e o patinho de borracha que fica na banheira? Provavelmente não. Alguns passeios, como o dia no zoológico, exigem sucos, frutinhas, roupas de reserva e fraldas, mas outros não. Você não será melhor como mãe se estiver superpreparada, principalmente se esse fato a deixa transtornada.

Se é a irritação potencial do bebê que a impede de sair, há como evitar o problema também. Em primeiro lugar, e essa é uma ótima orientação para o resto de seus dias de mãe, não espere um comportamento perfeito do seu filho. Todos os bebês choram e ficam irritados e, embora estejamos falsamente convencidas de que nenhum outro bebê faz tanto barulho como o nosso, as outras pessoas não se incomodam tanto como nós. Em segundo, ninguém fracassa como mãe se o bebê chorar em público. O bebezinho não sabe que não deve ficar irritado quando estiver fora de casa; ele está apenas se expressando.

Para evitar ansiedade excessiva ao sair com o bebê:

- ❧ Siga as sugestões anteriores para cumprir os compromissos pontualmente, se levar o bebê a algum passeio.

- Preste atenção à sugestão de planejar passeios quando houver a probabilidade de o bebê estar tranquilo.
- Planeje passeios ou afazeres fora de casa levando em conta o trânsito. Se conseguir se desvencilhar de todas as suas incumbências em um shopping center, eliminando a necessidade de prender e desprender assentos no carro, por exemplo, você terá mais tranquilidade.
- Faça compras pela Internet, correio e entrega em domicílio, sempre que possível.
- Preste atenção a outras mães com bebês em público. Você perceberá que todos os bebês choram e ficam inquietos e, assim, não se sentirá constrangida com o seu.
- Se o bebê chorar em público, o que sem dúvida acontecerá, faça como outras boas mães. Amamente-o no parque ou no banheiro da loja. Deixe as compras inacabadas, se necessário, para acalmá-lo, ou tente interromper o que está fazendo para conversar com ele baixinho ou segurá-lo, até que se acalme. O bebê não está tentando arruinar seu dia. Portanto, cuide das necessidades dele e depois continue a desempenhar com calma suas tarefas.

À medida que suas aptidões maternas aumentam, a ansiedade diminui e, aí, sair com o bebê fica mais divertido. Talvez você não consiga fazer tudo que planejou, sobretudo com recém-nascidos, mas as tarefas realizadas serão mais prazerosas para ambos.

Como posso cuidar do bebê, da casa, pagar contas e fazer compras e cuidar das necessidades da família sem me sentir entediada e solitária?

Algumas mulheres aliviam o tédio e a solidão lançando mão de seus recursos. Se você tem uma amiga ou vizinha que também é mãe, há a possibilidade de se formar um "clube da vassoura e rodo" (ou clube das tarefas). Escolha um dia da semana, ou mais, se você, sua amiga e os filhos forem compatíveis, e se reúnam para fazer as tarefas. Ambas as mães trabalham em uma casa uma vez e em outra na próxima. As tarefas são realizadas, e você e o bebê ainda têm companhia.

Você também pode planejar fazer compras ou pagamentos junto com outra mãe. Uma vai ao banco ou à lavanderia, enquanto a outra fica no carro, distraindo e vigiando as crianças. Isso lhe permite minimizar o trabalho de sair com o bebê do carro várias vezes, o que, além de diminuir seu rendimento, é irritante para algumas mamães e bebês, embora seja necessário. Assim, você e ele se divertem e as compras e pagamentos ficam mais produtivos e menos enfadonhos.

Você pode também trocar serviços com uma vizinha ou amiga. Se você adora cozinhar, mas detesta limpar a casa, ofereça as refeições a sua amiga, que é fera com a escova e a vassoura. Se você é boa em finanças e organização de documentos, ajude sua amiga a organizar a papelada e, em troca, aproveite as aptidões dela em jardinagem. Atitudes assim lhe permitem evitar fazer atividades que odeia ou para as quais não tem talento, enquanto desfruta do tão necessário convívio social e tem a oportunidade de colocar em prática suas aptidões.

Por mais que você adore o bebê, as tarefas que às vezes acompanham os cuidados infantis podem ser monótonas e solitárias. É um desafio encontrar gratificação emocional ou estímulo intelectual quando temos de dobrar a roupa limpa pela 18ª oitava vez na mesma semana. Portanto, procure uma amiga ou vizinha; descubra maneiras criativas para passar mais tempo fazendo o que gosta e menos com tarefas rotineiras. O resultado será maior eficiência e menos tédio. Não é má ideia.

Em alguns dias estou tão atarefada que me esqueço de interagir com o bebê. Existe uma maneira de eu me envolver com ele enquanto faço outras tarefas?

Claro que sim. Podemos nos envolver com o bebê sem que ele esteja constantemente preso a nossa saia. Por exemplo: enquanto você trabalha em tarefas que mantêm suas mãos ocupadas, mas o bebê nas proximidades, faça um monólogo constante. Bebês adoram ouvir nossa voz, e a conversa os mantém ligados. Estudos mostram que bebês cujas mães conversam com eles desenvolvem melhor a fala do que os outros. O bebê não se importa com o assunto. Conte-lhe seus pensamentos mais íntimos, descreva o que você e ele estão fazendo. Continue conversando com ele.

Se você tem inclinação musical, cante para ele ou ouça música enquanto trabalha. O bebê não se importa se você ouvir Led Zeppelin, Beethoven ou forró. Mas ele será enriquecido pela música, e você pode expandir o gosto dele por cada um dos ritmos desde cedo, enquanto seu bebê é novinho. Não temos de ouvir músicas infantis apenas porque ele é bebê.

Dance com ele e aprenda a fazer coisas com uma só mão. O bebê cresce logo. Se você desempenhar suas funções sem perfeição excessiva, tudo bem. Ande com ele no canguru ou moisés sempre que possível, levando-o a cada cômodo em seu assento preferido (cadeirinha infantil, carrinho, canguru) à medida que você se desloca de um lugar a outro.

Ajuste o despertador a cada uma ou duas horas. Use esse artifício para se lembrar de que precisa passar algum tempo em interação direta com o bebê. Cante para ele, faça-lhe cócegas, brinque. Abandone tudo durante 10 a 15 minutos e o curta .

Compre ou peça emprestado livros de jogos e canções, vídeos ou DVDs infantis, se você não sabe como brincar com ele. Muitos adultos se tornam pais sem jamais ter convivido com um bebê antes. Pergunte às amigas o que elas fazem com o bebê; assistam juntos a programas infantis na televisão; leve-o ao museu ou para caminhar. Talvez você se esqueça de interagir porque não sabe o que fazer. Quando descobrir o que vocês dois podem curtir juntos e ficarem mais à vontade com as outras responsabilidades, a interação será perfeita.

Os bebês precisam de conforto físico e emocional, nutrição, higiene, sono e interação social. Os pais também. Depende de você decidir como atender às necessidades de cada um, inclusive as suas.

Boas mães devem servir refeições saudáveis, mas, até agora, refeições congeladas são o melhor que posso fazer. Há outra maneira de me sair melhor na cozinha?

Nesse momento de sua vida, não há nada errado com refeições congeladas ou *fast-food*. Mas existem outras maneiras um pouco mais nutritivas e apetitosas de servir uma refeição sem grande esforço ou aptidão.

Se preferir comida caseira de vez em quando, mesmo que signifique que você será a cozinheira, aqui estão algumas ideias que podem poupar tempo e ainda resultarem uma refeição apresentável. Lembre-se de que você não precisa ser especialista em culinária para ser boa mãe ou servir uma refeição gostosa.

Quando sentir vontade de cozinhar, há vários tipos de entradas próprios para mães de primeira viagem. O que precisamos é escolher pratos cujo longo preparo possa ser feito horas ou até mesmo dias antes, para que os retoques finais possam ser dados quando o papai estiver em casa para entreter o bebê.

- Pratos cujos ingredientes são rapidamente fritos são de fácil preparo se tudo estiver cortado. Se você estiver totalmente sem tempo, poderá usar verduras previamente cortadas, frescas ou congeladas, adquiridas nos supermercados. Se for usar carne, corte-a em cubinhos, prepare o molho de cebola se desejar, e o tempo de cozimento será mínimo. Podemos fazer todos os preparativos durante a soneca do bebê, e os retoques finais levarão apenas alguns minutos, enquanto o marido brinca com o bebê. Outra opção é que ele mesmo conclua o preparo do prato.

- Incremente um repetitivo ou sem graça peito de frango com legumes cozidos na manteiga. (Hoje há uma grande variedade de legumes congelados nos balcões dos supermercados ou já limpos e cortados nas feiras e sacolões.)

- Refeições com apenas um prato como um assado, sopas, cozidos ou saladas reforçadas funcionam bem porque podem ser preparados sempre que você tiver um tempinho sobrando, e seu tempo de cozimento é bastante rápido. Na maioria das vezes, podemos comprar certos ingredientes já cozidos, economizando ainda mais energia e tempo.

- A adição de um delicioso molho de salada ou pão do tipo caseiro (disponível em boas padarias ou supermercados) deixa uma refeição comum mais interessante e a baixo custo.

Todos esses tipos de refeições podem ser preparados durante a soneca do bebê ou em qualquer momento calmo, além de podermos prepará-los aos poucos, se quisermos.

Naqueles dias em que tempo, criatividade e energia forem escassos, as refeições ainda poderão ser agradáveis:

- Use aquela toalha de mesa que você adora, mas reserva para ocasiões especiais.

- Use uma travessa bonita para servir o macarrão e queijo, em vez de usar a caixa de embalagem.

- Enfeite costelinhas cozidas com pedaços de limão ou ervas, páprica, alcaparras ou passas para acrescentar cor, sabor e melhorar o visual.

- Muitos alimentos embalados trazem receitas facílimas que tornam um prato simples muito mais atraente, como, por exemplo, um estrogonofe de frango, um feijão tropeiro etc. Experimente.

- Tire vantagem de alimentos finos, preparados, disponíveis nos supermercados. Podemos preparar uma refeição completa, dos aperitivos à sobremesa, sem gastar muito mais do que se fizéssemos tudo sozinhas e com muito menos esforço.
- Sempre que preparar um prato bom para congelar, faça-o em grandes quantidades, congele porções extras (devidamente embaladas e identificadas) e guarde-as para aqueles dias em que é impossível cozinhar.

Não se esqueça de que as sobras de uma refeição incrementadas com uma salada, ou comida pronta e pratos criados pelos supermercados também são ótimas saídas. Faça compras pela Internet ou por telefone, se a ajudar.

Já estamos atolados em fotos adoráveis do bebê. Onde guardá-las até eu ter a oportunidade de organizá-las em álbuns?

Muitos pais de primeira viagem enfrentam a situação de milhares de fotos adoráveis, mas nunca têm tempo ou disposição para organizá-las. Se possível, começando agora e seguindo pelo resto da vida como mãe, ao apanhar as fotos reveladas, coloque-as em álbuns imediatamente, indicando a data e incluindo uma legenda escrita a mão que identifique cada indivíduo e elemento da foto. Eu sei, você acha que jamais esquecerá o dia em que aquele chapéu ficou tão charmoso sobre os olhos do bebê, mas, depois do segundo ou terceiro filho, você ficará grata por ter anotado tudo.

Com o progresso tecnológico, existem outras opções. Se você entende de computadores, poderá armazenar as fotos em disquetes ou CDs. Embora seja extremamente útil, sem mencionar a economia de espaço, há problemas a longo prazo. Muitos dizem que, mesmo assim, desejaremos cópias impressas das melhores fotos. Além disso, se a tecnologia sofrer mudanças drásticas no decorrer dos anos, ou se o computador falhar, é possível perdermos o acesso às fotos preferidas. Portanto mantenha um sistema de *back-up* ou imprima ao menos as prediletas.

Há excelentes produtos disponíveis para compor um álbum especial e divertido com fotos do bebê. Se deseja ser organizadíssima, acabará adquirindo o hábito de guardar fotos extras e todos os negativos em uma pasta, com nomes, datas e lugares. É útil adquirir esses hábitos enquanto o bebê ainda é pequeno. Quanto maior ele for, e sobretudo se tivermos outros filhos, mais difícil será ficar em dia com as fotos. Contudo, com certo empenho, podemos ter registros fotográficos belos e organizados da vida de nossos filhos.

Como responder educadamente a sugestões indesejáveis?

Existem inúmeras maneiras educadas de responder a sugestões indesejáveis. Leila, cuja "adorável" sogra critica ou corrige cada um de seus movimentos desde que o bebê nasceu, tem um verdadeiro arsenal delas. "Obrigada, vou pensar nisso" ou "É uma ideia interessante", responde docemente. "Falarei com meu marido" e "Que ótima ideia – como não pensei nisso antes?" dão bons resultados. A resposta preferida de outra mãe é: "O médico disse que devo agir assim por enquanto, mas muito obrigada pela ideia".

A beleza dessas respostas é que informam ao conselheiro oferecido que nós o ouvimos, agradecemos a contribuição e pensaremos na sugestão. A resposta é confiante e agradável, e, assim, nos manteremos abertas a dicas realmente úteis. Obviamente – e não precisamos mencionar isso depois –, se o conselho ou o conselheiro for ridículo, crítico ou chato, vamos rir muito dos seus comentários ou nos queixar amargamente sobre as besteiras que falou.

Sugestões indesejáveis são difíceis de ouvir nessa etapa da vida porque ainda não adquirimos muita confiança em sermos mães. A ideia mais útil sobre sugestões indesejáveis recebidas é estar disposta a ouvir (e, dependendo do caso, aceitar ou ignorar) todas elas. Na melhor das hipóteses, a sugestão poderá nos ajudar a solucionar determinado problema. Na pior das hipóteses, poderá fazer com que duvidemos de nossa capacidade como mães. É bem provável que não fôssemos nenhuma idiota antes de sermos mães e, portanto, não nos transformamos em idiotas agora, embora às vezes nos sintamos assim. Tanto na maternidade como na vida, existem inúmeras maneiras de lidarmos com as situações. O segredo é ouvirmos a recomendação, sem ficarmos na defensiva, e usarmos o bom senso para decidir se a sugestão poderá nos ajudar. Seja agradável quando lhe derem conselhos, considere tanto a sugestão como quem a sugere e confie em si mesma para agir corretamente.

Lembre-se: opiniões não são nem certas nem erradas. São apenas opiniões.

Capítulo Quatro

Conciliando Trabalho e Lar

Quando temos um bebê, há inúmeras opções a considerar, e ninguém pode saber o que é certo, exceto nós mesmas. Queremos ser boas mães, mas nem sempre esse conceito nos é claro. Trabalhar ou não fora de casa, durante quantas horas, quem deve cuidar do bebê enquanto estamos no trabalho, como aceitar nossa opção, reconhecer que a sociedade nem sempre a apoia e saber quando precisamos mudar os planos são decisões dificílimas de serem tomadas. Na maioria das vezes, as decisões sobre o trabalho precisam ser tomadas dias depois do parto, momento em que ainda não sabemos o que será melhor para nós.

Mães de primeira viagem sofrem pressões do marido, da mãe, dos amigos e do local de trabalho para saberem o que querem e tomarem decisões, além de esperarem que essas decisões não gerem conflitos. Algumas mulheres que, antes de o bebê nascer, tinham certeza de não quererem voltar ao trabalho, vêem-se ansiosas para retomar a carreira profissional satisfatória. Outras, que pensavam que ficariam entediadas cuidando do bebê, percebem que adoram ficar em casa e abominam a ideia de deixar o filho e retornar ao trabalho. Ainda há mulheres que tiram proveito do descanso do trabalho para reavaliarem os planos de carreira e pensam até em mudar de profissão.

Antes de o bebê nascer, por maior que fosse a certeza de que a maternidade e a carreira seriam equilibradas, quando seguramos nosso filho nos braços, escolhas que pareciam óbvias durante a gravidez – como a escolha da creche ou da escola ou a queda no orçamento porque paramos de trabalhar – começam a se complicar. Surgem questões que nunca nos ocorreram, e chefes, amigos e colegas de trabalho confiáveis reagem de maneira inesperada. Embora sabendo que temos direitos trabalhistas assegurados na gravidez e mesmo alguns meses após o parto e, ainda, podendo contar com creches e pessoas de confiança com quem deixar nosso bebê, se resolvemos voltar a trabalhar, optar por esse ou aquele caminho é difícil. Este capítulo examina as questões da vida profissional que mães de primeira viagem enfrentam e oferece inúmeras maneiras de ajudá-las a analisarem as opções disponíveis e a aceitarem sua decisão.

Não podemos julgar se determinada mãe é "boa" ou "má", analisando apenas fatos específicos, como, por exemplo, se ela amamenta o bebê, se trabalha fora de casa ou se cozinha bem.

Não *preciso* trabalhar fora de casa, nem tenho certeza se quero isso ou não. Como posso decidir o que é melhor para mim e para minha família?

Você tem sorte em poder optar entre trabalhar ou ficar em casa, embora ter essa opção torne a decisão ainda mais difícil. Para decidir se trabalhar fora de casa é o melhor para você, é preciso entender por que o trabalho a atrai, quais necessidades individuais e familiares você espera preencher e até que ponto consegue lidar com demandas e funções conflitantes. Trata-se de uma decisão extremamente pessoal, que só você pode tomar; a meta é encontrar o equilíbrio entre trabalho e maternidade que melhor se adapte a você.

Primeiro descubra as vantagens do emprego em relação a ficar em casa. Se você está de licença para cuidar do bebê, provavelmente já saiba de alguns aspectos do trabalho fora de casa que lhe fazem falta. Você sente falta de:

- Ter a sensação de controle e realização no trabalho com metas e prazos claramente definidos?
- Sentir-se produtiva e capaz?
- Realizar tarefas com metas concretas e específicas?
- Usar maquiagem e roupas bonitas?
- Sair para almoçar com os colegas de trabalho?
- Sair de casa regularmente?
- Conversa adulta e/ou estímulo intelectual frequentes?
- Ter uma identidade profissional ativa e bem definida?
- Receber o salário?
- Apreciação clara, objetiva e expressa pelo que faz?

Assim que descobrir do que sente falta em relação ao trabalho fora de casa, considere quais dessas necessidades podem ser preenchidas apenas com ele. Por exemplo: se sua contribuição financeira para a família é importante para você, não apenas pelo dinheiro em si, mas pelo seu bem-estar emocional, então é preciso encontrar um modo de ganhar algum dinheiro. Da mesma maneira, caso sinta falta do contato com os colegas de trabalho ou de determinados estímulos concedidos pela profissão, você precisa do emprego.

Em seguida, analise o que você pode fazer enquanto estiver em casa. Estímulo intelectual, ligações sociais e desenvolvimento profissional podem ser obtidos por meio do envolvimento em trabalho voluntário, grupos de estudo, participação em conferências, Internet ou publicações profissionais. O artesanato pode ajudá-la a obter a satisfação da finalização de projetos, assim como frequentar cursos ou dedicar-se a determinado passatempo.

A resposta honesta e detalhada a essas perguntas levará você a se decidir no dilema entre trabalhar ou ficar em casa. Avalie seu temperamento e necessidades para determinar se trabalhar fora de casa pode melhorar sua vida. Tente não se deixar influenciar por amigos ou vizinhos; seja honesta em relação aos seus desejos. Trabalhar fora de casa mantém a sanidade de algumas mulheres, ao mesmo tempo em que estressa outras. Não se apresse e tome uma decisão consciente. Mas não se esqueça de que poderá mudar de ideia se descobrir que não fez a melhor escolha. Aproveite o luxo de poder optar e boa sorte.

Pouquíssimas decisões são para sempre; pouquíssimas escolhas são irreversíveis. Na maioria das vezes, sempre podemos mudar de ideia.

Como optar entre trabalho de meio período e de período integral?

Há cinco coisas a serem consideradas quando escolhemos entre trabalho de meio período e período integral:

- ❧ Você possui flexibilidade financeira para trabalhar quanto deseja? Algumas famílias realmente precisam que os dois cônjuges trabalhem em período integral para sobreviverem, enquanto outras conseguem se virar com a renda reduzida. E a renda de algumas mulheres é tão baixa que, quando os custos extras do trabalho são calculados, o benefício financeiro para a família é irrelevante. Se você trabalha estritamente por realização pessoal, o número de horas semanais de trabalho pode ser baseado na preferência pessoal, tendo em mente os quatro pontos seguintes:
- ❧ Você tem temperamento para trabalhar em período integral com um bebê em casa ou ficaria mais contente trabalhando menos horas? Algumas mulheres querem ficar o máximo possível em casa, com o bebê, outras gostam de trabalhar um ou dois dias por semana, mas algumas precisam de mais trabalho fora de casa para se satisfazerem.

- Algumas carreiras e situações profissionais se prestam melhor ao trabalho de meio período do que outras. Se trabalhar meio período requer que você abra mão de promoções potenciais, por exemplo, ou seu emprego exige que você esteja presente em tempo integral, a opção de meio período não será uma boa ideia. Por outro lado, os empregadores estão se tornando mais receptivos em relação ao meio período, à flexibilidade de horário (adaptar o horário de trabalho para atender às suas necessidades) ou até mesmo em compartilhar a função. Portanto, seja criativa e analise com seu empregador as opções disponíveis.

- Benefícios de planos de saúde e licença-maternidade quase sempre dependem da condição de trabalho em meio período ou tempo integral. Se os benefícios do marido forem adequados para a família, a mãe não precisa depender de seu empregador para tê-los. Muitas empresas exigem um número mínimo de horas semanais de trabalho por empregado (geralmente na faixa de 30 a 35 horas) para o pagamento de benefícios, incluindo-se férias, feriados ou afastamento por doença. Não se esqueça de analisar as necessidades de sua família e a política de seu empregador.

- Por fim, considere as opções para cuidar do bebê. A menos que você tenha uma amiga ou familiar confiável e dedicado, que tenha disposição e capacidade de cuidar do bebê mais ou menos como você quer (e não como a maioria das mulheres quer), terá de encontrar uma boa creche. Algumas creches aceitam crianças tanto por meio período quanto por tempo integral, pelo qual você pagará bem mais. Babás profissionais geralmente trabalham em período integral, mas muitas pessoas que trabalham como babás em casas de família ficam satisfeitas ao encontrar trabalho por meio período ou se dispõem a ser "compartilhadas" por duas ou mais famílias que necessitam de seus serviços apenas por meio período. Informe-se a respeito das opções disponíveis com conhecidos, amigos ou familiares.

Ao responder às perguntas anteriores, você terá uma visão mais clara da opção mais bem equilibrada entre trabalho e casa. Seja honesta consigo mesma, com o marido e com o empregador sobre o que você quer e precisa e, aí, saberá tomar a melhor decisão.

Eu gostaria de trabalhar em casa. É viável?

Trabalhar em casa é uma dádiva para algumas pessoas e um transtorno para outras. Ivone adorava a liberdade de trabalhar em casa, sem precisar se vestir com esmero, podendo ajustar seus horários às necessidades do bebê. Mas Justine descobriu que odiava a situação. Seu supervisor parecia exigir mais provas das horas trabalhadas, ela sentia falta dos colegas e estava sempre distraída com o bebê.

Para decidir se trabalhar em casa atenderá ou não às suas necessidades, é preciso saber quais as atitudes e a política de seu empregador nesse caso:

- ✤ Descubra se o empregador permite que seu trabalho, ou parte dele, seja feito em casa.
- ✤ Informe-se a respeito da flexibilidade de horários. Você tem de trabalhar em horários e dias específicos ou pode ajustar seu horário segundo preferências pessoais e necessidades familiares?
- ✤ A ausência no local de trabalho prejudicará sua capacidade de promoção?
- ✤ Haverá reuniões ou ocasiões em que sua presença na empresa será necessária? Com que frequência e antecedência você será notificada?
- ✤ A empresa vai prové-la com todos os equipamentos (computador, fax, linha telefônica etc.) e suporte técnico necessários ou você usará recursos próprios?
- ✤ Será fácil obter suporte técnico ou profissional, se necessário?
- ✤ Segurança computadorizada adicional será necessária para lhe permitir trabalhar em casa? E quem será responsável por ela?
- ✤ Como seu trabalho será monitorado?
- ✤ Os benefícios de saúde e auxílio-família permanecerão inalterados?

* Se outros empregados da empresa já trabalharam em casa antes, converse com eles e saiba como foi sua experiência, tanto profissional como pessoal.

Além disso, é preciso avaliar como você e sua família vão se adaptar a essa situação:

* Você precisará de babá (a maioria precisa) ou poderá adaptar seu trabalho em relação às necessidades do bebê?
* Se tiver babá em casa, conseguirá se concentrar no trabalho ao ouvir o bebê chorar?
* Muitas mulheres acham essencial ter um cômodo separado, dedicado ao trabalho, com porta que as isole do restante da casa. Você possui um espaço onde os equipamentos necessários podem ser instalados e você trabalhe sem interrupção?
* Sentirá falta do convívio regular com colegas e clientes?
* Vai se sentir muito tentada a brincar com o bebê ou cuidar de projetos não-profissionais durante o horário de trabalho?
* Se você trabalhar em casa enquanto seu marido trabalha fora, vocês conseguirão entrar em acordo sobre quem deve ser responsável pelas tarefas domésticas e familiares?
* Trabalhar em casa fará com que você se sinta mais livre ou mais estressada?

O máximo de conhecimento possível sobre suas expectativas e as do empregador a levarão a fazer uma escolha bem-sucedida para todos os envolvidos. Seja honesta consigo mesma sobre suas necessidades pessoais, as do empregador e as de sua família e tome a melhor decisão.

Trabalhar em casa é uma dádiva para algumas mulheres, mas um transtorno para outras.

Quais algumas das considerações financeiras que devo levar em conta, se voltar a trabalhar?

Como qualquer pai de primeira viagem sabe, ter um bebê implica muitas despesas e ter um bebê quando os dois cônjuges trabalham fora de casa envolve ainda mais gastos. Se você está questionando a volta ao trabalho por razões estritamente financeiras, há muitos fatos a serem considerados, além da contribuição monetária para a família.

- Quais os custos de você ter uma babá ou utilizar os serviços de uma creche? A menos que você use a da empresa ou trabalhe em casa, enquanto uma babá cuida do bebê, você pagará por mais horas de trabalho dela ou de uma creche particular do que ganhará com seu emprego, pois o bebê precisará de cuidados durante sua estada no trabalho.
- A maioria dos casais com dupla renda gasta mais dinheiro por semana com roupas (o vestuário de trabalho costuma ser mais caro do que o que usamos em casa e, geralmente, exige lavagem a seco), refeições (almoços em restaurantes, jantares ou pratos prontos adquiridos no supermercado sempre custam mais), além de transporte e estacionamento, do que casais em que um dos cônjuges fica em casa.
- Famílias com renda dupla geralmente pagam mais impostos do que as outras, pois os dois pagam impostos.
- Se você tem babá em casa, é preciso levar em conta os custos de impostos e encargos trabalhistas para ela.
- Dependendo do acordo, você paga pelos serviços de creche quando estiver de férias ou afastada por doença, independentemente de você receber salário ou não e de usar ou não a creche nesses dias.

Algumas mães de primeira viagem justificam a necessidade de trabalhar fora por causa dos gastos, inclusive com os cuidados com o bebê. Se você deseja trabalhar para realização pessoal, segurança profissional futura ou desenvolvimento profissional e não estritamente para aumentar seu poder aquisitivo, o que sobra após a dedução de todas essas despesas é irrelevante. Lembre-se de que você precisa de babá ou de creche porque nem você, nem seu marido estarão em casa para cuidar do bebê.

O que devo saber sobre benefícios de saúde e auxílio-família?

Em primeiro lugar, inclua o bebê no plano de saúde o mais rápido possível. Muitas apólices exigem que você o inclua nos primeiros 15 ou 30 dias após o nascimento para receber cobertura. Seria uma pena, e muito oneroso, desprezar essa exigência tão simples.

Assim que o bebê estiver incluído, informe-se sobre a cobertura específica; verifique quais despesas têm cobertura integral e quais você terá de complementar. Existe carência? Receitas médicas são incluídas? Seu plano cobre consultas médicas de rotina para o bebê? Você terá de pagar do seu bolso se os honorários médicos forem acima do limite estabelecido pela seguradora? Existe uma quantia máxima de pagamento de benefícios permitida por ano? Existe alguma inclusão ou exclusão especial de tratamentos?

A cobertura do plano de saúde varia muito de uma apólice para outra, mesmo dentro da mesma seguradora; familiarize-se com seu plano de saúde. Peça detalhes para não ser pega de surpresa, como aconteceu com Paula. Garantiram-lhe que as consultas de rotina do bebê estavam incluídas e era verdade. Contudo, ela não sabia que seu plano cobria apenas o custo das vacinas até determinada quantidade, a partir da qual ela teria de pagar do próprio bolso. Obviamente, mesmo com um bebê saudável, as despesas de Paula atingiram o limite antes que seu filho completasse seis meses, e ela teve de pagar inesperadamente pelas vacinas.

Muitos planos de benefícios oferecem opções de gastos flexíveis para despesas médicas, ótima opção para quem tem um recém-nascido em casa. Esse benefício separa uma quantia predeterminada de renda sem dedução de impostos, que é depois devolvida ao usuário, cobrindo despesas médicas que desembolsou. Pagamentos complementares para medicamentos e consultas médicas, além de visitas ao dentista e oftalmologista, geralmente são incluídos. Na maioria das vezes você determina o valor que deseja colocar na conta flexível. Portanto calcule os gastos prováveis. Telefone ao pediatra e pergunte o que o protocolo usual para consultas e vacinas inclui. Ao calcular seu gasto anual com prováveis despesas médicas pagas do próprio bolso, lembre-se de acrescentar tudo que você espera desembolsar pelos pagamentos complementares, consultas médicas e medicamentos.

Na maioria das vezes, os benefícios são ligados à condição de emprego em período integral. Portanto, não se esqueça desse fato, se estiver pensando em reduzir a jornada de trabalho. Se você e seu marido têm plano de saúde e auxílio-família, verifique qual pacote oferece melhor cobertura. Essas informações podem ajudá-la a tomar boas decisões financeiras, obter o tratamento médico de que sua família necessita e até mesmo influenciar suas decisões sobre a jornada de trabalho de cada um.

Devo considerar alguma questão específica relacionada ao desenvolvimento de minha carreira profissional?

Há pouco tempo, mulheres que desejavam trabalhar apenas por meio período tinham de lutar para encontrar cargos aceitáveis, e aquelas que não se dedicavam inteiramente à carreira temiam ganhar menos e ser excluídas das promoções ou ambas as coisas. Embora hoje os empregadores respeitem um pouco mais as mulheres que retornam ao trabalho após darem à luz, permitindo mais desenvolvimento a partir de cargos de meio período, compartilhamento do cargo, horários flexíveis etc., ainda existem considerações a serem feitas quando planejamos voltar ao trabalho.

☠ Qual é a política da empresa? Em geral, embora nem sempre, empresas e profissões dominadas por mulheres são mais tolerantes com mães que trabalham. Analise tanto as declarações escritas como a realidade cotidiana de como seu empregador apoia ou despreza famílias. Por exemplo: algumas empresas dizem formalmente que não permitem que empregados de período integral passem a desempenhar função de meio período, mas sabe-se que contrariam as normas para empregados valiosos, quando se tornam pais.

- Pergunte aos administradores e colegas de trabalho como a empresa reage a solicitações de licença para cuidar do bebê doente, saídas mais cedo do trabalho em caso de emergência ou para atender às necessidades de lactantes.

- Verifique se os empregados são excluídos de promoções quando surgem questões relacionadas ao cuidado dos filhos no local de trabalho.

- Avalie seu cargo. Se você acha que a empresa ou atual descrição do cargo exige mais do que você está disposta a contribuir, talvez seja bom pensar em mudar de empresa, de cargo ou reavaliar seus planos de carreira.

- Sua situação familiar é flexível? Por exemplo: se o bebê subitamente necessitasse da presença do pai ou da mãe em casa, seu horário de trabalho ou o do seu marido pode ser adaptado para cobrir emergências? Existe um amigo ou familiar nas proximidades que poderia ajudá-la em questão de minutos? Não suponha que é sempre a mãe quem deve lidar com os problemas de cuidados com o filho quando o pai, avó ou cunhado poderiam fazê-lo com maior facilidade. Informe ao seu empregador se seu marido for o responsável substituto para cuidar do bebê.

- Se você precisar sair do trabalho mais cedo ou com maior frequência do que antes de se tornar mãe, verifique se pode trabalhar em casa ou compensar as horas depois. Cada empregador tem uma capacidade distinta de tolerar suas novas responsabilidades domésticas.

- Se deseja crescer na empresa, diga ao supervisor e pergunte quais medidas precisa tomar para alcançar seu objetivo.

Se a promoção na carreira é importante para você, é preciso avaliar todas essas variáveis. Algumas profissões são simplesmente mais propícias do que outras para equilibrar trabalho e maternidade, segundo suas necessidades pessoais, e é razoável mudar de empresa, de cargo ou até de profissão se isso a ajudar a atingir o nível de envolvimento e satisfação em cada área de sua vida. Muitas mães conseguem retornar ao trabalho, crescer profissionalmente e ainda continuar a administrar a casa com sucesso.

O meu chefe e meus colegas de trabalho vão me levar a sério, agora que sou mãe?

Quando nós nos levamos a sério no trabalho, nosso chefe e nossos colegas agem da mesma maneira. A menos que a empresa seja extremamente condescendente em relação às mães e bebês, suponha que, enquanto estiver no trabalho, terá de se comportar tão profissionalmente quanto antes de se tornar mãe. Se deseja manter forte presença profissional, mantenha a vida doméstica em casa e a vida profissional no trabalho, pelo menos enquanto estiver no emprego.

Isso não significa que não deva mencionar o bebê à melhor amiga dentro da empresa, nem esconder fotos dele, se os colegas mostram, orgulhosos, fotos da família. Durante os intervalos, obviamente você tem permissão para falar sobre o bebê, pedir sugestões a outros pais, telefonar à babá ou até mesmo tirar uma soneca. Mas, no horário de trabalho, se quer ser levada a sério agora que é mãe, você precisa continuar a ser boa empregada. Para tanto:

- Seja pontual e cumpra todo o horário.
- Faça seu trabalho bem-feito, com rapidez e eficiência.
- Não se queixe a ninguém no trabalho sobre cansaço e excesso de responsabilidades, exceto ao amigo mais leal e confiável.
- Vista-se adequadamente. Se nenhuma de suas roupas anteriores à gravidez lhe serve mais, compre ao menos duas peças que lhe confiram um ar profissional.

- Participe de todas as reuniões necessárias, mesmo se você for uma entre centenas de empregados, para mostrar seriedade em relação ao trabalho.
- Evite emergências sempre que possível, planejando tudo e providenciando um substituto. Verifique com antecedência quem poderá cuidar do bebê, caso a babá fique doente, e reveze-se com seu marido para cuidar de conflitos domésticos, minimizando a necessidade de se ausentar do trabalho.
- Se *houver* uma emergência em casa que interfira em seu trabalho, avise seu empregador imediatamente, resolva o problema, volte ao trabalho e informe ao chefe que o problema foi solucionado.
- Preste atenção à cultura da empresa. Se os empregados nunca telefonam para casa durante o trabalho, então siga o padrão, exceto nos intervalos. E limite os telefonemas *de* sua casa apenas para casos de emergência.

Quando demonstramos nosso compromisso em sermos boa trabalhadora, o empregador e os colegas de trabalho nos valorizam e respeitam nosso trabalho, com ou sem bebê.

Se você levar seu trabalho a sério, também será levada a sério no ambiente de trabalho.

Meu marido e eu trabalhamos em período integral. Como escolher entre os diversos tipos de cuidados diários oferecidos para o bebê?

Há diversas situações disponíveis, e cada uma delas é mais adequada para determinadas famílias. Precisamos descobrir o que desejamos e do que necessitamos. Analise se deseja que cuidem do bebê em casa ou não; ambas as situações apresentam vantagens.

Se cuidarem do bebê em sua casa:

- Ele receberá mais atenção personalizada.
- Algumas babás estão dispostas a fazer pequenas tarefas domésticas, preparar refeições para a família ou fazer pagamentos e compras, se tiverem tempo.
- Quando o bebê está doente, a maioria das babás se dispõe a cuidar dele.
- A maioria delas adapta o horário de trabalho ao dos pais.
- Não precisamos transportar o bebê e sua parafernália até a creche.
- O bebê ficará em ambiente conhecido.
- Geralmente o bebê e a babá desenvolvem um vínculo carinhoso.
- Há pouco ou nenhum contato com pessoas doentes.

Se cuidarem do bebê fora de casa:

- Ninguém ficará em casa durante o dia para sujá-la ou desarrumá-la.
- O novo ambiente poderá proporcionar uma variedade de estímulos.
- Creches geralmente são menos dispendiosas.
- Sua casa fica mais reservada.
- Auxiliares de creches são geralmente treinados, qualificados e experientes.
- Seu filho pode se socializar com outros bebês e crianças.
- Se a assistente de creche ficar doente, haverá uma substituta.
- Não precisamos nos preocupar com o pagamento de encargos sociais para as creches.

Na maioria das vezes, o mais importante dessa escolha são as opções existentes e como você se sente. Uma creche alegre e bem administrada pode ser muito melhor do que uma babá medíocre. Se determinada situação ou ambiente lhe parece certo, provavelmente o seja.

Resolvi que quero ter uma babá em casa. O que devo procurar?

Felizmente existem pessoas maravilhosas que desejam cuidar de bebês. Basta saber o que procurar e onde. Em geral, a babá se encaixa em uma dessas três categorias: amiga ou parente do bebê, uma pessoa que ganha a vida como babá e uma babá formalmente treinada, na maioria das vezes registrada em uma agência desse segmento. Muitas delas moram separadas, mas algumas famílias gostam que a babá more na casa.

Algumas mães de primeira viagem preferem que um parente próximo ou amiga cuidem do bebê; sentem-se mais à vontade porque a pessoa é bem conhecida e provavelmente já adore o bebê. Com parentes ou amigas, é essencial que tanto a mãe como a babá possam ser honestas uma com a outra sobre suas distintas funções, expectativas que têm em relação ao desempenho e às responsabilidades, sua atitude em relação à disciplina, hábitos alimentares e de dormir e como lidam com desentendimentos. Devem ser capazes de encarar a função como um emprego de verdade, com ou sem remuneração envolvida.

Outras preferem contratar alguém para que não precisem ter qualquer escrúpulo ao dizer à babá exatamente o que fazer e como, sem se preocuparem em ferir sentimentos ou com diferenças de opinião. Se essa é sua opção, poderá encontrar pessoas confiáveis nos classificados dos jornais, além das diversas agências de babás que constam da lista telefônica. Você também pode perguntar a amigos e vizinhos se conhecem alguém procurando emprego de babá; a propaganda boca a boca é geralmente a melhor maneira de encontrar pessoas altamente recomendadas.

Algumas babás preferem morar no emprego; os acordos financeiros para elas quase sempre incluem salário semanal, além de acomodação e refeições. Considere sua necessidade de privacidade, a estrutura de sua casa e converse com outras mães ou com agências de babás para ver se essa situação se adapta à sua realidade.

Na verdade, você achará várias babás para o seu bebê, e terá de se encontrar ao menos com algumas pessoalmente para escolher a melhor para você. Assim que tiver algumas candidatas, entreviste-as, mesmo se for uma amiga ou parente. Se ainda não tiver informações, descubra o seguinte:

- Qual a experiência da babá e com que faixas etárias já trabalhou?
- Quanto tempo ficou no emprego anterior e por que saiu?
- Que outros tipos de trabalho já fez?
- Por que gosta de cuidar de bebês?
- De qual faixa etária prefere cuidar? Tem treinamento ou cursos de cuidado infantil?
- Por que está procurando emprego como babá?
- Quais são seus planos para o futuro?
- É fumante?
- Tem carteira de motorista? Carro próprio? Se for necessário dirigir, usará carro próprio? Tem seguro? Precisa de uma cadeirinha infantil para o carro ou usará a sua?
- Recebeu treinamento em primeiros socorros e/ou CPR*?
- Possui algum problema de saúde que possa afetar seu trabalho?
- Que tipo de atividades gosta de realizar com crianças de diversas idades?

Além das perguntas anteriores, você terá que:

- Conversar sobre salários e taxas, inclusive se terá ou não de pagar férias, feriados ou ausência por motivos de saúde e como lidará com os encargos. As agências de babás geralmente determinam os detalhes financeiros, enquanto algumas babás estão mais abertas à negociação.
- Observe a candidata com o bebê e avalie se você, seu marido e ele vão se relacionar bem com ela.

* Ressuscitação cardiopulmonar.

- Avalie sua capacidade de solucionar problemas. Proponha situações hipotéticas, fazendo perguntas como: "O que você faria se saísse para caminhar com o bebê e ficasse trancada do lado de fora?", "Como você lida com o bebê que não quer tirar uma soneca nem comer e que chora muito?"

- Seja clara sobre o que ela deverá fazer além do serviço de babá, se outra atividade estiver incluída, como, por exemplo, limpar a casa, fazer compras, lavar roupas ou cozinhar.

- Verifique as referências, ouvindo atentamente do que cada ex--empregador gostou ou não da candidata como babá, tendo em mente as diversas personalidades e necessidades.

- Confie em seus instintos. Se a pessoa é altamente recomendada, mas você não gosta dela, qualquer que seja o motivo, *não a contrate*. Se uma pessoa inexperiente lhe parece perfeita, talvez seja a ideal para o trabalho. Uma de nossas babás menos bem--sucedidas veio com recomendações brilhantes de ex-empregadores; para nós tinha pouca disposição e entusiasmo.

- Embora muitos pais de primeira viagem queiram compromisso a longo prazo por parte da babá, é melhor ter uma excelente profissional durante um ano do que uma razoável por três.

Precisamos nos sentir à vontade e confiantes em relação à babá, cuja personalidade e estilo de interação devem ser compatíveis com os nossos. Se você não estiver satisfeita com as pessoas que encontrou, continue procurando e, se contratar alguém que não a satisfaça, procure uma substituta. Você e o bebê merecem ter uma babá com a qual se sintam bem e que enriqueça sua vida. Você pode e vai encontrá-la.

Faça o que for melhor, confie em si mesma e provavelmente não errará na escolha.

Se eu não quiser alguém na minha casa, como posso escolher bem uma creche para cuidar do bebê?

Se você deseja que cuidem do bebê fora de casa, é preciso avaliar muitos pontos para escolher uma creche que a agrade e que vá cuidar direitinho do seu bebê.

Lembre-se de que as creches oferecem maiores oportunidades para o desenvolvimento social e educacional das crianças. Equipamentos, brinquedos e alimentação são também fornecidos e normalmente em grande variedade. Em geral, as creches são a opção menos onerosa.

Ao escolher uma creche:

- Obtenha referências atuais e antigas de pais e *verifique-as!*
- Combine pagamentos e taxas, inclusive se é ou não necessário pagar pelos dias que a criança faltar.
- Pergunte se crianças doentes podem ir à creche, se ficam ou não isoladas e sob quais circunstâncias lhe pediriam que apanhasse o bebê mais cedo.
- Analise o horário e se há ou não taxas adicionais para atrasos.
- Se possível, observe a interação do bebê na creche.
- Declare sua opinião em relação ao fumo, sair com o bebê, hábitos alimentares dos funcionários, manter horários, deixar o bebê chorar, ensiná-lo a usar o vaso sanitário ou qualquer outro item importante para você.
- Conheça a maleabilidade da creche. Veja se pode visitar o bebê durante o dia ou telefonar do trabalho para saber notícias dele. Faça uma visita-surpresa para ver o que acontece por lá quando não a esperam.
- Verifique a proporção bebê/adulto. Na maioria das vezes, há muito menos bebês do que crianças maiores por adulto.

Confie em seus instintos, e escolha um local que a deixe certa de que seu filho será bem cuidado, estará em segurança e feliz.

O que devo fazer se meu filho ficar doente enquanto estou no trabalho?

A resposta depende de inúmeros fatores. Se você tem babá em casa, deve negociar desde o início o que fazer se seu filho adoecer. Se for um caso simples de resfriado, espera-se que a babá cuide dele em casa, como de costume. Se for uma doença mais grave ou um caso de acidente, e a presença do pai ou da mãe se fizer necessária, quem tiver horários mais flexíveis ou chefe mais compreensivo deve ser chamado primeiro e então decidirá o que fazer. Por exemplo: Alexandra viajava muito a trabalho, e o seu marido era sempre o primeiro a ser chamado quando o bebê ficava doente.

Se você optou por colocá-lo em uma creche, provavelmente já existe uma política estabelecida. Em geral, as crianças têm de estar sem febre há 24 horas para irem à creche. Portanto, você terá de encontrar um plano B nos dias em que o bebê não puder ir. Precisará de uma babá (ou parente, amigo, vizinho) ou você ou seu marido terá de ficar em casa e faltar ao trabalho. Se o seu trabalho pode ser feito em casa, às vezes, pergunte ao seu superior se você poderá não ir ao escritório quando houver alguma emergência.

Felizmente, a maioria dos bebês e pais novatos sobrevivem aos primeiros anos sem doenças graves. Embora seja uma preocupação importante, se souber antecipadamente quem tem o horário e o trabalho mais flexíveis e uma babá-reserva em mente, você, o bebê e seu emprego sobreviverão sem problemas.

Trabalho fora de casa em período integral. Estou arruinando a vida do bebê?

Não, o bebê estará bem se você estiver bem. Bebês são criaturas compreensivas e confiantes. Arruinar sua vida envolve mais do que "trabalhar ou não trabalhar". É necessário muito mais do que simplesmente trabalhar em período integral; é preciso negar-lhe os cuidados físicos essenciais para sobreviver e magoá-lo emocionalmente. Ainda bem que, uma vez que suas necessidades são atendidas, os bebês têm facilidade em aceitar e entender as situações; além do mais, suas necessidades são bastante simples, quando aprendemos a lidar com elas. Mães que trabalham em período integral podem muito bem cuidar do bebê. Ninguém diz que a mesma pessoa tem de cuidar do bebê 24 horas por dia, nem que essa pessoa precise ser a mãe. Você às vezes *deseja* ser essa pessoa, mas você e o bebê conseguem viver bem, mesmo não sendo você a pessoa encarregada dele em tempo integral. Na verdade, talvez ele se sinta melhor com a situação do que você.

Constatei que mulheres que trabalham porque gostam e sentem falta da vida profissional quando ficam em casa é que acham mais difícil ter certeza de que não estão magoando o bebê. Sentem-se culpadas por terem optado pelo trabalho em vez de ficarem em casa com o bebê o tempo todo, mas, se param de trabalhar, acabam muito mais frustadas com tudo. Se é o que você está sentindo, não é de surpreender que esteja tão mal! Ao optar pelo trabalho, você tem a impressão de estar abandonando o bebê intencionalmente ou colocando-o no fim da lista de prioridades. Mas, se não faz isso, é você quem vai para ao fim da lista; e todos merecem passar a maior parte da vida fazendo o que lhes dá prazer, se possível. Se você ama seu trabalho e está infeliz ficando em casa o tempo todo, e dispõe de bons serviços para cuidar do bebê, então seu desempenho como mãe será melhor (pois você ficará mais satisfeita e feliz quando voltar para casa e se juntar ao bebê) se você *trabalhar.*

Se resolver retornar ao trabalho por razões estritamente financeiras, então entenda que sua decisão de trabalhar fora é também para defender os interesses do bebê. Se a sua renda proporciona uma vida mais confortável para você e para sua família, se você ama seu filho e ele é bem cuidado, essa história tem final feliz. Às vezes, as mulheres que, sem dúvida alguma, precisam trabalhar para manter a família financeiramente estável têm maior facilidade em aceitar a decisão – caso sintam que trabalhar é essencial, elas até ficam um pouco tristes por deixarem o bebê, mas não há tanto conflito em relação à certeza da escolha.

Independentemente do porquê você trabalha, sentir-se culpada em relação ao fato, embora seja comum, não é produtivo nem é um requisito. Estudos mostram que bebês que recebem bons cuidados quando não estão com as mães se desenvolvem tão bem quanto os outros. Bebês bem cuidados não têm, necessariamente, problemas em saber quem é a mãe verdadeira, conforme as mães frequentemente temem; eles não têm desvantagem em relação aos outros bebês nem crescem odiando a mãe ou com baixa auto-estima. Caso ocorra um desses problemas, pode ter certeza de que não foi o fato de a mãe trabalhar fora que o causou .

Até mesmo as mães merecem passar a parte mais produtiva da vida fazendo o que lhes dá prazer. Se o bebê é bem cuidado e você está feliz consigo mesma, pode trabalhar em tempo integral, pois o seu bebê terá uma vida maravilhosa.

Como posso ter um vínculo forte com meu bebê se trabalho em período integral?

Com pouco tempo e esforço, a mãe pode facilmente manter um relacionamento íntimo com o bebê enquanto trabalha em período integral fora de casa:

- Mostre ao bebê quanto o ama, abraçando-o antes de sair para o trabalho e quando retornar.
- Certifique-se de que a creche que ele frequenta é adequada para sua idade e personalidade (veja as perguntas sobre creche e babá).
- Maximize o tempo que você passa com o bebê, agendando compromissos pessoais (como corte de cabelo, visitas às amigas ou ao dentista) para o horário de almoço.

- Dedique um tempo específico para você brincar com o bebê todos os dias.
- Ao alimentar o bebê, mantenha contato visual com ele.
- Se possível, contrate uma faxineira ou peça à babá para fazer alguns serviços leves quando você estiver em casa, para que possa se dedicar ao bebê. Se não for possível, relaxe um pouco seus padrões de limpeza doméstica e faça apenas o necessário enquanto o bebê estiver dormindo.
- Quando precisar sair à noite ou nos finais de semana, leve o bebê e transforme as obrigações em passeios familiares.

Quando despendemos tempo diariamente curtindo o bebê, mesmo se o tempo for limitado, ele terá uma vida ótima, trabalhemos ou não fora de casa. Quando bem cuidado, emocional e fisicamente, o bebê se desenvolve. Relaxe e aceite que sua decisão de trabalhar não trará sofrimentos para seu relacionamento com ele. Se você entende que seu trabalho beneficia você e as pessoas que ama, o bebê também entenderá.

Sou mãe em período integral, sempre em casa. Sem trabalho e salário, vou me sentir desvalorizada?

Se você preferiu ficar em casa com o bebê em tempo integral porque gosta dessa situação, acredita que é assim que dará a ele a melhor infância possível e se quem a ama apoia sua decisão, então, se *sentirá* valorizada, porque vai *se* valorizar. Infelizmente, em nossa sociedade, o valor pessoal parece vinculado a status e renda. Babás e professores não são bem remunerados, e mães não recebem salário algum. Mas sentir-se ou não valorizada será determinado por sua atitude em relação a ficar em casa e aos sentimentos do seu marido, amigos e família.

Se solucionou o dilema trabalho–casa escolhendo trabalhar fora em período integral, meio período ou decidiu ficar em casa, você merece se sentir bem com a contribuição que faz à família e à sociedade, e ser mãe em período integral certamente é honroso e respeitável. Nem toda mulher tem o temperamento ou a oportunidade de ser mãe em tempo integral. Cuidar de um bebê dia e noite é uma tremenda responsabilidade e merece ser valorizada e respeitada.

Contudo, sua valorização não será demonstrada em reais, mas, sim, no relacionamento que desenvolver com o bebê e seu marido, com a satisfação de observar o bebê crescer e saber que ficar em casa com ele foi a decisão certa no seu caso. Você terá de entender que o salário de seu marido é a contribuição dele para a família, assim como cuidar das crianças é a sua, e ambas são valiosíssimas. Se você aceita sua importância para a família, precisará menos de provas externas e será capaz de solicitar reafirmação naqueles dias inevitáveis em que precisar de um estímulo a mais.

Não ser remunerada pelo que faz não significa que você não é valorizada, nem que é menos importante.

Depois que tirei licença do trabalho para ficar com o bebê, percebi que gostaria de mudar de profissão. Como posso entrar em um novo campo?

Tirar licença do trabalho e ter um filho faz com que muitas mães de primeira viagem reavaliem suas metas profissionais. Paula formou-se em administração de empresas, trabalhou na gerência de hotéis e era bem-sucedida no trabalho, mas, assim que se viu em casa com o bebê durante várias semanas, percebeu que a única coisa que sentia falta em relação ao trabalho era o prestígio de que desfrutava. Com mais tempo em casa, seu interesse pela música reacendeu, e ela decidiu que somente voltaria a trabalhar se pudesse encontrar um emprego que lhe permitisse exercitar suas aptidões em piano. Dentro de alguns meses, encontrou empregos de meio período, acompanhando músicos em ascensão, le-

cionando piano e tocando em recitais de dança; com isso, sentiu-
-se feliz como nunca.

Para mudar de profissão, precisamos saber quais aptidões já temos e quais precisamos obter, além de cursos e experiência necessários e saber como anda o mercado de trabalho na área escolhida.

- ❧ Considere os talentos, interesses e experiências que você tem, que empregos lhe interessam e como seria remunerada ao fazer o que mais gosta.
- ❧ Pense sobre o que gostava e o que não gostava no antigo emprego. Que tipos de profissão lhe permitirão ter o que sempre gostou, minimizando o que você não gostava?
- ❧ Alguns cargos exigem treinamento ou graduação; se você tem o talento, mas não as qualificações, acha ser possível trabalhar como assistente para obter o treinamento necessário ou terá que retornar à escola?
- ❧ Se você precisa de treinamento avançado, investigue as oportunidades oferecidas em sua comunidade.
- ❧ Se dinheiro é a saída para eliminar o sufoco financeiro, veja se pode continuar a trabalhar por meio período no antigo emprego, enquanto obtém treinamento para outra linha de trabalho.
- ❧ Pense na possibilidade de fazer trabalho voluntário no tipo de lugar em que gostaria de trabalhar. Assim você terá experiência real, fará contatos e obterá referências no novo campo de interesse e, ocasionalmente, o trabalho voluntário pode se transformar em trabalho remunerado.

Mudar de profissão pode ser aterrador ou emocionante, financeiramente complicado no início, mas compensador no final. Se você tem certeza de que quer mudar, lute pelo que deseja. Sua felicidade é importante, e sua disposição de realizar mudanças na vida de forma ponderada é um bom exemplo para os filhos.

Trabalho meio período e não tenho tempo de conversar com meus colegas de trabalho nem ter contato com outras mães. Por que me sinto como se não pertencesse a nenhum dos dois grupos?

Embora o trabalho de meio período possa ser ideal para a mãe de pri -meira viagem, ele complica um pouco o fato de se ter um grupo de amigos. Tem-se a impressão de que você possui muita coisa em comum tanto com mães que trabalham como com as que ficam em casa, o que é verdade. Mas encontrar uma maneira de conhecer pessoas em cada campo pode ser um desafio. Lina, que trabalhava no centro, mas morava em um subúrbio, também pensava que, embora pertencesse a ambos os grupos, não tinha tempo para nenhum dos dois.

Muitos empregos de meio período permitem pouco tempo para a socialização com os colegas e, como você não passa muitas horas em casa durante a semana, inscrever-se em cursos ou até mesmo sair para caminhar com o bebê é difícil. Embora eu tenha visto grande progresso nos últimos anos na atitude de empregadores em relação a mulheres que desejam seguir carreira em meio período, elas geralmente dedicam maior porcentagem das horas de trabalho ao trabalho propriamente dito, sacrificando almoços e "tempo para bater papo" a fim de ficarem no lar, com a família. Ao chegarem em casa, essas mulheres desejam se concentrar no marido e nos filhos, cuidando dos afazeres domésticos, tendo, portanto, pouco contato com outras mães. Se você deseja manter a sanidade, além da identidade profissional e maternal, terá mesmo de trabalhar arduamente, mas, programando seus dias, tudo ficará mais fácil:

- Se for possível, almoce regularmente com os colegas de trabalho.
- Junte-se a ou organize um grupo semanal ou mensal no trabalho com pessoas de sua estima. Esse grupo poderia ser relacionado ao trabalho, como um grupo de estudo, para lerem e analisarem materiais profissionais, ou poderia ter um objetivo de caráter totalmente social, como culinária ou cinema.

- Inscreva-se em um comitê na empresa, com enfoque profissional ou social, para conhecer melhor os outros funcionários.
- Quando for para casa, saia um pouco e caminhe com o bebê em parques, shopping centers, ou apenas pela vizinhança; leve o bebê ao supermercado ou a lanchonetes e puxe conversa com outras mães. Apresente-se àquelas que vê no seu bairro. Seja agradável e troque números de telefone ou sugira outro encontro, se vocês se relacionaram bem no primeiro.
- Inscreva-se em cursos relacionados ao bebê ou organize um grupo de teatro. Pergunte ao seu médico se pode colocar um anúncio em seu consultório para atrair a atenção de participantes, verifique o jornal do bairro e pergunte em sua igreja ou templo se há programas ou grupos para mães de primeira viagem.
- Procure velhos amigos com os quais perdeu contato.

Se fizer um esforço extra em ambas esferas da vida, você se sentirá mais ligada a elas. Você é mãe e profissional ao mesmo tempo, e não deve permitir que a condição de meio período em cada área lhe faça sentir menos participante desse ou daquele aspecto de sua vida. Você pertence aos dois.

Amo meu bebê e meu trabalho, mas, quando estou trabalhando, penso em casa e vice-versa. O que posso fazer para não me sentir tão dividida assim?

Por experiência própria e com inúmeras mães de primeira viagem, constatei que esse dilema é contínuo. Talvez seja sentimento de culpa ou talvez você não esteja satisfeita com a opção que fez.

Comece a prestar atenção se você se sente igualmente dividida. Às vezes a ambivalência é uma indicação de que não estamos totalmente satisfeitas com uma situação ou com outra. Quando se sentir mais inclinada em relação ao trabalho, por exemplo, pergunte-se se é porque lhe parece tedioso ficar em casa, se sua carga de trabalho é muito grande para realizar as tarefas no tempo permitido ou se é porque trabalhar lhe parece tão interessante que gostaria de se dedicar mais ao emprego. Caso sinta falta de passar mais tempo em casa, ficaria mais feliz trabalhando menos?

Se o equilíbrio trabalho–casa não é o problema, tente entender o que lhe desagrada em cada situação. Não se sente à vontade com a creche ou a babá e, por essa razão, não se esquece da função de mãe enquanto está no trabalho por pura ansiedade em relação ao bebê? O trabalho é monótono e tedioso, e você não consegue se concentrar? Quando está em casa, sente-se isolada e solitária? Sente-se constrangida ou incompetente ao cuidar do bebê? É difícil sentir-se totalmente comprometida com cada atividade se ela não lhe for adequada.

Lembre-se de que, se sua opção trabalho–casa se tornar intolerável, poderá mudá-la. Mesmo que ainda precise trabalhar por motivos financeiros, conseguirá alterar o horário, encontrar outro emprego, obter outra opção para cuidar do bebê durante o dia ou trabalhar em casa.

Se a escolha trabalho–casa for realmente satisfatória, aprenda a valorizar o que você tem. Tente viver mais, no momento, dedicando--se inteiramente ao projeto em que está envolvida. Sempre que sentir cobrança em relação às outras responsabilidades, pare e valorize onde você está; aprenda a curtir o trabalho enquanto está na empresa, e o bebê quando estiver em casa. Adquira confiança (a qual, na maioria das vezes, é resultado da experiência) de que tudo ficará bem, tanto em casa como no trabalho.

Entenda que é absolutamente normal ter uma ambivalência e frustração. Alguns dias e semanas serão mais fáceis do que outros, algumas vezes em consequência de situações no trabalho, outras porque você está mais apta a lidar com as duas funções ou porque dormiu melhor. À medida que o bebê cresce, torna-se mais independente e você verá que ele pode sobreviver sem você. Vocês dois vão se acostumar aos poucos a ficar juntos e separados.

Aceite mais a ideia de que não pode estar em dois ou mais lugares ao mesmo tempo – e nem deveria. A empresa sobrevive enquanto você estiver em casa e o bebê se desenvolve enquanto você trabalha.

Se é boa funcionária, seu patrão já sabe e o bebê nunca confundirá a babá com a mãe.

Ambivalência é normal. Quando você está no trabalho, tente se concentrar nele e, quando estiver em casa, concentre-se ali. Acostume-se a viver o momento, onde quer que você se encontre.

Serei capaz de continuar amamentando, se estiver trabalhando em período integral?

A resposta é sim. Se você for determinada, encontrará uma maneira de conciliar trabalho e amamentação. Felizmente, muito mais mulheres amamentam o bebê após retornarem ao trabalho e, por isso, as empresas estão bem mais receptivas à situação; assim, seu desejo de retirar ou armazenar leite materno será visto com menos reprovação do que no passado.

Algumas dicas úteis:

- Talvez seja necessário adaptar os horários das mamadas para o início da manhã, final da tarde e hora de dormir. Não há necessidade de limitar o número de mamadas, apenas encaixá--las no período em que você estiver com o bebê. Você pode deixar que ele determine a frequência das mamadas; saiba que seu corpo responderá às suas necessidades, regulando o suprimento de leite.
- Verifique com seu chefe se é possível fixar uma hora e lugar para você retirar seu leite e mantê-lo resfriado. Se não houver uma geladeira disponível, leve um minirrefrigerador para a empresa.
- Se os seios vazarem, use protetores disponíveis no mercado (tenha sempre um número extra para trocá-los, caso fiquem molhados).

- Use roupas compostas por duas peças (em vez de vestidos), para facilitar a retirada do leite.

- Algumas mães preferem manter o horário de amamentação fixo sete dias por semana (em dias de folga, não amamentam o bebê durante o horário em que normalmente estariam trabalhando). Por outro lado, amamentar o máximo possível quando você está com o bebê ajuda a aprofundar o vínculo mãe–filho e, para muitas mulheres, a maior intimidade compensa qualquer inconveniência irrelevante. Retirar o leite no trabalho no horário em que você provavelmente estaria amamentando em casa nos dias de folga ajuda a regular a produção de leite.

- Se o horário de amamentação mudar drasticamente ou se você for uma daquelas mulheres cujos seios vazam muito e com certa frequência, escolha cuidadosamente suas roupas de trabalho. Use várias peças (ou tenha sempre um suéter no local de trabalho). Muitas vezes, um casaquinho ou colete serve para ocultar as manchas molhadas que denunciam a funcionária lactante.

Se deseja continuar amamentando o bebê, apesar de trabalhar em período integral, você pode e saberá encontrar uma solução.

Minha mãe não entende o conflito que sinto entre trabalho e maternidade. Como posso ajudá-la a ser mais condescendente com minha situação?

Você será capaz de ajudar sua mãe compreendendo as opções que ela teve quando você era bebê. Ela possui formação universitária, mas optou por ficar em casa e criá-la? A maternidade sempre foi o seu plano de carreira ou ela preferiu um emprego remunerado? Seu pai insistiu para que ela trabalhasse ou para que ficasse em casa? Ela trabalhava fora antes de ser mãe? Tinha quem a ajudasse? *Pergunte* a *ela* como foram seus primeiros anos de casada. Questione suas opiniões sobre estudo, trabalho, maternidade e seu papel como mulher.

Quando as gerações têm opções muito diferentes, pode ser complicado para uma entender os sentimentos e conflitos da outra. Sua mãe talvez tenha inveja porque não teve as opções que você tem. Mulheres da geração de nossas mães e avós viveram em um clima social menos tolerante; muitas tinham de escolher entre ter uma família ou trabalhar e outras achavam que não tinham opção nenhuma. Engaje sua mãe na discussão sobre como as mulheres, hoje, conseguiram ter um leque enorme de opções que ela nunca pôde sequer imaginar.

Ajude-a a entender que, embora ter uma opção certamente é melhor do que se sentir obrigada a viver de forma a atender às expectativas de outrem, optar é estressante, na maioria das vezes. Diga-lhe que você precisa contar com seu apoio e sabedoria. Entenda que algumas mulheres de gerações mais antigas invejam ou se ressentem de que suas filhas adultas tenham oportunidades que lhes foram negadas, sentem-se ameaçadas ou rejeitadas por elas, que tomam outras decisões na vida. Abrir o canal de comunicação entre vocês levará ao incentivo que você está procurando. Ao conversarem como duas mães que fazem escolhas e ajustes desafiadores, vocês podem até mesmo se aproximar mais.

Sou mãe em tempo integral, mas sinto falta dos colegas de trabalho. Como posso manter contato com eles?

Se sua decisão de ficar em casa é firme, permanecer ligada aos colegas de trabalho é simples. Para manter amizades de trabalho:

- ❧ Não seja tímida e telefone aos colegas para manter-se informada sobre as novidades.
- ❧ Envie um comunicado do nascimento do bebê para o local de trabalho e inclua um bilhete carinhoso, dizendo que sente falta dos colegas.
- ❧ Leve o bebê para visitar o antigo local de trabalho, se a empresa permitir.

- Contrate uma babá e reúna-se com os colegas para almoçar ou jantar sem o bebê.
- Convide-os para visitá-la em casa.
- Mantenha contato por correio eletrônico e telefonemas. Pergunte sobre projetos profissionais importantes e desenvolvimentos no emprego, além dos eventos sociais.
- Participe de eventos da equipe (como festas de fim de ano), quando for apropriado.

Quando muda o contexto no qual as amizades se desenvolveram, o relacionamento precisa de maior empenho para sobreviver, mas vale a pena mantê-lo vivo.

Pretendo retornar ao trabalho dentro de dois anos; posso manter minhas aptidões profissionais enquanto estou em casa?

Claro que sim. Experimente uma ou mais destas sugestões:

- Organize ou junte-se a um grupo que foque seus interesses profissionais. Quando meu primeiro bebê nasceu, entrei em um grupo de estudo, que se reunia mensalmente para discutir casos e leituras sobre assistência social. Mantive-me, assim, atualizada na leitura de materiais relacionados ao meu trabalho e em contato com outros assistentes sociais.
- Encontre ou crie um boletim para pessoas em sua profissão e trabalhe nele. Enquanto você escreve artigos para ele ou trabalha na sua distribuição, design ou publicidade, você estará conectada.
- Apresente-se como voluntária para uma organização relacionada à sua profissão. Um músico pode dar aulas em igrejas ou centros comunitários; um dentista pode atender gratuitamente

em alguma clínica. O trabalho voluntário lhe permite ajudar o próximo sem exigir horário regular. Na maioria das vezes, você pode até mesmo levar o bebê .

- ❧ Assine e leia publicações pertinentes e acompanhe a cobertura da mídia dos tópicos relacionados à sua profissão.
- ❧ Participe de conferências, seminários ou cursos sobre sua área de interesse. Se dinheiro for o problema, pergunte se pode se apresentar como voluntária no evento, pois voluntários geralmente entram gratuitamente ou com preço menor.
- ❧ Converse com pessoas da sua área. Há todo tipo de oportunidade para ficar conectada como voluntária, trabalho de meio período ou orientadora.
- ❧ Se sua profissão permitir, trabalhe em casa. Embora não proporcione o contato cara a cara com os colegas, trabalhar em casa, mesmo por meio período, mantém atualizadas suas aptidões profissionais.

Mulheres que ficam em casa não estão necessariamente condenadas à chamada "trilha da mamãe". Com um pouco de empenho e criatividade, você pode ser mãe em tempo integral e ainda cuidar de seus interesses profissionais.

Adoro participar do meu grupo feminino (ou grupo de estudo, de leitura, de artesanato etc.). Então, por que me sinto culpada ao tirar tempo para mim e deixar o bebê em casa?

É normal nos agitarmos com a possibilidade de sair de casa para participarmos de algo que nos dá prazer e estímulo intelectual ou que possa melhorar nossa carreira profissional. Às vezes saber quanto curtimos determinada atividade que nos afasta do bebê nos faz sentir culpadas. Deixá-lo por vontade própria, qualquer que seja o motivo, parece difícil de engolir.

Vá e divirta-se. Desde que o bebê seja bem cuidado durante sua ausência, você tem o direito de continuar a desfrutar alguns de seus prazeres anteriores. Seja participando de um grupo de estudo, caminhando ou esculpindo ornamentos de jardim, dedicar-se a paixões não relacionadas ao bebê será bom para vocês dois. Você se sente enriquecida e ligada a outras partes de si mesma, e o bebê aprende que você é uma pessoa complexa, com outros valores além da maternidade.

Sentir-se culpada por dedicar-se periodicamente a determinado hobby ou passatempo profissional que não inclui o bebê é improdutivo. O sentimento de culpa talvez indique que você não se sente merecedora de desfrutar o entretenimento, podendo, por fim, levar a família a concordar que seu lugar é, sem dúvida, sob o comando dela. Não crie uma situação em que você é tão dedicada ao bebê que perde a capacidade de cuidar de si mesma. Você deseja ser um exemplo perfeito para seus filhos, e precisa ter atividades que lhe dão prazer na vida. Certifique-se de que o bebê está sendo bem cuidado e vá!

Parte Dois
Os Relacionamentos

Durante o primeiro ano de maternidade, tornou-se óbvio para mim que a existência do meu bebê não causou alterações apenas em minha vida pessoal. Meus relacionamentos com os outros também mudaram. Certos aspectos de meu casamento – como, por exemplo, quem lavava a roupa e cozinhava – mudaram visivelmente, enquanto outros, tais como, de que forma passamos nosso tempo livre ou até se teríamos algum, mudaram mais sutilmente. Lembro-me de que me aproximei mais de minha mãe nas duas primeiras semanas após o parto do que há muitos anos e de que me surpreendi com a intensidade do amor demonstrado pelos meus sogros. Provavelmente, o que mais me surpreendeu foi quanto a maternidade mudou minhas amizades, pois eu as buscava, ansiosa, com outras mães de primeira viagem, enquanto algumas amizades antigas e valiosas sofriam com a interferência de minhas novas prioridades e disponibilidade limitada.

Nos anos em que trabalhei com mães de primeira viagem, vi inúmeras mulheres perplexas diante da intensidade e variedade da mudança nesses relacionamentos. Obviamente, ter um bebê causa enorme impacto no casamento, pois dois adultos apaixonados passam de casal, cuidando apenas de si mesmos, para uma família, cuidando de um bebê indefeso. Encontrar tempo para dedicar um ao outro, para ser um casal, após a chegada do bebê, é difícil. Aceitar que você e seu marido podem encarar essa experiência de maneira distinta pode ser muito estressante. Mas ver o parceiro embalar o bebê e compartilhar o amor com ele também pode aproximá-los.

Os relacionamentos com a família do cônjuge são igualmente afetados pelo nascimento do bebê. Muitas mães de primeira viagem se mostram contentes com o fato de que seu relacionamento com a mãe se aprofundou. Algumas se frustram ao constatar que a sogra se torna mais crítica ou competitiva. O bebê a transformou em mãe, mas também fez de seus pais e sogros, avós, e de seus irmãos, tios e tias. A existência do bebê cria uma conscientização de onde cada familiar se posiciona na vida dele, assim como em relação a você e ao bebê, que talvez tenha passado despercebida antes. Ter um bebê e se tornar mãe pode mudar a maneira com que muitas mulheres se relacionam até mesmo com os familiares mais próximos.

Também ouvi diversas histórias sobre como a maternidade afeta a vida social da mãe de primeira viagem. Embora algumas tenham se sentido encantadas ao descobrirem os aspectos mais carinhosos dos amigos, outras se entristeceram, quando a maternidade pareceu criar distâncias intransponíveis entre elas e antigas amigas. Amizades vão e vêm no decorrer da vida, mas parecem sobremaneira preciosas quando a mulher se torna mãe pela primeira vez, e podem ser bastante cobradas ou melhoradas pelas necessidades mutáveis da mãe.

A Parte Dois é dedicada à maneira como os relacionamentos mais importantes da vida de uma mulher mudam quando ela se torna mãe pela primeira vez. O primeiro capítulo desta parte foca o casamento; o segundo, a família do cônjuge; e o terceiro, a vida social.

Capítulo Cinco

O Casamento

Meu marido e eu acreditávamos estar mais do que preparados para sermos pais. Estávamos casados há quase cinco anos; tínhamos inúmeros sobrinhos e sobrinhas e vasta experiência profissional com pais e crianças. Queríamos muito ser pais e *estávamos* bem preparados sob muitos aspectos.

Mas, assim como eu não tinha total consciência do impacto que o bebê teria sobre minha autopercepção, também não estávamos completamente atentos ao impacto que ele teria em nosso casamento. Embora trabalhássemos bem juntos e nunca nos arrependemos de nos ter tornado pais, nosso casamento precisou se adaptar de várias maneiras que não estavam previstas. Suposições que fazíamos, a privação de sono e a transformação de dois seres independentes e trabalhadores para apenas um trabalhando fora de casa, um (principalmente) dentro de casa e uma criança antes inexistente em nossa vida exigiam ajustes mais drásticos do que jamais poderíamos imaginar. Precisamos renegociar diversas áreas de nosso casamento. Algumas foram conscientemente, outras meio que se adaptaram com o tempo. Mas a transição de casal para família não foi tão simples ou instantânea quanto pensávamos.

Este capítulo analisa as questões que quase todos os casais vivenciam ao se tornarem pais. Mesmo quando o relacionamento com o pai do bebê é maravilhoso, uma mudança é inevitável porque agora existe uma terceira pessoa a ser levada em consideração. A forma como passam o tempo juntos, as diferenças no cotidiano de cada um e na atitude em relação à educação dos filhos, sexo, finanças e tarefas domésticas podem criar certa tensão entre vocês, enquanto, juntos, se adaptam à nova condição de pais. Ter pouco tempo ou disposição um para o outro intensifica a luta entre vocês. E a impossibilidade de dormir pode deixá-los irritados.

Tenha calma, pois esses problemas são normais e superáveis. A maioria dos casamentos passa por um período de adaptação. Seja paciente, ouça e cuide do outro, assim como cuida do bebê. Se as irritações mútuas não diminuírem à medida que vocês se tornam mais hábeis em cuidar do bebê (e passam a dormir mais), procurem ajuda profissional. O bebê merece pais que se amem tanto quanto o amam. E ambos merecem se sentir amados e apoiados no casamento.

Qual a maneira justa de dividir as tarefas domésticas? Parece que meu marido e eu achamos que eu deveria fazer a maior parte delas, mas mesmo assim parece injusto.

Se seu objetivo é simplesmente garantir que as tarefas básicas sejam feitas, então, logicamente, não interessa quem as faça; se você fica mais em casa, talvez tenha sentido você cuidar delas. Mas, se estiver buscando igualdade absoluta no relacionamento, quem faz o que será crucial. É raro conseguir um casamento totalmente "igual", mas é perfeitamente possível que ele seja justo e imparcial. Cada um vai se sentir melhor em relação às contribuições pessoais para o casamento e para a família se as tarefas envolvidas forem divididas de uma forma que *ambos* considerem justa. Quando os dois sentirem que contribuem substancialmente, o ressentimento desaparecerá.

Primeiro, faça uma lista de tudo que sua família precisa para sobreviver confortavelmente, incluindo roupas limpas, renda, horas suficientes de sono, lugar limpo para viver, alimentos (comprados e preparados), alguém que cuide do bebê, lazer etc. Leve em conta tudo que possa ser concebido como necessário para o bem-estar familiar. Avalie honestamente o que cada um de vocês faz atualmente para manter a família funcionando.

Caso você se sinta descontente com a forma de lidar com as tarefas domésticas, descubra quais aspectos realmente a incomodam. Está tão sobrecarregada cuidando do bebê que não consegue ficar em dia com a casa? Acha que se fizer a maior parte da limpeza deixa de ser uma mulher moderna? Sente-se incomodada com o fato de que, mesmo atualmente, as pessoas ainda acham que mães devem ser donas de casa? Sente-se desvalorizada pelo marido (ou por outras pessoas)? Se deixou de trabalhar fora de casa, realizar as tarefas domésticas faz com que se sinta menos importante do que seu marido? Ou você simplesmente odeia tarefas domésticas e precisa de ajuda?

Assim que descobrir o que a incomoda em relação à nova realidade da casa e não tiver dúvidas quanto à forma como você e seu marido contribuem para o conforto familiar, pode, então, tentar remediar a situação. Se ainda se sente sobrecarregada, aí, sim, com mais objetividade e imparcialidade, pode ajustar a divisão de tarefas. Mas lembre-se de que, se redistribuí-las ou encontrar outra solução, tudo dependerá do modo como você definirá e vivenciará a desigualdade.

Vi inúmeras soluções criativas e úteis. Aqui estão três mulheres com três soluções distintas, que ficaram igualmente satisfeitas com o fato de o casamento retomar a imparcialidade desejada.

- Bety, professora universitária, acreditava que as tarefas domésticas eram uma questão política. Achava que, encarregando-se totalmente, ou em grande parte, de lavar roupas ou de cozinhar, estaria "cedendo" ou perdendo um terreno arduamente conquistado pelas mulheres em todo o mundo. Ela voltou a trabalhar em período integral, e, assim, ela e o marido fizeram um quadro, dividindo todas as tarefas da melhor maneira possível, permitindo-lhe manter a antiga posição no casamento e nos círculos social e profissional.

- Dália, sua melhor amiga, sempre quis ser mãe em tempo integral; reconheceu que simplesmente seria mais eficiente para ela cuidar da casa enquanto o marido trabalhava o dia inteiro, deixando assim as noites e finais de semana para o lazer familiar. Para ela, o marido trabalhar fora enquanto ela trabalhava em casa era uma divisão justa de trabalho.

 Nem Caroline nem o marido queriam despender muito tempo cuidando da casa. Como podiam se dar ao luxo, ambos decidiram contratar uma empregada mensalista.

Se você e seu marido descobrirem o que mais os incomoda em relação à realização das tarefas domésticas, terão maior probabilidade de solucionar o problema. Cuidar da casa é necessário para a sobrevivência, mas decidir quem deve se responsabilizar pela tarefa depende de você e de seu marido. Analise os recursos e aptidões disponíveis e elabore um plano que atenda às suas necessidades individuais. Você vai se sentir melhor, e o trabalho será realizado.

O fato de quem faz mais ou menos tarefas domésticas não é tão importante quanto você e seu marido sentirem que a divisão é justa.

Por que meu marido e eu brigamos, na tentativa de determinar quem teve o dia mais árduo?

Muitos casais que conheço sentem-se tão sobrecarregados com as responsabilidades profissionais e com os cuidados com o bebê, e tão exaustos com a privação crônica do sono, que brigam por qualquer motivo. Discutir sobre quem está mais exausto e incapaz de agir ao final do dia tem uma lógica perversa. Se os dois estão além dos seus limites, há uma atração definitiva em se apresentar mais sofrido do que o companheiro, porque o mais feliz ou bem disposto será, evidentemente, o escolhido para cuidar da rotina do final do dia, como o jantar, lavar a louça e dar banho no bebê. Embora seja uma situação extremamente comum, não é uma boa estratégia em longo prazo, porque criamos um incentivo para sermos ou parecermos infelizes.

Assim que estabelecemos o precedente de que aquele que estiver mais exausto às 7 da noite se livra da responsabilidade, existe uma desvantagem em admitir que tivemos um dia agradável. Você pode acabar com o bebê jogado em seus braços enquanto o outro corre para tomar um banho de banheira de duas horas. Na maioria das vezes, nos primeiros meses de paternidade, o casal se sente tão exausto que é difícil imaginar que o outro possa estar se sentindo tão mal quanto você.

Mães de primeira viagem imaginam o marido se divertindo no trabalho, enquanto elas estão em casa, sem tomar banho, entediadas e solitárias. Mas, ao mesmo tempo, o marido imagina a mulher à vontade em seu roupão de banho, assistindo à tevê, tomando um café para relaxar ou fazendo caminhadas ao ar livre com o adorável bebê. *Nenhuma* imagem é inteiramente verdadeira. Cada uma tem aspectos positivos e negativos no cotidiano, chegando até mesmo a considerá-los estressantes e, talvez, insatisfatórios.

Você precisa de um sistema que permita a ambos fazerem uma pausa necessária, relaxar e desfrutar a companhia um do outro e do bebê.

Primeiro: entenda que *os dois* precisam de descanso, relaxamento e apoio nos primeiros dias da nova vida. Conduza o relacionamento como se fossem colegas de equipe trabalhando juntos para atingirem a meta de satisfação, conforto e prazer mútuos, e com isso vai se sentir menos propensa a competir para ser considerada a mais exausta ou a que trabalha mais arduamente. Entenda que prover o sustento financeiro da família é uma responsabilidade tão grande quanto cuidar da casa e do bebê.

Segundo: apóiem-se mutuamente e atendam às necessidades um do outro. Se um de vocês se tornou a principal fonte de renda da família e o outro a babá, seu cotidiano é muito diferente de antes e bem distinto um do outro. Entenda que o equilíbrio no relacionamento mudou e analise como fazer ajustes que acomodem essas alterações. Se você reconhecer que os dois trabalham arduamente e que às vezes têm bons momentos durante o dia, poderá avaliar melhor, ao final do dia, como sobreviver a mais uma noite sem que um leve vantagem sobre o outro.

Terceiro: reconheça que, se cuidar do seu marido, ele cuidará de você. Se ele precisa de tempo para relaxar quando chega em casa, por exemplo, aceite o fato e lhe dê tempo para fazer a transição de trabalhador para pai e trabalhador! Planeje para que ele não precise ajudá-la até meia hora depois de retornar do trabalho. Da mesma maneira, se sente falta de tomar um banho (tomar um café, ou seja lá o que for) sem se preocupar com o bebê, reserve um horário para que seu marido se encarregue dele toda noite. Se possível, chame amigos e familiares para ajudá-la com as tarefas domésticas, cuidar do bebê, ou lhe fazer companhia, para que você e seu marido não fiquem totalmente dependentes um do outro para apoio emocional e prático.

Quando um de vocês teve um dia especialmente árduo, fale; o outro então tentará fazer a sua parte. Mas também admita quando tiver um bom dia e ofereça-se para fazer um pouco mais naquela noite. Vocês constatarão que a companhia um do outro é mais agradável quando se concentram nos aspectos prazerosos do dia. Se cada um respeitar os estresses da vida do outro e se mostrar mais condescendente, vocês não sentirão a necessidade de exagerar as dificuldades do dia apenas para se livrarem das tarefas. Concentrem-se no positivo e ajudem-se mutuamente com os aspectos negativos. E esqueçam o placar, porque assim nenhum dos dois ganha.

Se você e seu marido tiveram um dia árduo, os dois precisam de atenção, amor e apoio. Tente não estabelecer um sistema em que a pessoa com o dia mais exaustivo se livra das "terríveis" tarefas domésticas.

O que posso fazer para que meu marido entenda como meu trabalho é árduo e como é difícil ficar em casa com o bebê?

Converse com ele sobre seus sentimentos. Explique-lhe que ajustar-se à maternidade em tempo integral é difícil não apenas por causa do trabalho em si, como também pela combinação de mudanças em sua vida; são a exaustão, o isolamento, a mudança de identidade, a falta de prestígio, a perda do usual e a natureza repetitiva dos cuidados com o bebê durante dias sem-fim que a desgastam. Ele provavelmente não percebe quanto tempo e energia são necessários para manter o bebê limpo, seco, alimentado e satisfeito o dia todo, dia após dia. E, se você acha que ele não entende como seu trabalho é árduo, significa que provavelmente você esteja se sentindo desvalorizada, o que é péssimo.

Muitas pessoas dirão que você deveria sugerir ao seu marido que passe um ou dois dias cuidando do bebê, sem nenhuma ajuda de ninguém. Muitos homens passarão a entender muito melhor como o dia demora a passar com um bebê que chora, defeca, urina, mas não fala, não ri de suas piadas e não ajuda nas tarefas domésticas. Quando ele passar o dia como você, entenderá como cuidar do bebê pode ser tedioso e exaustivo e como você é eficiente e santa.

Fazer com que seu marido sinta na pele como você passa os dias indubitavelmente o ajudará a valorizar o seu trabalho. Ele vivenciará as dificuldades de atividades feitas com uma só mão, a incapacidade de concluir determinada tarefa, a falta de estrutura e a repetição interminável. Ficará contente em retornar ao trabalho e devolver o bebê às suas hábeis mãos. Mas, se o marido tem um dia simples e sem problemas com o bebê, como acontece às vezes, não se desespere. Agradeça a oportunidade que ele e o bebê tiveram de criarem um vínculo e você teve um descanso bem merecido.

Compartilhe com seu marido como a maternidade difere da paternidade. Quando tiver certeza de que os dois enfrentam trabalho igualmente árduo para dar ao bebê boas condições de vida e quando ambos valorizarem suas contribuições para a família, você vai se sentir mais confiante e não se preocupará se seu marido não entende muito bem como você passa os dias. Tanto você *como* ele precisam valorizar o trabalho um do outro.

Meu marido critica muito o meu jeito de cuidar do bebê; por que ele acha que tudo que sai errado é culpa minha?

Ter o primeiro filho acrescenta tremendo estresse ao casamento. Embora o bebê possa certamente aproximar ainda mais o casal, pode também intensificar problemas que provavelmente já existiam entre vocês. Quando as pessoas se criticam excessivamente, a questão subjacente, na maioria das vezes, está mais intimamente relacionada à falta de auto-estima do que a uma honesta insatisfação com o outro. Ouvi muitas mulheres contarem problemas semelhantes.

Atualmente, os homens têm grandes expectativas em relação a si mesmos e às suas mulheres também. Supõe-se que o pai tenha de prover o sustento da família, ao mesmo tempo em que se envolve carinhosamente com os primeiros cuidados com o bebê. Muitos homens demonstram confusão e frustração quando têm de ser tudo para a esposa e para o bebê; outros trabalham arduamente para se tornarem "superpais". Esses, às vezes, acham que são *peritos* na criação do bebê e criticam suas esposas como prova de seus conhecimentos superiores.

Obviamente isso não é produtivo nem satisfatório. Se cada um se sente confiante como pai apenas quando diminui o outro, alguém sairá magoado e a sua "confiança" se torna dependente da incompetência do outro. É inútil vocês tentarem competir para saber quem é melhor pai, porque objetivamente os dois querem ser bem-sucedidos e fazer o melhor pelos filhos e para si mesmos. Precisam tentar mudar esse comportamento o mais rápido possível e sem grandes desgastes, antes que ele se torne uma forma de vida entre vocês.

> ⚜ Reserve um momento tranquilo para conversar com seu marido sobre os sentimentos que esses comentários lhe despertam. Ouça, sem ficar na defensiva, o que ele tem para lhe dizer.

- Preste atenção à maneira que fala com ele sobre sua atitude como pai. Ofereça carinho, apoio e respeito por tudo que ele faz. Bondade gera bondade.
- Quando ele a criticar, evite retrucar com críticas. Diga-lhe que ficou magoada de você tentar se ferir em retaliação.
- Problemas que existiam antes do nascimento do bebê não desaparecem com sua chegada e, na verdade, podem até se exacerbar. Se você gostava de controlar caprichos antes de o bebê nascer, a menos que tenha aprendido a abrir mão do controle, ainda agirá da mesma maneira. O mesmo é válido para seu marido.
- Resolvam problemas no relacionamento o mais rápido possível. Se não conseguem chegar a um acordo sozinhos, procurem ajuda profissional.
- Seus objetivos como pais devem girar em torno de estabelecer uma família na qual cada um se sinta respeitado, amado e valorizado. Não se esqueçam de se tratarem como gostariam de ser tratados.
- Não se esqueçam de que o casamento é tão importante quanto ser pais. Ouçam um ao outro e cuidem um do outro, assim como do bebê.

Se seu marido continua extremamente crítico, procure ajuda. Você e o bebê precisam ter o amor e o respeito dele, e um pai que constantemente coloca a mãe de seu filho em posição inferior não está ajudando ninguém. Adaptar-se à nova vida como pai pode causar estresse, mas não precisa ser tão doloroso.

Como posso voltar a fazer amor com meu marido, quando o que mais quero é ter meu corpo apenas para mim, após um dia inteiro carregando o bebê sem descanso?

Primeiro: converse com seu marido e lhe diga por que está um pouco distante. A maioria das mulheres que não é mãe não tem a menor ideia de quanto tempo as mães de primeira viagem despendem momento a momento com seus bebês. Seu marido precisa entender que você necessita de distância física em consequência do constante contato com o bebê não por não amá-lo mais ou por não se interessar por ele. Se ajudar, mantenha uma planilha do número de horas diárias que despende tocando o bebê e lhe mostre os dados.

Segundo: entenda a diferença entre cuidar do bebê e fazer amor. Inúmeras mulheres que resistem a ter relações sexuais com os maridos dizem que é porque se desgastam fisicamente o dia todo com o bebê e, à noite, querem ficar sozinhas ou que alguém cuide delas. Elas dizem: "Passo o dia todo com o bebê preso a mim; a última coisa que desejo é preencher as necessidades *dele*". Contudo, entrar no clima romântico com o marido, na verdade, preenche também as *suas* necessidades. Converse com ele e diga que gostaria que cuidasse de você um pouco. Lembre-se de que fazer amor deve ser prazeroso também para você.

Terceiro: reserve algum tempo longe do bebê. É valioso cuidar dele, tanto como você merece descanso. Se realmente sente que seu corpo não é seu em momento algum, reserve um tempo para você mesma. Contrate uma babá por uma ou duas horas; faça um pacto com seu marido de que toda noite ele cuidará sozinho do bebê, talvez até mesmo para lhe dar banho, por exemplo, durante um período determinado; ou troque os serviços de babá com uma amiga. Afastar-se do bebê por pouco tempo talvez seja tudo de que você precisa para sentir vontade de ficar a sós com seu marido.

Por fim, você e seu marido ficarão mais tranquilos ao descobrirem que esse estágio da vida dos pais não é eterno. O primeiro ano passa rapidamente, ao menos em retrospecto. O bebê precisará cada vez menos de sua atenção física e de seu conforto e, logo, seu interesse no relacionamento sexual retornará.

Para a mãe de primeira viagem, cada dia parece uma eternidade, mas as semanas voam sem que ela perceba.

Nossa vida sexual praticamente não existe; ele está interessado, mas eu não. É normal essa falta de sincronia?

É claro que você se sente fora de sincronia, pois você *está* fora de sintonia. Seu corpo acabou de passar por nove meses de gestação e um parto, com todas as alterações emocionais e hormonais envolvidas, enquanto o corpo do seu marido permaneceu o mesmo. Seu apetite sexual e conforto estão e ficarão em transição por algum tempo, enquanto os desejos dele não mudaram nem um pouco. Embora esse interesse tão visivelmente diferente no sexo não seja fácil, é *extremamente* comum.

Há diversas razões para as mulheres se sentirem menos interessadas em sexo do que os homens:

- Se acabou de passar pela gestação e parto, o corpo precisa cicatrizar e os hormônios precisam retornar à condição anterior à gravidez, antes que você se sinta tão entusiasmada para fazer amor quanto seu marido, que desfruta a estabilidade hormonal.
- Algumas mulheres acham que, quando passam o dia todo cuidando das necessidades físicas e emocionais do bebê, nada mais lhes resta ao final do longo dia.
- Outras sentem que receberam "toques demais": segurar e acalentar o bebê 12 horas por dia lhes dá vontade de manter certa distância física de qualquer pessoa, inclusive do marido.
- Inúmeras mulheres, cientes das drásticas alterações sofridas pelo corpo, não se sentem atraentes depois do parto.
- Muitas mães de primeira viagem temem a dor durante a relação sexual.
- Algumas lactantes não se sentem à vontade "dividindo" os seios entre o marido e o bebê.
- Outro impedimento comum ao sexo após o nascimento do bebê é o medo de que ele precisará da mãe em um momento íntimo ou que vai ouvi-la e *saberá* o que mamãe e papai estão "fazendo".

- Algumas mulheres (e homens) têm a ideia de que pais fazerem sexo é, de certa forma, inadequado. Têm dificuldade em mudar a imagem de mamãe para mulher atraente.
- E, como se tudo isso não bastasse, a privação do sono leva muitas mulheres (e homens também) preferirem dormir a fazer amor, quando podem optar.

Exponha suas preocupações ao seu marido. Conte-lhe como é estar fora de sincronia. Sejam pacientes um com o outro e continuem a ler este livro.

Como retomar nossa vida sexual?

Mães de primeira viagem quase sempre demonstram menos interesse na intimidade sexual do que o marido, fisicamente inalterado. Você também deveria saber que essa discrepância no desejo é tão comum que chega a ser corriqueira; é desconcertante, mas na maioria das vezes tem vida curta. Paciência, diálogo e senso de humor são importantíssimos nessas ocasiões; seu marido precisa ser paciente, e ambos precisam dialogar e manter o senso de humor.

- Primeiro, tenha a certeza de estar fisicamente preparada para retomar a vida sexual. Verifique com seu médico se a cicatrização já ocorreu e comunique qualquer dor incomum ou outras preocupações relacionadas ao sexo.
- Conte ao seu marido o que está sentindo. Resolvam juntos o que a impede de retomar a vida sexual que tinha antes.
- Assegure-o de que, na maioria das vezes, mães de primeira viagem têm diminuição da libido durante algum tempo após o parto; não é raro que o apetite sexual feminino apenas retorne totalmente quando a mulher voltar a menstruar e a dormir o suficiente. Ajude-o a entender que o tempo cuidará da maioria dos problemas relacionados à cicatrização após o parto.

- Certifique-se de que vocês dois estão cientes de que você também sente falta da antiga intimidade.

- Se você se sente pouco sexy ou teme que ele não a ache mais atraente sexualmente, *diga a ele*: poderá pegá-lo totalmente de surpresa. Seu marido talvez seja a melhor pessoa para lhe garantir que você continua adorável como sempre. E lembre-se, como mais de uma jovem mãe me disse no decorrer dos anos, de que "seu marido a ama e, afinal , ele é *homem;* vai adorar fazer sexo com você *qualquer que seja* a sua aparência!"

- Se acha que seus seios "pertencem" ao bebê e se sente constrangida em dividi-los, converse com seu marido. E, se tem medo de que estejam vazando, diga-lhe também. Talvez vocês precisem alterar seus padrões sexuais por algum tempo.

- Experimente outros métodos de intimidade até se sentir mais interessada.

- Garanta tempo suficiente. Em consequência de todas as alterações hormonais e fadiga crônica, você talvez precise de um pouco mais de tempo para se sentir sexualmente excitada do que antes de o bebê nascer.

- Contrate uma babá, vá para um hotel, use o momento da única soneca previsível do bebê ou encontre outra maneira de ficar a sós com seu marido. Você tem de se sentir à vontade, livre do bebê, para ficar tão interessada quanto seu companheiro.

Para que a intimidade sexual retorne, você tem de estar emocional e fisicamente preparada, com a saúde perfeita e ter tempo suficiente sem o bebê para desejar ficar com seu marido. Quando seu corpo se recuperar e o bebê tiver um padrão de sono vagamente previsível, o sexo voltará a ser atraente. Converse com seu marido, não se apressem e trabalhem juntos para retomar a intimidade da qual sentem tanta falta. Falar abertamente sobre seus temores ajuda a manter sua culpa e a frustração dele em nível mínimo.

Meu marido e eu costumávamos nos divertir muito juntos. Agora mal podemos nos relacionar, exceto como pais do mesmo bebê. É suficiente ter apenas o bebê em comum?

Nos primeiros meses (e anos) de paternidade, a vida do casal muda drasticamente. Mas é importante tentar manter o casamento como tal e não apenas como uma sociedade na paternidade.

A menos que você e seu marido tenham ficado juntos apenas para fazer bebês, é provável que, por mais difícil que seja relembrar, tenham muito mais em comum além do bebê, e basta lembrarem e se abrirem para também descobrirem novos interesses mútuos.

Um dos melhores conselhos que já recebi como mãe de primeira viagem foi, assim que possível, após o nascimento do bebê, agendar regularmente uma noite para sair com meu marido. Não importa se for uma vez por semana ou uma vez por mês (embora uma vez por semana seja melhor) e não tem de ser à noite, nem no final de semana nem mesmo um passeio oneroso. Desde o nascimento de meu primeiro filho, meu marido e eu fomos abençoados com excelentes babás e saímos quase todo sábado à noite há anos. No início era difícil ficar despreocupada, mesmo com uma babá experiente, e era um desafio encontrar programas não muito caros, mas foi maravilhoso para nosso relacionamento e até mesmo para nossos filhos.

Se você não pode contar com uma babá, faça o programa em casa, locando um filme e pedindo um jantar do restaurante preferido. (Mas planeje o "programa" para quando o bebê estiver provavelmente dormindo no mínimo durante duas ou três horas e você e seu marido jurarem ficar acordados.) O objetivo é passar alguns momentos juntos, acordados, e a sós, limitando o tempo em que conversam sobre o bebê. Vocês começarão a relembrar o que os atraiu no início, concentrando-se um no outro, não no bebê, enriquecendo assim o relacionamento.

Embora seu marido compartilhe seu fascínio pelo bebê, tente manter uma conexão com aquelas atividades que a interessavam antes de a maternidade se apossar de seu cérebro. Assista ao noticiário, leia jornais, mantenha-se atualizada com publicações ou artigos relacionados ao trabalho ou passatempo que cultivava antes de o bebê nascer, ou desenvolva outras atividades mais adequadas, agora que ele existe. Sim, pode ser difícil prestar atenção atualmente, mas ampliar seus interesses é bom para você; vai se sentir mais segura e, junto com seu marido, terá mais tópicos não relacionados ao bebê sobre os quais conversar. A curto prazo (os primeiros meses), ter apenas o bebê em comum pode ser o suficiente, mas o casamento, assim como o bebê, merece ser alimentado, e manter o relacionamento vivo resultará em grandes recompensas nos próximos 20, 40 ou mais anos.

Seu casamento merece ser tão bem alimentado quanto o bebê.

Meu marido e eu éramos muito espontâneos. Sentimos falta de simplesmente levantarmos e sairmos. Isso voltará a acontecer?

Na verdade, vocês podem ser espontâneos agora. Bebês também gostam e podem sair de casa. A maioria das pessoas sinceramente não se importa se está em casa, no jogo de futebol ou no restaurante, desde que estejam à vontade. Embora sua liberdade de deixar tudo e sair correndo, despreocupada, seja, obviamente, mais limitada pela necessidade de cuidar do bebê, você ainda pode ser espontânea; basta um planejamento.

Se a espontaneidade for importante para você, não tente colocar o bebê para seguir horários rígidos. Bebês que conseguem dormir apenas no berço em determinada hora ficam bastante irritados quando perturbamos sua rotina; os que não possuem horários rígidos têm maior probabilidade de tolerar um passeio planejado de última hora, durante o horário habitual da soneca. (Contudo, se o seu bebê tem grande necessidade de horários ou problemas de saúde que exigem medicamentos ou hábitos alimentares e de sono mais regulares, lembre-se de que o bem-estar do bebê e os horários programados precisam ser levados em consideração antes de tudo.)

Sempre mantenha a sacola de fraldas pronta para que, quando sentir vontade de sair, possa fazê-lo rapidamente. Mantenha-a bem suprida, com roupas e fraldas limpas no tamanho correto. Algumas mães deixam peças extras no porta-malas do carro para maior conveniência.

Entenda que ter um bebê exige certos compromissos; a espontaneidade é limitada, mas não precisa ser eliminada. Por exemplo: *não* desperte o bebê do sono profundo para ir ao museu quando, obviamente, ele ficará bastante irritado; mas não deixe de ir a concertos ao ar livre, fazer caminhadas ou aproveitar aquelas ocasiões em que ele estiver tranquilo.

Se você é do tipo que gosta de se levantar e sair, faça isso! Aproveite a disposição do bebê em acompanhá-la a qualquer lugar, desde que você atenda às necessidades dele. Vamos e venhamos, o único problema que há em se decidir para sair e tomar sorvete às nove da noite, agora que você tem um bebê, é que precisa levá-lo junto ou contratar uma babá. Talvez perceba alguns olhares ou comentários atravessados por sair tão tarde da noite com uma criança de colo, mas muitos bebês estão acordados e felizes nos horários mais estranhos. Não há regra em relação a sair com ele, se o fato não perturbar sua rotina e deixá-lo contente. É possível respeitar as necessidades do bebê enquanto cuida das suas.

Não tenho mais salário e agora temos todas essas despesas com o bebê. Por que me pego pedindo permissão ao meu marido para gastar nosso dinheiro?

Por mais arduamente que você tente se desprender do valor monetário, vivemos em uma sociedade que claramente relaciona renda com poder e valor. Muitas mães de primeira viagem em tempo integral estavam acostumadas a ter um emprego remunerado. Por mais que você e seu marido valorizem mulheres que ficam em casa, pode ser uma adaptação difícil não ter mais uma recompensa financeira como prova de sua importância e valor para a família.

Sílvia, mãe de primeira viagem, falou emocionada sobre sua percepção de não depender financeiramente de ninguém desde a formatura até se tornar mãe. Ela disse: "Ter independência financeira é a linha divisória entre ser adulto e ser criança". Abandonar o emprego remunerado fez com que ela se sentisse criança de novo, como se não tivesse voz nas decisões financeiras da nova família.

Quando Carla escolheu ficar em casa com o primeiro bebê, o dinheiro era escasso. Embora comprasse um brinquedo novo para o filho quase toda semana, privava-se de novas roupas necessárias. Essas duas mulheres, e muitas outras que conheço, achavam que, se não contribuíam financeiramente, não tinham o direito de desfrutar o dinheiro existente.

Se você calcular quanto custaria contratar alguém para fazer tudo o que você faz para a família, talvez a ajude a ver sua importância. Compute as horas que você passa por dia e por semana cuidando da casa, cozinhando, fazendo compras, indo à feira, além de cuidar do bebê. Leve em consideração o baixo custo de seu guarda-roupa por ficar em casa o tempo todo.

Se trabalhasse fora de casa, seus gastos aumentariam significativamente. Teria de pagar alguém que cuidasse do bebê, incluindo-se uma babá enquanto você se deslocasse de casa para o trabalho e vice-versa (horas que não são remuneradas), alimentação (almoços no trabalho, refeições da babá e comida pronta para o jantar), além dos serviços de lavanderia. Teria de contratar uma empregada ou fazer o trabalho sozinha à noite ou nos finais de semana. Sua contribuição para a família talvez não seja visível como aumento na renda, mas é importantíssima e permite a redução de despesas relacionadas ao trabalho.

Além de pensar, converse sobre o assunto com seu marido. Vocês decidiram *juntos* que o trabalho dele é manter a família financeiramente e o seu é cuidar do bebê e da casa? Você precisa se sentir confiante de que ficar em casa com o bebê é sua responsabilidade e trabalho. Assim, se o fato de você não ter um emprego remunerado é bem aceito por vocês dois, o dinheiro que ele ganha é a renda da *família*. Ele ganha o dinheiro e você cuida da casa e do bebê e, assim, vai se sentir melhor sobre a igualdade participativa das decisões financeiras de todos.

Quando vocês dois concordam que a sua permanência em casa faz sentido e os dois acham que o trabalho de ambos é importante e fundamental para o bem-estar da família, não importa quem ganha mais. Cuide para que seu marido veja que a renda familiar pertence a vocês dois. Ao reconhecer que sua contribuição para a família é fundamental, você se sente melhor ao participar igualmente nas decisões do orçamento familiar.

Meu marido e eu decidimos que eu ficaria em casa para cuidar dos filhos e ele proveria nosso sustento. Por que agora ele age como se estivesse encarregado de todas as decisões financeiras?

Essa situação é bem diferente da anterior. A mãe de primeira viagem, na pergunta anterior, desvaloriza sua contribuição para a família. Você, contudo, talvez tenha um marido que a desvaloriza. Heidi tinha um problema semelhante. Ela se inquietava: "Desde que abandonei meu emprego para ficar em casa com o bebê, meu marido age como se tivesse o direito de decidir como gastar cada centavo. Sinto que o que faço em casa é valioso, mas ele parece pensar que, como não tenho emprego remunerado, não mereço ter acesso ou influência sobre nosso dinheiro. Estou ressentida e tenho a impressão de que não posso opinar mais em nosso relacionamento."

No esforço de alcançar igualdade e manter a independência, alguns casais, como Heidi e Jeremias, começam o casamento com rendimentos separados e responsabilidades financeiras distintas. Por exemplo: antes de o bebê nascer, Jeremias pagava as prestações da casa, enquanto Heidi se responsabilizava pela alimentação e contas de água, luz e telefone, e cada um custeava as próprias roupas e entretenimentos. Esse esquema pode funcionar, desde que ambos concordem com a situação e as despesas sejam divididas com justiça. Entretanto, quando o casal teve o bebê e a mulher abandonou o emprego, o acordo perdeu o sentido. Alguns grandes ajustes, tanto no orçamento como nas atitudes, tornam-se necessários.

Para um casal fazer uma transição bem-sucedida da vida com dupla renda sem filhos para uma vida em que passam a ser uma família, cujo pai trabalha fora de casa enquanto a mãe cuida das crianças, é preciso que eles tenham ideias semelhantes sobre o papel de cada um. Se concordam que você ficará em casa com o bebê, então você também precisa concordar que o seu trabalho é igualmente importante. Não são mais remunerados separadamente; cada um contribui para o bem-estar da família ao seu modo. Seu marido proporciona o suporte financeiro e você, o emocional e doméstico.

Seu marido precisa aprender que não poderia sair para trabalhar com tanta facilidade se você não ficasse em casa cuidando do bebê, e os serviços que você presta seriam muito mais onerosos do que ele pensa. Se você trabalhasse fora de casa, seria necessário gastar dinheiro não apenas com babá ou hotelzinho; quando os dois trabalham, costumam gastar mais em roupas, lavanderia, transporte, faxineira, almoços e jantares de negócios. O fato de você ficar em casa proporciona não só um relacionamento íntimo e amoroso com o filho, como também elimina inúmeras despesas.

Caso você se sinta à vontade recebendo uma mesada e deixando que seu marido tome todas as decisões financeiras, não há problema. Mas, se está ressentida com a atitude de seu marido, *diga-lhe como se sente*. Se, mesmo assim, ele insistir em controlar as finanças e você continuar a se sentir desvalorizada ou tratada como criança, procure ajuda profissional. A orientação individual ou para casais pode ajudá-los a se tornarem os parceiros e pais colaboradores que merecem. Não fique sentada, remoendo as mágoas: trabalhe com seu marido para reparar a situação.

As contribuições da dona de casa são tão importantes quanto as do marido, que traz o dinheiro para a família. Ambos merecem respeito e admiração.

Meu marido e eu trabalhamos em período integral, mas, quando estamos em casa, faço a maior parte das tarefas domésticas e cuido do bebê. Como fazê-lo ajudar mais?

Infelizmente, você não é a única nessa situação. Embora as mulheres tenham progredido muito em relação à igualdade no mercado de trabalho, a maioria das mães que trabalha ainda faz mais tarefas domésticas do que os maridos; além de cuidar dos filhos, seja qual for o número de horas que cada um trabalhe fora de casa. Se você não gosta da divisão de tarefas, converse com ele.

Talvez ele não tenha percebido que você sente, sim, que as responsabilidades estão desequilibradas. Se necessário, faça um quadro com todas as tarefas que necessitam de atenção, incluindo o tempo que cada uma leva e a frequência com que precisa ser realizada. Analise quem deve fazer o que, tendo em mente os horários de cada um, aptidões e interesses, e não se esqueça de concordar que cada tarefa seja designada com imparcialidade. Faça uma revisão desse quadro de vez em quando, para garantir que os dois estejam satisfeitos e para implementar os ajustes necessários.

Contudo, preste atenção à possibilidade de você ter criado o desequilíbrio inadvertidamente. Muitas mães de primeira viagem, principalmente as que trabalham em período integral, parecem fazer exigências absurdas a si mesmas. Talvez o marido esteja fazendo menos do que deveria em casa ou com o bebê porque você, inconscientemente, decidiu assim. Em consequência de ideias arcaicas sobre o significado de ser boa mãe, muitos casais assumem, sem perceber, padrões ultrapassados. Por exemplo: apesar de os dois acreditarem que todas as tarefas devem ser compartilhadas igualmente, é a mãe que ainda cozinha e cuida dos filhos, contrata babás etc., porque, em sua cabeça e coração, esse é o significado de ser boa mãe. Ela pode pedir ajuda, mas na verdade se apega a tarefas extras como mãe e esposa para aumentar a confiança em si mesma de que é uma boa mãe.

Não há nada errado com o desequilíbrio, desde que os dois se sintam à vontade com ele; se você precisa fazer mais do que seu marido para se sentir mais próxima do bebê, tudo bem. Mas, se deseja uma distribuição mais justa de tarefas, precisa conversar com ele e compartilhar os trabalhos cotidianos de maneira mais equilibrada. O casamento se fortalecerá se vocês estiverem satisfeitos com a divisão de tarefas em casa.

Meu marido fica em casa, enquanto trabalho em período integral. É normal sentir inveja dele por estar com o bebê?

Cada situação tem aspectos positivos e negativos. Embora o fato de você prover o sustento da família faça sentido, sob o ponto de vista financeiro ou pessoal, não significa que você estará sempre feliz. Talvez você adore o fato de estar no mercado de trabalho, mas ainda sente uma ponta de ciúme ao ver a intimidade entre o bebê e o pai.

Seu relacionamento com o bebê pode ser igualmente íntimo. Naturalmente, quando um cônjuge trabalha em período integral e o outro fica em casa, a relação de cada um com o bebê será diferente, o que não significa que você não esteja próxima a ele. Você ainda é a mãe, seu marido, o pai, e cada um se relaciona com o bebê à sua maneira, não importa quanto tempo vocês passem com ele.

O pai que fica em casa certamente passa mais tempo com o bebê do que o outro que trabalha o dia todo, mas quem está fora provê conforto para os dois. Ou seja, ao final do dia, você é novidade para o bebê e para seu marido, o que é maravilhoso.

Se você está realmente preocupada com seu relacionamento com o bebê:

- Ao chegar em casa do trabalho, concentre a atenção diretamente no bebê por bastante tempo.
- Sempre que estiver com ele, carregue-o, olhe em seus olhos, converse e brinque com ele.
- Se você amamentava o bebê antes de retornar ao trabalho, continue a fazê-lo. (Veja no capítulo sobre trabalho as dicas relacionadas à amamentação para mães que trabalham.)

- Telefone para casa do trabalho durante o dia e converse com seu marido e com o bebê.
- Peça ao seu marido que leve o bebê para visitá-la no trabalho ou almocem juntos, sempre que possível.
- Nos dias de folga, fique a sós com o bebê.

Com mínimo esforço, você consegue manter excelente relacionamento com o bebê, e a inveja perderá espaço em sua mente. Aprecie a intimidade que seu marido e o bebê têm, assim como sua oportunidade de trabalhar, sabendo que seu filho está sendo bem cuidado.

Você é a mãe do bebê e seu marido o pai, não importa quem trabalhe fora e quem fique em casa. O bebê conhece e ama os dois.

Por que me irrita tanto toda vez que meu marido me pergunta: "O que você fez o dia todo?"

Lembro-me de que odiava essa pergunta. Ela me fazia sentir como se eu precisasse apresentar um relato completo e detalhado de todas as coisas maravilhosas que fazia com nossa filha, ou, então, justificar por que a casa estava desarrumada, o jantar não estava pronto e eu e o bebê estávamos chorando. Na maioria das vezes, nem eu sabia o que tinha feito o dia todo. Sentia-me improdutiva e era difícil explicar o que fizera, se é que fizera alguma coisa, além de contribuir com mais bagunça. Sentia-me ao mesmo tempo constrangida e confusa, ao pensar que não tinha praticamente nada para mostrar como passava meus dias.

Tente lembrar que, talvez, seu marido esteja perguntando sobre seu dia por amor e educação e não tentando fazê-la admitir que assistiu a novelas o dia todo (não que seria ruim se o fizesse) nem para provar a você que a vida dele é muito mais importante que a sua. Provavelmente, ele ama você e o bebê e realmente deseja saber o que você fez o dia todo – nada mais, nada menos. Suas inseguranças sobre sua competência podem aflorar com a pergunta, e é por essa razão que odeia escutá-la, mas não significa que *ele* não a respeite nem a admire.

Você não precisa ficar na defensiva, buscar respostas criativas nem fingir que o dia foi mais simples ou mais árduo do que foi na realidade. É complicado sentir-se eficiente e orgulhosa, quando o que fez o dia todo foi carregar, amamentar e trocar o bebê dezenas de vezes, mas é o que faz quem cuida de um bebê e é mais do que suficiente. Se você e o bebê estão vivos e saudáveis ao final do dia, você fez muito. E, se conseguiu realizar algo mais – uma caminhada, um telefonema, uma refeição ou lavar muita roupa –, tem motivo para comemorar. Até você e o bebê se tornarem mais confiantes e eficientes, amá-lo e manter sua sanidade é o bastante. Você está fazendo muito. Apenas diga a verdade ao seu marido.

Sinto como se devesse fazer mais enquanto estou em casa com o bebê e acho que meu marido concorda. Devo mesmo fazer mais?

O objetivo aqui é chegar a um consenso sobre o que significa ser produtivo na família, e, ao mesmo tempo, ser prático em relação ao que cada um pode fazer. A maioria dos casais não sabe dizer o que acontece com a chegada do bebê; eficiência e organização parecem simplesmente evaporar. Não saberia lhe dizer quantas mães de primeira viagem se preocupam com o fato de o marido não entender por que não conseguem realizar as tarefas, e um número ainda maior se sente totalmente perplexo. Na maioria das vezes, tanto homens como mulheres têm expectativas pouco realistas em relação ao que a vida deveria ser, quando se tornam pais. Relaxe: sua energia e eficiência aumentarão muito com o tempo. O que agora parece sufocante será rotina em poucos meses.

Se você e/ou seu marido pensam que você deveria fazer mais, é preciso esclarecer o significado de "mais" para cada um. O que você não está fazendo suficientemente e para quem? Não consegue manter em dia as tarefas domésticas, preocupa-se por não proporcionar estímulos suficientes ao bebê ou não atende às necessidades do marido? Você e ele pensam que qualquer tempo livre após alimentar, trocar e brincar com o bebê deve ser despendido, expondo-o à grande arte, enquanto ouve música clássica ou você espera estar lavando banheiros e arrumando armários? Ou realizando ambos os trabalhos? Você ainda pensa que deveria (ou poderia) ser tão visivelmente produtiva quanto antes de o bebê nascer?

Atribua tarefas específicas a cada um de vocês e determinem juntos quais são as de prioridade máxima e qual o período de tempo *real* para realizá-las. Saiba que cuidar do bebê ocupa o dia todo e, na maioria das vezes, não sobra tempo para mais nada. Entenda que, em determinados dias, o bebê estará mais calmo e sua energia será maior, tornando-se visivelmente mais produtiva.

Se você e seu marido decidirem juntos o que deve ser feito primeiro (e ambos aceitarem que você ainda está aprendendo o novo papel), vai se sentir mais bem-sucedida e menos ressentida em relação ao que espera realizar. Não façam cobranças um ao outro ou a si mesmos, agradeça pelas tarefas que conseguir realizar e saiba que fará mais quando puder.

Meu marido diz que se sente ignorado. Será que está com ciúme do meu relacionamento com o bebê?

Sim, muitos pais de primeira viagem sentem ciúme do relacionamento da esposa com o bebê, embora não admitam o fato, nem para si mesmos. Antes de o bebê nascer, a outra pessoa mais importante em sua vida provavelmente era seu marido. Agora que tem o bebê, talvez seu marido não se sinta muito à vontade com o fato do filho subitamente ocupar aquele lugar de honra.

Lembro-me da perplexidade de Sandra ao descobrir que o marido tinha ciúme da atenção que ela dedicava ao bebê. Embora ele estivesse orgulhoso de Sandra ser uma mãe maravilhosa, admitiu timidamente que se sentia posto de lado. Muitas mulheres concentram-se tanto no bebê que acabam ignorando o marido. Algumas dedicam-se só a cuidar do bebê, e, aí, não sobra nada para o companheiro. Embora o bebê também seja dele, seu marido sente falta de ser o centro de suas atenções. *Todo mundo* precisa se sentir importante e valorizado; a menos que você valorize seu marido apenas pela capacidade de procriar, você quer que ele saiba que também é importante para você.

Quando somos mães pela primeira vez, é tentador transformar o bebê no centro das nossas atenções, mas manter nosso casamento também é muito importante quando ainda há amor. Tente fazer com que seu marido compreenda essa mudança de foco (e, de certo modo, ele deveria entender).

Caso seu marido se sinta abandonado ou se você apenas conversa com ele para lhe pedir que faça alguma coisa (uma queixa que sempre ouço de pais de primeira viagem), tente lembrar-se de que um pouco de gentileza e interesse carinhoso pela sua vida significam muito.

- Pergunte ao seu marido sobre o dia dele e depois, com atenção genuína, preste atenção à resposta.
- Conte-lhe sobre o seu dia, dividindo com ele os momentos interessantes e frustrantes.
- Ajude-o a se envolver mais com o bebê quando estiver em casa.
- Encontre coisas divertidas para fazerem em família.
- Passem momentos especiais juntos, mesmo que seja apenas para conversarem.
- Reúnam-se com velhos amigos e continuem a fazer coisas juntos, como um casal.
- Entenda que o ciúme de seu marido pode ser um sinal de quanto ele a valoriza.
- Não o critique por sentir falta de sua total concentração; ao contrário, ajude-o a ver que você está aprendendo a cuidar do bebê e lembre-o de que, à medida que as necessidades do bebê

diminuírem e você vá adquirindo prática, estará mais disponível para ele novamente.

- ❧ Diga-lhe o que você mais valoriza nele. Façam um pacto para, diariamente, dizerem algo positivo um sobre o outro.
- ❧ Ofereçam apoio um ao outro. Será seu marido quem ficará ao seu lado depois que os filhos crescerem e saírem de casa; mantenha a intimidade do casal.
- ❧ Se você já cuida bastante das necessidades de seu marido e teme que seu ciúme seja um sinal de imaturidade e não uma consequência da mudança de foco da sua atenção, considere a possibilidade de fazer terapia ou de pedir ajuda profissional. Seu marido merece ter as necessidades atendidas, mas elas precisam ser reais e razoáveis. Você não deseja que ele continue com ciúme do bebê ou que faça exigências às quais você não pode ou não deve atender.

Além de fazer com que seu marido se sinta menos abandonado, ser agradável com ele, interessar-se por sua vida e seus sentimentos e compartilhar o seu cotidiano também melhoram a capacidade de ele se conectar emocionalmente com você. Portanto, mesmo se estiver sobrecarregada, tente ficar ligada a ele, que, por sua vez, desejará lhe dar atenção, e vocês saberão continuar se amando depois que os filhos crescerem.

Redefina tempo de qualidade. Ter uma conversa carinhosa com o marido enquanto lavam a louça juntos pode ser um momento de alta qualidade; mostrar as coisas ao bebê enquanto fazem compras também pode ser bastante divertido. Uma atividade não precisa ser onerosa nem sofisticada para se tornar inesquecível.

Meu marido diz que cuidará do bebê para que eu descanse um pouco, mas não acredito que saiba lidar bem com ele. Devo deixá-lo cuidar do bebê sozinho, mesmo sabendo que não fará tudo como eu quero?

Claro que sim. Seu marido cuidará do bebê à maneira dele e, embora seja diferente da *sua*, provavelmente é boa também. Apesar de ter ouvido essa pergunta inúmeras vezes, ainda não escutei nenhuma mãe de primeira viagem dizer que deixar o bebê aos cuidados do marido fosse perigoso. A menos que ele tenha problemas físicos ou emocionais que lhe impeçam de manter o bebê em segurança, os dois sobreviverão.

Contudo, geralmente quando a mãe acha que o marido (ou sogra, babá etc.) não atende a seus padrões, de certa forma ela *quer* ser a única capaz de acalmar, alimentar, embalar ou confortar o bebê. Essa atitude, às vezes, se traduz na crença de que, como ela faz tudo *melhor,* os demais, incluindo o pai da criança, fazem tudo errado, o que também significa que a mãe decidiu que é essencial ao bem--estar do bebê e, portanto, jamais abandonará o posto. Às vezes a mãe de primeira viagem se preocupa com o fato de que o marido *seja*, mesmo, tão capaz quanto ela, o que poderia fazê-la sentir que ser mãe não é grande coisa.

Infelizmente, algumas mães novatas, ao tentarem ser a melhor mãe do mundo, jamais permitem que outra pessoa cuide do bebê. Embora a sensação de ser a melhor seja muito agradável (e, objetivamente, muitas mães são realmente as mais bem-sucedidas ao entender os sinais do bebê e mantê-lo feliz), ser a *única* pessoa capaz de cuidar dele limita os dois. A mulher não tem tempo para si mesma, o marido continua menos apto do que ela, e o bebê não desenvolve a capacidade de ficar à vontade com outras pessoas, inclusive com o pai.

Analise honestamente por que acha que seu marido não é capaz de cuidar bem do bebê. Se ele não coloca a fralda exatamente do *seu* jeito, qual o problema? Se você sai por algumas horas e ele não consegue fazer o bebê dormir, que importância tem? Você acha que o bebê morrerá de fome sob os cuidados de seu marido? Você realmente imagina que ele corre perigo? Se a resposta for negativa, então pense nisso: se seu marido passa o dia com o bebê, sem problemas, você se sente decepcionada? A única maneira de ele "melhorar" ou ficar "bom o suficiente" é adquirindo experiência em cuidar do bebê; o seu medo da suposta incompetência dele apenas perpetua a questão.

Se o modo desajeitado de seu marido faz com que você se sinta mais apta a cuidar do bebê, tudo bem. Porém, se o fato de ser a única responsável pela criação do bebê é a base de sua auto-estima como mãe, o problema não é a falta de habilidade dele, mas sua falta de autoconfiança. Nesse caso, *você* precisa de ajuda.

Por outro lado, se seu objetivo é descansar um pouco e/ou fazer com que seu marido desenvolva um relacionamento íntimo e enriquecedor com o bebê, então saia, deixe os dois a sós e lide com o prejuízo depois. Você pode lavar as roupas sujas, trocar a fralda ou alimentar o bebê faminto quando chegar em casa. Se não deixar (ou encorajar) seu marido a cuidar dele quando se prontificar a fazê--lo, logo ele deixará de se oferecer. Então, você ficará totalmente responsável pelos cuidados do bebê, seu marido não desenvolverá um relacionamento profundo com ele e seu filho talvez não seja socialmente adaptável. Você não quer que isso aconteça, não é? Se permitir que seu marido cuide do bebê, todos vão se sair bem – ele, o bebê e você.

Meu marido nunca cuidou de um bebê antes e, por esse motivo, deixa tudo por minha conta. Como posso ajudá-lo a adquirir confiança para interagir com nosso filho?

Muitas pessoas se sentem pouco à vontade com bebês se não têm nenhuma experiência no assunto. Tranquilize seu marido, dizendo que, embora bebês sejam delicados, são seres bastante seguros e confiantes. Diga-lhe que você tem certeza de que ele é, e será, um pai excelente. E lembre-se de que muitas pessoas aprendem melhor se observarem primeiro e depois praticarem; outras precisam de instruções verbais; algumas preferem ler o que os especialistas têm a dizer e ainda há aquelas que precisam aprender por experiência. Use qualquer método que funcione para você e seu marido.

- Mostre-lhe o básico: como segurar o bebê, dar banho, trocar fraldas etc.
- Conte-lhe como você aprendeu a cuidar de crianças.
- Se você lê livros sobre o assunto, compartilhe-os com ele.
- Quando uma amiga ou o pediatra fizer alguma sugestão, envolva seu marido na discussão.
- Nos dias em que seu marido passar pouco tempo com o bebê, mantenha-o informado sobre as novas brincadeiras, hábitos e interesses de seu filho.
- Explique o que funciona para você e peça-lhe ideias, quando algo sair errado.
- Por fim, faça com que seu marido fique a sós com o bebê. Deixe--o cuidar de tudo. No começo, talvez ele queira que você fique no quarto ao lado (ou na cadeira ao lado) e não fora de casa. Gradualmente, à medida que se acostumarem, deixe o bebê por conta dele mais tempo.

Seja carinhosa e paciente enquanto seu marido se torna mais confiante como pai. Pode ser assustador cuidar de um bebê se não temos nenhuma prévia experiência. E algumas pessoas simplesmente não levam jeito. Dê-lhe apoio, seja coerente e, sobretudo, não o critique. Confie nele. Será um pai maravilhoso, se quiser.

Desde o nascimento do bebê, nada em nosso relacionamento parece ser igual. Como recuperar essa igualdade?

Você terá mais sorte se visar imparcialidade em vez de igualdade. Talvez o mais importante a entender agora é que imparcialidade e a igualdade não são a mesma coisa, principalmente na família. O que é *justo* é que cada um se sinta respeitado, bem cuidado e tenha o que necessite; *igualdade* implica que todos contribuam igualmente e recebam os mesmos prazeres, independentemente da capacidade ou da necessidade. Às vezes a igualdade não é possível, mesmo quando a imparcialidade é facilmente atingida.

Quando o casal se torna uma família, o equilíbrio no relacionamento muda. Quem faz o que, quem ganha o sustento, como tomar decisões, como gastar o dinheiro e quem decide tudo talvez precise mudar. Se igualdade, e não imparcialidade, for seu objetivo, então você e seu marido precisam ter salários semelhantes, trabalhar o mesmo número de horas fora de casa e dividir os cuidados com o bebê, as tarefas domésticas e o lazer. Isso é possível, mas muito difícil.

Provavelmente, e quase sempre é o mais tangível, você pode resolver quais tarefas precisam ser feitas e quem tem o tempo e as aptidões para realizá-las. Considere a família como uma unidade, e divida as tarefas envolvidas para que cada um saiba quem é responsável pelo quê. Na verdade, cada um assumirá o que sabe fazer melhor e o que tem tempo e vontade de realizar. Ambos valorizarão o trabalho dentro de casa tanto quanto o emprego remunerado. Se um dos dois trabalha fora de casa por muito mais tempo do que o outro, faz mais sentido que o que fica em casa se responsabilize por mais tarefas domésticas.

Não estou sugerindo que, se, como mãe, você preferiu ficar em casa, então todas as tarefas domésticas devem ficar sob sua responsabilidade. *Estou sugerindo* que você e seu marido tentem definir quais tarefas precisam ser feitas e quem pode fazê-las, lembrando-se de que cuidar da casa e das crianças é tão importante para o bem--estar familiar quanto o dinheiro. Você verá que tem um casamento balanceado quando você e seu marido se sentirem igualmente valorizados e quando concordarem que *todo* o trabalho para o bem comum da família é igualmente importante.

"Igual" nem sempre tem o mesmo significado de "justo".

Quero que meu marido saiba o que desejo ou do que preciso e que o faça imediatamente. Por que acho tão complicado lhe pedir diretamente o que quero?

Laura tinha uma queixa semelhante: "Meu marido diz que fará tudo que eu pedir, mas quero que o faça sem que eu tenha de lhe dizer o que desejo ou do que preciso". É difícil pedir o que desejamos quando nos tornamos mães pela primeira vez: por um lado, realmente desejamos ajuda ou apoio, mas, por outro, queremos ser capazes de lidar com tudo sozinhas. Notei uma tendência entre mães de primeira viagem: por pensarem que a maternidade é "natural" e "comum", não devem solicitar ajuda. Sentimo-nos inadequadas quando não demonstramos a grande competência habitual, e queremos tão desesperadamente ser eficientes e maternais que resistimos à ideia de pedir ajuda. Pensamos que, ao não solicitarmos ajuda, damos a impressão de sermos menos carentes; mas, embora tentemos aparentar autoconfiança e independência, secretamente esperamos que o marido nos surpreenda fazendo *qualquer coisa* que alivie nossa carga.

Ele está se adaptando à condição de pai assim como você à condição de mãe. Talvez ele não saiba do que você precisa, não queira interferir e assumir o seu lugar, ou esteja cansado e sobrecarregado demais para perceber que você precisa de ajuda. Nenhum dos dois é incompetente, mas ambos são novatos na atual função.

Embora você adorasse que seu marido adivinhasse e atendesse a cada um de seus desejos sem que jamais tivesse de dizer uma única palavra, não é justo nem verdadeiro esperar que ele o faça. Embora vocês talvez fossem extremamente sintonizados um com o outro antes, sua vida mudou e ele pode não conseguir adivinhar suas necessidades como fazia antes de o bebê desequilibrar o casamento. Ao se sentir exausta, seria ótimo que seu marido pudesse, espontaneamente, atender a cada um de seus desejos. Mas, se você não lhe disser com todas as letras, sobretudo no início, o que deseja ou do que precisa, ele não saberá como ajudá-la. Apesar da decepção de ele não ser capaz de adivinhar seus pensamentos, seu marido ainda a ama e quer vê-la feliz.

Portanto, se precisar de alguma ajuda, qualquer que seja, de seu marido – desde uma empregada em tempo integral a uma massagem nos pés –, lembre-se:

- Não se ofenda se o seu amado não sabe do que você precisa.
- Não interprete sua ausência de percepção ou apoio como falta de carinho ou de amor.
- Não assuma que ele é muito desajeitado ou incompetente para ajudá-la.
- Não se sinta culpada nem infeliz por precisar de ajuda; todo mundo precisa!
- Não assuma que por ele não conseguir descobrir como ajudá-la sem que você lhe diga, isso o torna péssimo marido ou pai ou que seu relacionamento seja ruim.
- Assuma apenas que ele não sabe o que você não lhe diz.
- Diga-lhe claramente quando e como ele poderá ajudá-la.
- Peça ajuda em vez de exigir ou de se queixar.
- Agradeça-o quando ajudá-la, mesmo se você teve de lhe pedir.
- Aprimore sua capacidade de pedir ajuda educadamente.
- Pense em seu casamento como uma sociedade. Se puder fazer alguma coisa para melhorar a vida de seu marido, faça, e ele lhe retribuirá.

É perfeitamente aceitável pedir ou dizer ao marido o que desejamos. Se pudermos ser objetivas e diretas, ele saberá quando ajudar e quando recuar. Evitaremos nos ressentir de sua falta de interesse e, mesmo se ele não puder ou não fizer o que esperávamos, teremos esclarecido a situação. Contudo, falando, é mais provável que obtenhamos a ajuda necessária.

Embora seu marido a ame, ele não é capaz de adivinhar seus pensamentos. Se você deseja ou precisa que alguém faça alguma coisa, peça. Nem mesmo o marido ou o amigo mais carinhoso sabe do que precisamos ou como nos ajudar.

Na maioria das vezes, meu marido me pede para fazer alguma coisa, mas parece que não consigo. Ele fica irritado e eu me sinto culpada. Então, por que não faço o que ele quer?

Talvez suas prioridades e as de seu marido não sejam as mesmas. O fato de você nunca preencher as expectativas dele pode ser causado por um de vários possíveis problemas subjacentes. Descubra o que a impede de fazer o que ele lhe pede.

- Primeiro: talvez você esteja tão sobrecarregada com a maternidade que mal consegue enfrentar o cotidiano. Nesse caso, talvez fosse bom consultar seu médico para descartar a possibilidade de depressão pós-parto ou algum problema físico, como anemia, e obter a ajuda necessária para recobrar a energia e a eficiência. Se você tiver um problema físico ou emocional, é sua obrigação obter o tratamento apropriado, para seu próprio bem e o da sua família.
- Segundo: seu marido, tão privado do sono quanto você, talvez se sinta exausto demais para cuidar das obrigações corriqueiras e espera que você, que tem horários mais flexíveis, faça a parte dele. Se você pensa que ele está estressado em consequência das novas responsabilidades financeiras e familiares, pergunte-lhe como pode ajudá-lo; entenda que ele está lutando para se adaptar à condição de pai e faça o que ele lhe pede, em nome do amor e do companheirismo.

- Terceiro: talvez você sinta que ele não está em dia com as tarefas *dele* e, por isso, ressente-se de seus pedidos. Diga-lhe que ele ainda tem responsabilidades em casa. Deixe bem claro que você ainda precisa da sua ajuda e a aprecia.
- Quarto: talvez você sinta que, desde que se tornou mãe, ele começou a tratá-la como secretária ou mãe dele e você se ressen-te das novas exigências. Se acha que as tarefas que ele quer que você faça não são "adequadas", converse com ele.
- Quinto: como você passa mais horas em casa, ele pode pensar que você tem tempo de sobra para cuidar do que você considera tarefas *dele*. Ajude-o a entender que cuidar do bebê ocupa a maior parte do seu dia. Seja direta sobre quem deve fazer o que em casa.
- E, por fim, talvez você esteja tão cansada de preencher as necessidades do bebê o dia todo que cuidar de mais alguém ou de outra coisa parece uma carga enorme. Se estiver sobrecarregada, pode precisar de ajuda nas tarefas domésticas.

Assim que você entender melhor o que a impede de atender os desejos de seu marido, pode tentar solucionar o problema. Se você e ele consideram o casamento como uma parceria, na qual os dois trabalham para atingir metas definidas, então, quando ele lhe pedir que faça alguma coisa para ele, descubra o que a impede disso, converse sobre o problema e solucione-o.

Meu marido decidiu que ser bom pai significa ter bom salário e, por essa razão, trabalha constantemente. Como posso ajudá-lo a ver que o bebê e eu também precisamos passar momentos com ele?

Diga-lhe que, embora você aprecie o fato de ele trabalhar arduamente para você e para o bebê, vocês também querem passar momentos com ele. Muitos homens acham que sua contribuição mais importante para a família é financeira. Seu parceiro talvez não perceba que você valoriza sua companhia tanto quanto o salário que ele ganha.

Como em muitas situações dentro de um relacionamento, seja objetiva e direta com seu companheiro.

- ❧ Diga-lhe que sente sua falta. Faça-o saber que você o ama, qualquer que seja sua renda, e sugira que, se possível, ele relaxe um pouco o ritmo de trabalho para aproximar-se mais do bebê.
- ❧ Peça-lhe que faça uma avaliação real de quantas horas precisa trabalhar para manter o padrão normal de vida e se esforçar para manter esse limite.
- ❧ Se o trabalho dele exige muitas viagens, seja compreensiva e tolerante, lembrando-se de que viajar é difícil para ele também.
- ❧ Faça um pacto de conversarem diariamente por telefone quando ele estiver longe de casa. Coloque o bebê ao telefone!
- ❧ Se o horário dele for imprevisível, seja mais flexível e criativa. Por exemplo: prepare jantares que possam ser facilmente esquentados ou terminados à última hora, para que comam juntos com mais frequência. Ou vá encontrá-lo com o bebê para almoçarem juntos, de vez em quando.
- ❧ Não dependa de seu marido para ser seu único contato social. Saia de casa e encontre outros amigos ou vai se ressentir do trabalho dele ainda mais.
- ❧ Elabore um horário quando fará esforço especial para ficarem juntos. Diana e Ale combinaram de jantar juntos ao menos duas noites por semana. Às vezes isso significava comer às 9 da noite e ter que anotar bem antes na agenda de trabalho de Ale, mas Diana também se sentia tão importante quanto o trabalho dele.

Mantenha os canais de comunicação abertos entre vocês. Mostre ao seu marido que o ama, agradeça seus esforços e reconheça que a vida dele também mudou. Seja compreensiva, não se queixe e desfrute a companhia dele quando estiverem juntos.

Desde que nos tornamos pais, só conversamos sobre o bebê. Seremos sempre assim, desinteressantes?

Vocês não são desinteressantes; estão apenas embriagados de amor pelo bebê, talvez um pouco obcecados por ele, como a maioria dos pais de primeira viagem, e tão ocupados que pouquíssimas outras coisas acontecem em sua vida nesse momento. À medida que a novidade de ser pai diminui, o bebê se torna mais independente, vocês começam a dormir mais novamente, e acabaram por retomar alguns dos antigos interesses e passatempos e, talvez, desenvolvam novos. Mas nos estágios iniciais vocês falam ininterruptamente sobre o bebê porque ele é fascinante, e suas vidas estão mais estritamente focadas do que antes. É normal estarem tão envolvidos com o bebê, mas também é desgastante sentir que você e seu marido não têm mais nada em comum.

Se vocês não acham possível esperar que o tempo e a maturidade os ajudem a recobrar interesses mais amplos, fazer um esforço consciente para expandir sua percepção do mundo além do bebê pode ajudar. Façam algo não relacionado à paternidade ou a bebês no mínimo semanalmente ou de preferência todos os dias, como indivíduos *e* como casal. Essas ideias não exigem muito tempo longe do bebê, apenas sua atenção direcionada para algo mais adulto.

- Pergunte ao seu marido sobre o trabalho dele e preste atenção à resposta.
- Participem (ou organizem) de um grupo de estudo ou de leitura relacionado a um tópico que vocês sempre quiseram explorar.
- Façam caminhadas em diversas áreas do bairro com ou sem o bebê, e aproveitem para conversar.
- Visitem museus, zoológicos ou o jardim botânico juntos.
- Leia jornais, revistas e ouça programas de rádio ou assista ao noticiário na tevê, e depois, comente com seu marido os assuntos que mais se destacaram.
- Vá ao cinema, alugue vídeos ou DVDs para assistirem juntos e ter outro assunto a comentar além do bebê.

- Escolha um projeto agradável no qual você e seu marido possam trabalhar juntos, quando ele estiver em casa.

O mais importante é que vocês e o relacionamento não se percam porque se tornaram pais. Continuem fazendo atividades de "casais". Desfrutem mais a vida e apreciarão mais um ao outro também.

Não temos mais tempo juntos. Apenas cuidamos do bebê. Como poderemos voltar a ser um casal?

Por mais que amem o bebê, precisam de um tempo longe dele para que se lembrem de que ainda são um casal. Façam do relacionamento uma prioridade. Se puderem contratar uma babá, não hesitem. Se não podem e se não houver familiares ou amigos dispostos a cuidar do bebê por algumas horas, então terão de encontrar uma maneira de ter tempo para vocês dois, mesmo se o bebê estiver junto.

- Aluguem um filme e peçam uma pizza. Comentem sobre a história, o que foi mais interessante na trama. Analisem os personagens, opinem sobre a pizza e conversem sobre tudo que não for relacionado ao bebê.
- Planeje ao menos uma vez por semana para que você e seu marido passem algum tempo fazendo alguma atividade de que os dois gostem e que não se relacione ao bebê, mesmo se ele estiver junto com vocês. O bebê não se importará se conversarem sobre esportes ou notícias, enquanto ele brinca com os pezinhos.
- Usem o horário da soneca do bebê ao menos no final de semana para ficarem juntos, namorando, ouvindo música ou lendo algo um para o outro.

Todo relacionamento precisa ser alimentado. Passem tempo fazendo coisas das quais gostam, com ou sem o bebê. Ter um filho pode enriquecer o casamento, mas somente se vocês também mantiverem a vida de casal.

Se você ou seu relacionamento estiver em último lugar na lista de prioridades do casamento, você também será a última na lista dos outros.

Às vezes meu marido consegue acalmar o bebê e eu não. Por que me sinto fracassada quando isso acontece?

Você está se cobrando desnecessariamente para ser a mãe perfeita. É *ótimo* que seu marido consiga acalmar o bebê, e, certamente, esse fato não indica que você seja inferior como mãe! Nem compensa competir com seu marido sobre quem é o melhor. O bebê tem a sorte de ter pais amorosos e dedicados.

Carmem, mãe em tempo integral, queria ser a melhor mãe do mundo. Empenhava-se o dia todo para estimular o bebê adequadamente e prestava atenção a cada movimento e som que ele fizesse. Era excelente provedora de cuidados, amorosa, paciente e carinhosa. Mas, quando o marido chegava em casa do trabalho, ela às vezes se sentia decepcionada porque ele podia fazer o bebê rir e sabia trocar fraldas tão bem quanto ela, mesmo com apenas algumas horas por semana cuidando ativamente do filho. Para ela, o êxito do marido com o bebê significava que seu sucesso era menos significativo.

Não é bem assim. Muitas mães em período integral sentem que, porque escolheram cuidar do bebê o tempo todo, apenas elas podem fazer tudo "certo" ou "melhor". Pensam que cuidar de crianças é uma aptidão ou arte e querem ser reconhecidas como a melhor no gênero. Temem que, se o marido pode desempenhar a tarefa tão bem quanto elas, com apenas algumas horas de aprendizado, então ser mãe em tempo integral não é tão complexo ou importante quanto parece.

Claro que é. Você passa o dia todo com o bebê. Você *é* a especialista da família. Seu marido pode ser igualmente bom para cuidar de crianças, mas você é a provedora constante de cuidados, faça chuva ou faça sol. Às vezes ser a que está sempre por perto é exatamente o que permite ao marido obter êxito quando você não consegue o mesmo resultado. Ele é a novidade, enquanto você é a familiaridade. Isso pode ser extremamente útil, desde que não existam ressentimentos entre vocês.

Você tem a sorte de ter um marido que quer cuidar do bebê. Se ele consegue acalmá-lo quando você não consegue, ótimo. A aptidão dele não diminui a importância de seu relacionamento com o bebê, nem indica que não seja boa mãe. Os bebês às vezes querem você, e só você, e, às vezes, querem seu marido – até por ser alguém que brinque de um outro jeito que não o seu. Fique feliz com isso, e não triste. Podem ajudar-se mutuamente, permitindo que cada um descanse e encorajando o bebê a ser mais flexível e se adaptar mais facilmente, o que é bom para todos.

Lembre-se de que o objetivo é ter uma família feliz. Você não quer competir com seu marido sobre quem é o melhor, não é? Se ele cuida bem do bebê, aproveite. O êxito dele não prejudica a sua atuação como mãe.

Ter alguém que possa acalmar e acalentar o bebê com a mesma facilidade que você não a torna menos bem-sucedida como mãe, apenas significa que você poderá descansar mais vezes, e com tranquilidade.

Desde a chegada do bebê, meu marido e eu brigamos e discutimos pelos motivos mais tolos. Como podemos nos relacionar melhor, se estamos tão cansados e irritados?

Muitos pais de primeira viagem ficam chocados ao constatarem que estão brigando em vez de desfrutarem a companhia um do outro. Privação do sono, preocupações financeiras e a confusão geral na vida facilitam descontar tudo em quem amamos. Quando estamos exaustos e a vida parece caótica, não temos a percepção normal de nós mesmos nem a capacidade de auto-edição. Dizemos coisas e usamos um tom de voz que nunca nos permitimos antes. É compreensível por que pais de primeira viagem brigam tanto.

- Não se deixe cair no hábito de guardar seu pior comportamento para o cônjuge. Embora muitos casais esqueçam de ser tão atenciosos e agradáveis com os entes queridos quanto o são com estranhos e conhecidos, você e seu marido se beneficiarão ao compartilharem cortesia, compreensão e paciência. Vocês juraram se amar e honrar um ao outro até que a morte os separe, e honrar significa tratar um ao outro com respeito. Apenas porque confiam no amor que compartilham não significa que possam ser grosseiros ou impacientes. Quando as brigas são o modo básico de comunicação, é difícil se lembrar de sentimentos amorosos.

- Quando você ou seu marido estiverem de mau humor, tente esperar alguns segundos antes de retrucar. Respire fundo, beba um copo d'água, saia, se necessário, mas analise as palavras antes de pronunciá-las e fale com amor. Incentive seu marido a fazer o mesmo.

- Durma o suficiente, ao menos dia sim, dia não, mesmo que vocês se revezem. Se perceber que está cansada demais, então, para não brigar, descanse e fique calada ou sozinha para evitar mais uma discussão.

- Conversem, pergunte sobre o dia dele e ouça-o.

- Embora o nascimento do filho possa aproximar o casal, na maioria das vezes tem o efeito contrário, sobretudo nos primeiros meses. Os dois precisam se adaptar às crescentes exigências em termos de tempo e à diminuição do tempo para curtirem algo juntos. O peso das responsabilidades de ter um bebê sob seus cuidados pode ser alarmante. Os problemas entre vocês parecem exacerbados quando os dois estão estressados. Quando as coisas entre vocês ficarem ruins, lembrem-se de que esse bebê é a prova do amor que os une; não deixem que a transição para a paternidade os separe.

A adaptação mais difícil que vocês terão de fazer como casal é a de se tornarem pais pela primeira vez. Em nenhum outro momento do casamento a vida a dois muda tão total e bruscamente, e talvez os dois não reajam da mesma maneira à situação. Conversem, sejam atenciosos e gentis, e atentem, sem pré-julgamento, aos altos e baixos que estão vivenciando. Se realmente prestarem atenção um ao outro, a probabilidade de brigas diminui, e vocês poderão vir a se tornar mais capazes de se apoiarem e desfrutarem a companhia um do outro por meio dessa transformação de casal para família. Tentem ter paciência, mantenham o senso de humor e colaborem um com o outro. O esforço extra compensará.

Capítulo Seis

Família Ampliada

Ter o primeiro filho é como atirar uma pedra no lago. O efeito das ondas é maior do que imaginávamos. O bebê transforma você e seu marido em pais; seus pais e sogros em avós; e seus irmãos e irmãs em tios e tias. Ele cria uma conexão mais profunda com todos os familiares, e o processo de cuidar dele dá origem a todo tipo de sentimentos sobre a sua infância, seus relacionamentos e suas esperanças para as relações com o restante da família. Às vezes ele tem o poder de aproximar todos ainda mais, o que é maravilhoso; porém, essa intimidade também pode parecer um pouco estranha, pois há expectativas individuais e conflito de estilos de vida e de educação entre as famílias.

Quando nos casamos, não casamos apenas com nosso companheiro, mas também com os seus parentes. Tornamo-nos parte de ambas as famílias, e normalmente cada família tem um estilo próprio de comunicação ou de lidar com conflitos. A cultura de cada clã – o que significa ter palavras enfurecidas e sentimentos feridos, como criar e manter limites viáveis e como comemorar as datas festivas – precisa ser renegociada quando um novo membro é agregado ao clã. Entretanto, as famílias raramente fazem algum esforço consciente para abrir espaço ao cônjuge ou ao bebê. Você pode ter ideias preconcebidas sobre o que significa ser uma família, agora que tem um bebê, assim como seus familiares também podem, e suas ideias e expectativas talvez não combinem com as deles nem lhes sejam adequadas.

Quando somos mãe pela primeira vez, quase sempre dormimos pouco e nos sentimos emocionalmente sobrecarregadas como nunca experimentamos antes. Quando o bebê nasce, algumas famílias ficam mais íntimas, pois a mãe de primeira viagem é calorosamente auxiliada em seu novo papel. Mas muitas mulheres que se tornam mães pela primeira vez ficam emocionalmente vulneráveis e, com frequência, em vez de se sentirem apoiadas, consideram o comportamento dos familiares invasivo, desinteressado ou extremamente crítico. Ficamos furiosas e discordamos de entes queridos em uma ocasião na qual mais precisamos de seu apoio.

Relacionamentos com amigos podem acabar ou ficarem limitados por opção e necessidades imediatas, mas os familiares têm, ou ao menos acreditam ter, responsabilidade e vínculos que os mantêm em contato mais constante e permanente, mesmo se as partes envolvidas não se dão muito bem. Na verdade, se você, seu marido e o bebê não tiverem familiares amorosos, autoconfiantes e que respeitem vocês e uns aos outros, sendo carinhosos e gentis, generosos e condescendentes, e tudo na quantidade e estilo dos quais vocês gostam, sua tarefa é conseguir se relacionar razoavelmente bem com a nova família para que o bebê cresça amado por todos e amando todos.

Enquanto os capítulos anteriores focaram você e sua família recém-criada, as questões deste capítulo refletem os altos e baixos de como os relacionamentos nas famílias dos cônjuges mudam com o nascimento do bebê. Algumas famílias abrem facilmente o espaço para o recém-chegado, e os relacionamentos entre gerações florescem; já outras se esforçam para recobrar um novo equilíbrio viável. As perguntas e respostas refletem a variedade de comportamento entre familiares quando há um recém-nascido, da alegria à indiferença, da generosidade ao ódio.

Este capítulo a ajudará a saber que sua situação não é singular, e oferecerá algumas sugestões para aumentar as conexões positivas entre as gerações.

Respeito minha mãe muito mais agora, que tenho o bebê. Como ela conseguiu isso com tanto êxito?

Ela agiu exatamente como você, um dia de cada vez. Talvez sua mãe tivesse mais ajuda da família e dos amigos, talvez não. Talvez tivesse outras expectativas de si mesma que você não tem, talvez não. Pode ter sido mais fácil para ela, mas, provavelmente, não. A maioria das mulheres que *não* são mães pensa que quem dá à luz simplesmente sabe como cuidar dos filhos, e pouquíssimas entendem que, na maioria das vezes, muitas se sentem sobrecarregadas, choram muito e não têm autoconfiança.

Mas, calma, toda a mãe de primeira viagem aprende, no decorrer do processo, a lidar, e bem, com a maternidade – como foi com sua mãe. As coisas só parecem simples para aquelas mulheres que nunca vivenciaram a experiência de ter um filho.

Como mãe pela primeira vez você passa a entender, de maneira mais profunda e pessoal, a magnitude do esforço requerido para cuidar de um bebê. Você tem percepção maior do estresse e do desconforto físico, assim como do profundo amor e prazer que sua mãe certamente sentiu quando você estava em seus braços. Pode ser uma bela e humilde realização.

Lembro-me de quando minha primeira filha nasceu e minha mãe veio me ajudar. Eu nunca percebi quanto tempo, disposição e amor ela me dedicara e aos meus irmãos e irmã, quando éramos crianças. Sei que, antes de me tornar mãe, fui incapaz de agradecer completamente por tudo que ela me deu, e por todo o trabalho árduo, amor e sacrifícios feitos. Enquanto eu era desajeitada e chorona, seus conhecimentos e tranquilidade me surpreenderam, ensinando-me e apoiando-me. Foi maravilhoso. E só fui perceber isso depois de me tornar mãe também.

Sempre que possível, diga a sua mãe que a admira. Você poderá se aproximar mais dela agora do que em qualquer outra ocasião em seu relacionamento adulto, e esses sentimentos são excelentes de se compartilhar. Muitas mulheres dizem que desenvolvem outro nível de amor, admiração e respeito pela mãe quando reconhecem o trabalho árduo envolvido no que elas, antes de se tornarem mães, consideravam atividades simples, até mesmo automáticas, relacionadas aos cuidados infantis. Se você é uma dessas felizardas, desfrute o momento. Aproveite e compartilhe esses sentimentos positivos com sua mãe. Aproximar-se dela pode ser uma das inúmeras bênçãos da maternidade.

Aprender a admirar sua mãe pode ser um dos inúmeros benefícios da maternidade.

Quando minha mãe me critica ou questiona minhas decisões maternas, fico arrasada. Como posso superar esse sentimento?

O reconhecimento de sua sensibilidade é o primeiro passo. Poderá se sentir irritada quando sua mãe a criticar porque você dá muita importância ao que ela pensa a seu respeito; talvez você esteja excessivamente sensível em consequência de sua inexperiência e insegurança como mãe ou talvez as críticas dela a deixem arrasada por sentir que ela *sempre* a criticou muito. Quando as observações de alguém causam um impacto altíssimo, é provável que sua reação não esteja exclusivamente ligada ao comentário do momento. Mesmo como adultos, ainda queremos que nossa mãe se orgulhe de nós e, como mãe de primeira viagem, ficamos bastante indefesas.

Mães novatas raramente são autoconfiantes. É muito comum nos sentirmos arrasadas quando criticadas ou atacadas, e nossa autoconfiança abalada pode nos levar a interpretar comentários como repreensões, mesmo que não tenha sido essa a intenção. Quando acreditarmos em nós mesmas como mães com mais firmeza, conseguiremos trocar ideias e ouvir críticas, inclusive de nossas mães, com mais objetividade.

Se você é *particularmente* sensível aos comentários de sua mãe (ou sogra, irmã, vizinhos), precisa se conscientizar dessa sensibilidade. Sabendo que qualquer coisa que ela disser tomará proporções gigantescas na sua cabeça pode ajudar as duas a interagirem mais adequadamente e sem desconforto. Se possível, diga a sua mãe como as palavras dela podem feri-la.

Rita também considerava os comentários da mãe dolorosos. Sentia-se bastante à vontade para lhe dizer diretamente: "Mamãe, eu a amo, mas afaste-se! Quando precisar de sua opinião, prometo que lhe peço." E funcionou. Muitas outras mães de primeira viagem disseram ao parente crítico: "É minha vez de criar o bebê e, embora suas sugestões sejam bem-intencionadas, preciso agir à minha maneira". Com tato, deixe que sua mãe saiba que sua "ajuda" a magoa e que, embora você goste que ela participe e se envolva, espera que ela entenda seu ponto de vista. Faça o melhor possível para desfrutar a intimidade e evitar as críticas. Abrace-a quando ela a elogiar e afaste-se ou converse com ela quando começarem as críticas.

Mesmo que sua mãe seja excessivamente crítica ou você seja hipersensível a ela, diga-lhe que a menor reprovação por parte dela abala sua confiança, e, assim, peça-lhe que evite oferecer sugestões, a menos que você lhe peça orientação. Além disso, visto que você sabe que os comentários dela provocam-lhe forte reação, aprenda a filtrar o que ela diz. Não se coloque na defensiva; apenas deixe que ela saiba que você está muito sensível no momento e, educadamente, diga que, quando precisar dela, com certeza pedirá ajuda.

Minha mãe é idosa e não goza de boa saúde. Como posso ajudá-la a se envolver mais com o bebê e comigo?

Converse com ela. Muitas mães de primeira viagem esperam que sua experiência com a maternidade as aproximará mais da mãe do que antes. Mas, por inúmeras razões, nem sempre é assim. Se a avó de primeira viagem não é fisicamente capaz de cuidar de você e do bebê, será uma decepção para ambas. Talvez ela deseje participar de sua vida tanto quanto você.

- Enfrentem juntas a decepção e poderão vivenciar outro tipo de intimidade. Serem honestas sobre o que podem fazer uma para a outra ajuda você a estabelecer um envolvimento emocional satisfatório, mesmo que sua mãe não possa ajudá-la tanto quanto você gostaria. Talvez ela não possa ajudá-la a dar banho no bebê, mas quem sabe ainda possa ouvir o que você tem a dizer, apoiá-la ou lhe contar histórias de quando se tornou mãe pela primeira vez.

- Discuta abertamente as limitações dela, mas com delicadeza, e verifique o que ela pode ou não fazer. Ela pode estar afastada por não querer sobrecarregá-la com mais problemas, por temer que esteja fraca demais ou mentalmente confusa para ajudá-la. A menos que você seja aberta em relação às suas aptidões, não saberá o que esperar dela.

- Tente não se ressentir da saúde precária de sua mãe. Pergunte-lhe como ela está, entenda suas condições e aceite-as com amor. É bem provável que, tanto quanto você, ela também gostaria de ser ativa e saudável, brincar com o bebê, preparar refeições para você e relembrar sua infância.

- Se sua mãe não a visita com a frequência que você gostaria, leve o bebê para visitá-la. Envie fotos ou vídeos e converse ao telefone entre uma visita e outra para que ela fique a par do desenvolvimento do bebê.

- Se sua mãe tem deficiência auditiva, o contato telefônico será frustrante para ambas. Procure aparelhos para surdez ou telefones especiais projetados para pessoas com problemas auditivos. Use mensagens de correio eletrônico ou cartas para manter-se em contato. Não fique esperando respostas; escreva a ela ou lhe telefone sempre. Provavelmente você tenha muito mais para contar do que ela.

- Aceite sua mãe como ela é agora e lembre-se dos bons tempos. Enfatize as qualidades que você mais admira. Seja grata pelo que tem e, se suas condições de saúde deteriorarem ainda mais, incapacitando-a totalmente, seja grata por tudo que teve.

Ninguém deseja ver a mãe envelhecer e se tornar incapacitada, sobretudo quando acabamos de dar à luz e estamos desfrutando a condição de mãe pela primeira vez. Mas, se ela não pode ter um papel tão ativo quanto você gostaria em consequência de problemas físicos, você precisa aceitar a realidade. Ter um bebê significa que agora você é adulta e, embora todos os adultos ainda precisem da mãe às vezes, você terá de adaptar suas expectativas para aproveitar ao máximo o tempo que ainda lhe resta ao lado dela.

Como faço para que meus pais compartilhem seus sentimentos sobre ter filhos e mostrar-lhes quanto os admiro agora?

Isso é fácil. Seja honesta, amorosa e direta; conte-lhes sobre seu recém-descoberto respeito por eles, e pergunte-lhes sobre as primeiras experiências que tiveram como pais. A maioria fica emocionada ao ver alguém demonstrar interesse por eles; provavelmente seus pais ficarão felicíssimos em relembrar sua infância e as primeiras experiências como pais.

Dividir seus sentimentos e entender (ou precisar fazê-lo) sobre cuidar do recém-nascido pode abrir novos canais de conversa entre você e seus pais. Se você está mais carente agora, talvez esteja mais disposta a aceitar conselhos e sugestões. Se deseja maior aproximação agora do que antes de o bebê nascer, seus pais podem se tornar mais carinhosos do que têm sido ultimamente.

Ao nos tornarmos pais e mães, entramos mais explicitamente do que nunca na vida adulta. Talvez seus pais a vejam como "gente grande" pela primeira vez e contem histórias que não lhe teriam contado antes. Prepare-se para ouvir acontecimentos e emoções que seus pais nunca lhe contaram. Em consequência, você e eles podem se ver como pessoas mais completas e genuínas, aprofundando o relacionamento e tornando-o mais satisfatório.

Na maioria das vezes, tornar-se mãe ajuda a mulher a se conscientizar do tremendo investimento financeiro e emocional que seus pais fizeram por ela, o que, junto com a experiência direta de cuidar do recém-nascido, pode trazer um entendimento claro e mais amor para seu relacionamento com seus pais. Conte-lhes a respeito de seus sentimentos, pergunte-lhes sobre os deles e todos vão se beneficiar.

Sinto que a avó do meu bebê compete comigo em relação à maternidade. O que posso fazer?

Infelizmente, ouço isso o tempo todo, e é horrível quando temos a impressão de que nossa mãe ou sogra estão tentando apontar nossos erros. Muitas avós de primeira viagem, embora ofereçam ostensivamente conselhos ou aptidões baseados em anos de maternidade bem-sucedida, estão, de certa forma, se apresentando como peritas, e você, como novata. Trata-se de uma situação da qual ninguém sai ganhando. Se você deixar que ela controle tudo, vai se sentir impotente, ressentida, infantil ou incompetente. Mas, se tentar se impor, acabará se sentindo tola, competitiva e com medo de magoá-*la*.

É como se você e a vovó estivessem disputando uma posição na família. Há inúmeras razões para a existência de tensão entre gerações. Patrícia, avó pela primeira vez, sentiu-se velha e pouco à vontade ao ser relegada a uma função que considerava menos vital do que a da nora e, assim, tentou lhe mostrar como ainda era habilidosa. A mãe de Ruth, que passou a vida toda cuidando dos filhos, inconscientemente, tenho certeza, competia por quem seria a melhor mãe, tomando o bebê dos braços da filha, refazendo tarefas pela casa, dando-lhe constantes instruções. Quando somos mães pela primeira vez, precisamos receber ensinamentos e apoio, mas não precisamos ser criticadas e postas de lado.

Sempre que você lidar com entes queridos, procure o equilíbrio; você não quer se sentir inferior como mãe, mas também não deseja criar rixas familiares desnecessárias. Desenvolva certa diplomacia e aprenda a saber quando se impor e quando não dar ouvidos. Esses relacionamentos duram a vida toda; é preciso encontrar uma maneira de coexistir pacificamente.

- Minimize a oportunidade de interações competitivas. Se a competição esquenta mais quando vocês duas estão sozinhas, evite a situação.

- Quando a avó competitiva oferecer ajuda, dê-lhe tarefas específicas com as quais você acha que ela pode ser útil (organizar o armário do bebê, cozinhar, cuidar das compras ou tarefas semelhantes) e com as quais você não se importa que faça do jeito dela.

- Peça a sua mãe que atue como babá enquanto você sai ou tira uma soneca. Ela mostrará sua capacidade superior e você descansará.

- Ignore as observações menos irritantes (veja pergunta e resposta sobre conselhos indesejados no Capítulo 3).

- Se você se magoar, fale. Se explicar calmamente o que a incomoda sobre determinada interação ou comentário, vai se sentir menos pressionada e perceberá que sua mãe talvez não tivesse a menor ideia de como os comentários dela eram recebidos. Ela provavelmente sequer suspeitava que você interpretava o fato de ela reorganizar a lavanderia como um ato competitivo.

- Lembre-se de como é difícil um ente querido querer apontar seus erros o tempo todo e provar sua superioridade, e prometa a si mesma que não se comportará assim quando chegar a sua vez.

Quando você, sua mãe ou sogra estiverem mais à vontade nos novos papéis, a competitividade deve diminuir. Procure permanecer calma, protestar quando se sentir realmente insultada e tente ser grata por qualquer ajuda recebida.

Quando lidar com entes queridos, seja diplomática.

Não gosto muito dos meus sogros. Como posso limitar seu envolvimento na nossa vida?

Ocasionalmente, embora nem sempre, pais de primeira viagem acham que seus pais ou sogros têm comportamentos e atitudes drasticamente diferentes das que desejariam expor aos filhos, e pensam que o contato excessivo seria prejudicial. Em casos nos quais há violência, abuso sexual, abuso crônico de substâncias químicas ou atividades ilegais, faz-se claro e objetivo limitar o contato com o seu bebê. Porém, na maioria das vezes, adultos simplesmente não gostam muito dos sogros (às vezes nem da própria família). De onde você pensa que surgiram todas as piadas sobre sogras?

Quando o problema é questão de personalidade, estilo ou política, lembre-se de que seus sogros educaram seu marido e seus pais, você. Embora ninguém seja perfeito e, apesar do fato de que eles a enlouquecem, seus sogros (e seus pais!) fizeram um trabalho razoavelmente decente, portanto, é provável que tenham algumas qualidades positivas. Procure ver essas qualidades, os valores positivos que instilaram em seu marido ou em você e tente manter mínimos os assuntos e comportamentos polêmicos.

À medida que o bebê cresce, você pode usar visitas aos familiares como exemplo para seu filho de como as pessoas vivem de forma diferente da sua e das inúmeras opções e atitudes existentes no mundo. Demonstre respeito por seus sogros enquanto explica ao seu filho como você opta por agir ou encarar o mundo de outra maneira. Use as coisas que eles fazem e que você reprova como uma forma de expandir a percepção e a experiência de seu filho.

Seus sogros e pais têm vínculos sanguíneos com o bebê. A menos que haja perigo real envolvido, limite *o seu* envolvimento com eles, não o de seu filho. O bebê precisa ter contato com a família do pai, suas qualidades e defeitos. O que pode parecer desagradável para você talvez seja divertido para o bebê. Aprenda a ser mais tolerante, condescendente e carinhosa com seus sogros e, se eles realmente a irritam, faça uma pausa, deixe o bebê com eles e saia para caminhar, ou espere um pouco antes de visitá-los novamente. Mas não os critique na frente do bebê, pois a crítica de familiares poderá, por fim, lhe parecer uma crítica contra ele.

Meus sogros são tão irritantes! Como posso lidar com isso quando *tenho de* conviver com eles, se os considero tão chatos?

Seja educada e *não* se queixe ao seu marido. No início do casamento, Vítor e Juliana perceberam que, por mais encantadora e charmosa (ou irritante) que fosse sua família, nem sempre os dois tinham pontos de vista semelhantes. E, embora parecesse certo para um deles expressar os desentendimentos com seus parentes biológicos, mesmo a crítica mais leve de uma mãe ou irmão fazia seu sangue ferver. Logo concordaram que criticar a família um do outro estava fora de cogitação. Recomendo evitar esse conflito, pois é inevitável a ocorrência de desentendimentos, e ninguém precisa de estresse conjugal além dos problemas com os sogros.

Faça o melhor possível para manter sua irritação sob controle. Geralmente falando, não temos nada a ganhar e muito a perder nessas brigas com familiares. Porém, não estou dizendo que você deva sorrir timidamente enquanto sua cunhada atira insultos ou pratos em você, mas estou dizendo que, dentro do possível, tente controlar sua irritação com dignidade e graça. Entenda que seus sogros amam seu marido e vice-versa, e que, provavelmente, tenham boas intenções. Lembre-se de que eles geraram seu marido. Portanto, devem ter feito algo correto. Seus sogros fazem parte de sua vida enquanto durar seu casamento, e são tão avós, tios, tias e primos do bebê quanto a sua família. Tente tolerar as distorções de personalidade que a incomodam.

Reconheça que, com o passar do tempo, a maioria das pessoas pode ser irritante, inclusive você. A menos que o estilo familiar envolva disputas verbais, se sua irritação se tornar incontrolável e uma briga acontecer, todos se magoam. Seu marido poderá se sentir levado a tomar partido, o que seria doloroso para ele e não traria vantagens a ninguém. Pratique a tolerância, que é uma grande virtude e, além de sua família se beneficiar da redução na tensão, seus filhos aprenderão sobre aceitação e amor incondicional com seu exemplo.

Parentes são diferentes de amigos, e a família do cônjuge é diferente dos parentes consanguíneos. Você e seu marido escolheram um ao outro; seus parentes consanguíneos a amam porque precisam e porque compartilham uma história de vida. Mas você e seus sogros foram inicialmente ligados por meio do amor mútuo de seu marido e, agora, por meio do bebê. Se você tiver sorte, poderá aprender a gostar e a amar os dois lados da família; se não, ainda é mais vantajoso para todos manter boas relações.

Sempre que seus sogros a enfurecerem, lembre-se de que educaram seu marido, o homem que você ama, o pai de seu filho. Eles devem ter feito alguma coisa certa.

Minha sogra insiste em dominar minha casa e o bebê. Como posso fazer com que ela permita que eu ocupe o meu lugar sem magoá-la?

Brenda tinha um problema semelhante: "Minha sogra veio ajudar quando o bebê nasceu. Reorganizou todos os armários da cozinha (sem a minha autorização) e me fez sentir como se eu não fosse mais dona da minha casa. Meu marido não quer magoá-la, mas estou fervendo. Como posso lhe pedir que não se intrometa na minha vida?"

Seja educada, mas direta. Muitas sogras inadvertidamente (e às vezes intencionalmente) ofendem as noras com sua presença forte, ou ao "ajudar" de uma maneira que abala a confiança da mãe de primeira viagem. Acredite ou não, já ouvi casos em que a sogra mudou a mobília da sala de estar e pequenos aparelhos eletrodomésticos de lugar, limpou os armários e até substituiu as cuecas do filho. Se sua sogra tinha a intenção de ocupar seu lugar ou não, você acha que ela ultrapassou os limites e precisa encontrar uma maneira educada, mas objetiva, de reconquistar a sua posição.

- Assim que você se acalmar e estiver bem descansada e preparada, diga-lhe calmamente que agradece sua disposição em ajudá-la, mas quer cuidar da casa a sua maneira. Garanta-lhe que pedirá orientações quando precisar e cumpra o prometido, mesmo que seja apenas para lhe pedir a receita de bolo de carne que jamais fará.
- Quando ela lhe oferecer ajuda, seja objetiva sobre de que tipo de ajuda precisa e qual deseja. Dê-lhe tarefas muito específicas nas quais a maneira como serão feitas não a incomode.
- Se ela mudar alguma coisa novamente, seja mais direta. Agradeça-lhe o empenho, mas diga-lhe que possui seus métodos de organização e que, quando ela muda coisas de lugar, você tem dificuldade para encontrá-las.
- Se você não quer que ela faça ou toque em nada, sorria educadamente, dizendo com doçura: "Oh, Clara, obrigada, odeio vê-la trabalhando tanto, portanto, sente-se e descanse".
- Embora possa parecer covardia, em algumas situações é melhor aceitar ajuda do seu marido (ou cunhada). Peça a um familiar em quem confia para interferir em seu nome, sugerindo à pessoa em questão que seus esforços são valorizados, mas sufocantes.
- Se ela continuar ignorando as solicitações para deixar sua casa intacta, você terá de aprender a ser ainda mais direta. Tente: "Clara, sei que você quer me ajudar e participar da vida do bebê, mas gostaria que se afastasse um pouco. Quando você coloca rótulos nos meus potes de condimento, é como se me dissesse que sou péssima dona de casa; quando passa nossas roupas íntimas, considero invasão de privacidade." Ou: "Ainda sou inexperiente como mãe e preciso agir do meu jeito e adquirir confiança sozinha. Seu controle me faz sentir como se a casa não fosse mais minha." Ou: "Sei que deveria ser grata por todo o trabalho que você fez na minha cozinha e sou, de certa forma, mas, quando reorganizou tudo sem nem mesmo me perguntar, foi como se

eu não tivesse nenhuma importância. Da próxima vez, por favor, pergunte-me primeiro. Tenho certeza de que existem inúmeras maneiras de você poder me ajudar, o que seria ótimo."

A ideia é ser sucinta, educada e grata pelas intenções dela (das quais você duvida), mas também clara e objetiva. Algumas mulheres adorariam que a sogra viesse e tomasse conta de tudo, e você pode até mesmo lhe contar isso, mas diga-lhe que não faz parte desse grupo. Seja educada, mas estabeleça limites agora, ou estará sempre lidando com o mesmo problema.

Minha mãe fica arrasada sempre que insinuo ter minhas próprias ideias. Como posso agir à *minha* maneira sem que ela se sinta insultada?

Muitas mulheres adoram compartilhar a maternidade com as filhas, mas pode surgir tensão quando existem discordâncias. Você e sua mãe provavelmente precisarão se adaptar às novas funções. Ela ainda é sua mãe e, portanto, mais experiente do que você, mas agora é a sua vez de optar e decidir sozinha.

Converse com ela sobre suas atitudes em relação à maternidade. Explique-lhe por que coloca o bebê no berço daquela maneira. Dê-lhe artigos que apoiam sua escolha de brinquedos, amamentação, ou qualquer outra coisa que você planeja fazer diferente dela. Invoque, se necessário, o famoso método "o médico disse que devemos dar o banho assim". Fale sobre como as pesquisas, disponibilidade de informações e a variedade de produtos infantis mudaram, desde a época em que sua mãe teve filhos. Converse com ela sobre a atitude consciente que você e seu marido têm em relação à paternidade. Inclua-a na formação de algumas de suas ideias e poderá, assim, manter a intimidade sem comprometer suas ideias.

Seu relacionamento com sua mãe provavelmente vai mudar com o tempo, e ter o bebê é, quase sempre, um catalisador. Você é capaz de fazer as próprias escolhas, em parte porque sua mãe a educou para ser independente e criteriosa. Agradeça-lhe por encorajar sua curiosidade e por educá-la para se transformar em uma pessoa auto--suficiente, lembrando-a de que não é um insulto tomar decisões diferentes das que ela tomou.

> *Confie em seu instinto. Se alguém que você respeita lhe dá orientações que parecem absurdas, analise-as cuidadosamente e depois faça o que tiver mais sentido para você.*

Minha mãe e eu somos muito íntimas, mas ela age como se *ela fosse* a mãe do bebê. Como posso deixar claro que sou capaz de me estabelecer como adulta independente?

Com cuidado. Se você e sua mãe sempre foram íntimas, ela talvez tenha ansiado pelo momento em que você se tornaria mãe, para que se aproximassem ainda mais. Afinal, agora vocês duas são mães. Mas não é apenas você que deseja ser adulta independente; seu bebê e seu marido também precisam disso. Para o bem-estar do bebê e do seu casamento, é preciso esclarecer limites e papéis, e ser firme na função que cada uma desempenha na vida do bebê.

- Faça o melhor possível para analisar o que é necessário para que se sinta independente. Se você e sua mãe sempre foram muito ligadas, talvez seja difícil manter a independência que você deseja.
- Converse com ela sobre a importância de sua ligação e como o apoio dela lhe permitiu ser independente. Explique que deseja nutrir essa mesma independência no bebê.
- Dê a sua mãe maneiras "de avó" para permanecer ligada a você e ao bebê. Talvez ela possa fazer uma manta ou um casaquinho para ele (e cada neto subsequente), elaborar um caderno com as receitas prediletas ou uma colagem com fotos de família.

- Crie horários regulares para visitas, com você determinando quando e onde. Algumas mulheres acham mais fácil lidar com relações complicadas na própria casa, enquanto outras acham que estar na casa da avó esclarece os papéis (ela estaria obviamente encarregada da casa dela), o que reduz as tensões.
- Desenvolva novas tradições familiares que reconheçam a existência da nova geração.
- Ofereça-se (insista, se necessário) para organizar comemorações de festas familiares ou reuniões de família na sua casa, onde você planeja tudo sozinha. Com um recém-nascido em casa, talvez seja melhor manter tudo simples ou contratar serviços especializados, mas, à medida que você descansa e se torna mais prática, organizar um evento dá aos outros familiares um descanso, define-a como adulta e permite aos seus filhos desfrutarem as comemorações familiares.

Seja bondosa com sua mãe e negocie com amor a mudança em seu relacionamento. Deixe bem claro que você quer manter a intimidade, mas, ao mesmo tempo, desfrutar a oportunidade de ser mãe.

Minha mãe abandonou tudo pelos filhos e não tenho certeza se quero, ou posso, fazer o mesmo. Ainda assim serei uma boa mãe?

Claro que sim. Poderá ser uma mãe maravilhosa para seus filhos, sem desistir de tudo por eles. Ser uma mãe excelente não é uma questão de quanto você dá (ou não dá) ou se pode fazer grandes sacrifícios; a maternidade de alta qualidade não é quantificada. Boas mães se doam aos filhos segundo sua capacidade e as necessidades das crianças. Mas doar-se até secar o poço não garante o bem-estar futuro do bebê nem gratidão eterna.

Comparar-se a sua mãe não fará bem a você nem ao bebê. Não estou sugerindo que não tente ser a melhor mãe possível, apenas que ficará mais à vontade e provavelmente será mais bem-sucedida se cuidar de seu filho de acordo com suas habilidades pessoais, interesses e estilo, adaptando-se às necessidades dele. Se sua mãe foi maravilhosa para você, ótimo. Sinta-se à vontade para ser maravilhosa para seu bebê à sua maneira, e não se preocupe em se doar tanto (ou ser tão criativa ou tão boa cozinheira ou o que quer que seja).

Bebês precisam ser amados e cuidados e ter uma mãe atenta às suas necessidades, além de estar emocionalmente disponível. Não precisam ter mães que sentem como se necessitassem desistir de partes importantes de si mesmas (ou "de tudo"), pois esse tipo de sacrifício poderá deixá-las solitárias, vazias, entediadas, sobrecarregadas ou ressentidas. Você precisa se sentir satisfeita, completa e livre para curtir a vida e também poder doar-se livremente ao bebê. Se desistir da vida que tinha antes porque curte ser mãe e prefere se dedicar à criação dos filhos, ótimo. Se estiver desistindo de tudo porque sua mãe agiu assim ou porque acha que deveria, mesmo não se sentindo à vontade com esse tipo de devoção, então você certamente não obterá êxito.

Lembre-se de tudo isso ao considerar a maternidade, sacrifícios e sua personalidade. Seja amorosa e generosa com o bebê, dedique-lhe tempo, determine limites e objetivos adequados para vocês dois e curta-o. Seja o tipo de mãe que está à vontade, preenchendo as necessidades do bebê da melhor maneira que *você* puder, e ele crescerá se sentindo amado, sem se preocupar em cumprir os seus padrões em vez de determinar os dele. Dessa maneira, você terá uma vida mais satisfatória, e o bebê aprenderá que, apesar de ele ser importantíssimo, você também o é e, depois, é normal que as mulheres cresçam e tenham ideias e vida próprias.

Você pode ser mãe dedicada sem abrir mão de tudo por seus filhos.

Desde que o bebê nasceu, minha mãe e eu estamos mais ligadas do que nunca. Isso vai durar? Deve durar?

Se tanto você como sua mãe gostam dessa intimidade recobrada, ela certamente pode continuar. Muitas mães de primeira viagem vivenciam essa nova conexão com a mãe quando dão à luz pela primeira vez. Para inúmeras jovens, principalmente se vivem sozinhas há algum tempo, ter um filho pode ser o primeiro acontecimento, depois de muitos anos, que enfatize a conexão mãe–filha. É também uma área na qual sua mãe é obviamente mais experiente e sábia, portanto, agora parece mais natural para vocês duas que ela cuide mais de você no momento do que antes. Essa maior ligação pode ser adorável e dividida com o bebê. Enquanto você cuida do seu bebê, sua mãe cuida de você. É uma das alegrias da maternidade.

É difícil dizer quanto essa situação vai durar, mas pode continuar por anos, desde que você e sua mãe estejam curtindo essa maior intimidade, que certamente acrescentará nova dimensão ao seu relacionamento como mulheres adultas. Vocês agora têm uma experiência a ser compartilhada, e pouquíssimas pessoas no mundo (além de você, seu marido e talvez seus sogros) amarão tanto os sorrisos e arrotos do bebê quanto sua mãe. Curta esse vínculo mais forte pelo tempo que desejar. Você tem sorte de vivenciá-lo e de ter consciência dele.

Toda mãe novata é singular; cada mulher tem sua necessidade de intimidade e de independência. Quando Melissa teve o primeiro filho, quis que a mãe ficasse com ele o maior tempo possível. As duas adoraram as primeiras semanas juntas depois que o bebê nasceu. A avó de primeira viagem adorava cuidar dele, e Melissa, sem qualquer constrangimento, deliciou-se ao retornar àquelas funções muito claras entre mãe–filha, curtindo os cuidados da mãe e aprendendo a cuidar do bebê ao lado da sua.

Mas não se preocupe se desejar certa distância, apesar de amar o fato de ser cuidada por sua mãe. Após os primeiros dias em casa, Lúcia, outra mãe de primeira viagem, mal podia esperar que a mãe partisse. Estava ansiosa para ficar a sós com o marido e com o bebê, pois achava que, enquanto a mãe estivesse por perto, a vida real, com

Lúcia como mãe, não começaria. Ela precisava ficar sozinha, aprender na prática, sem uma mulher mais sábia ao seu lado cuidando do bebê.

Curta sua mãe enquanto ela estiver com você. Aproveite a melhora no relacionamento. Se ela precisar retomar sua vida antes que você esteja totalmente pronta para ficar sozinha, tenha coragem. Sua intimidade emocional pode continuar, apesar da maior distância, e você, seu marido e o bebê precisam confiar que você pode criar sua família sem a ajuda constante de sua mãe. Apenas curta a presença dela enquanto pode.

A relação mãe–filho é especial, essencial, maravilhosa e, nada, nem a presença de uma pessoa mais experiente cuidando do bebê, poderá abalar isso.

Embora tenhamos um recém-nascido, nossos pais ainda esperam que eu cuide deles. O que devo fazer para que colaborem?

Você e seu marido precisam elaborar um plano. Apesar de você provavelmente nunca poder contar com esses avós para ajudá-la, certamente deve ficar isenta de cuidar deles quando tem um recém-nascido em casa. Sei que você não quer que seus pais ou sogros achem que você é incompetente, mas, durante os primeiros meses após o nascimento do bebê, você não tem condições de administrar um "hotel". Você precisa encontrar uma maneira de ajudá-los a entender que suas limitações como anfitriã e nora (ou filha) amorosa são temporárias e que a ajuda deles é bem-vinda.

- Antes da próxima visita, estabeleça as regras básicas. Seja clara sobre quem cuida da cozinha e da limpeza.
- Limite o número de horas ou dias de cada visita.

- Se seus familiares vêm de outra cidade, e você tem quase certeza de que complicarão ainda mais a sua vida, tente fazer com que fiquem em um hotel próximo e não em sua casa, ao menos enquanto a sua condição de mãe ainda for recente.

- Diga-lhes que precisa de ajuda e dê-lhes tarefas específicas e plausíveis ("Por favor, vá ao supermercado; aqui está a lista de compras." ou "Você se importa de começar a lavar as roupas?").

- Use camisola e roupão de banho, se estiver cansada. Vá para a cama quando necessitar, dizendo educadamente que não dormiu ainda e que lhes fará companhia pela manhã (ou em uma hora).

- Tire proveito das aptidões de seus pais ou sogros; se sua mãe sabe preparar um bolo de chocolate como ninguém, peça-lhe que o faça.

- Se seus pais ou sogros ignorarem seus pedidos de ajuda ou não entenderem que as expectativas deles são pouco realistas, você terá de ser mais direta. Explique como está sobrecarregada e diga-lhes que os ama, mas que será uma anfitriã melhor quando tiver mais experiência e estiver mais descansada.

- Evite que venham visitá-la em casa antes de se sentir preparada para recebê-los melhor. Em vez disso, visite-os.

- Se ficarem ofendidos com sua incapacidade de servi-los, tente não ficar magoada. Embora você talvez nunca possa atender as suas expectativas, são as exigências deles, e não as suas falhas, que causam o problema. Ao aceitar isso, você talvez se sinta menos decepcionada por não contar com o apoio que esperava, mas também não sentirá que há algo errado com você. Porque não há.

Meu pai parece muito constrangido quando amamento o bebê na frente dele. O que posso fazer?

Pode falar com ele sobre esse constrangimento para descobrir exatamente o que o incomoda; pode também cobrir completamente o bebê e seus seios, quando na presença dele; ou, se necessário, amamente o bebê em outro cômodo, quando ele estiver por perto. Vê-la amamentar o bebê pode ser constrangedor para ele por diversos motivos. Converse com ele sobre o que o incomoda mais.

- ❧ Ele tem problema porque não quer aceitar que agora você, sua garotinha, é adulta?
- ❧ A ideia de amamentar lhe causa nervosismo? Talvez sua mãe nunca tenha amamentado os filhos na sua presença e ele pode achar tudo muito estranho.
- ❧ Obviamente, embora amamentar não tenha nenhuma conotação sexual para você, o parto e a amamentação tornam explícito o fato de você ter vida sexual. Será que é a conscientização de sua sexualidade que o deixa constrangido? Ou será que ele, como muitos outros avós de primeira viagem, simplesmente não se sente à vontade vendo (ou correndo o risco de ver) seus seios?

Se possível, converse com ele abertamente sobre o que o deixa tão pouco à vontade. Compartilhar as emoções dele sobre sua condição de mãe e a dele, de avô, pode aproximá-los ainda mais. Sua maternidade a coloca explicitamente no mundo adulto; conversar sobre o que isso significa para cada um de vocês pode proporcionar uma maravilhosa oportunidade de enriquecer o relacionamento pai–filha. Ao descobrir o que o incomoda tanto ao vê-la amamentando, você encontrará a solução.

Se não puder falar com ele em função de sua personalidade e história juntos, ou se o constrangimento dele é grande demais para ser superado com uma conversa, tente ser mais discreta ao amamentar na sua presença. Em meus grupos, vi muitas e muitas mulheres amamentarem, algumas com tudo de fora e outras que apenas davam a impressão de embalar o bebê nos braços. As com seios menores têm mais facilidade para escondê-los, mas também vi mulheres de seios grandes amamentarem discretamente.

- ❧ Muitas mulheres usam uma manta bem leve para cobrir os seios e o bebê, enquanto amamentam.

FAMÍLA AMPLIADA ❧ 211

- Outras mostram menos pele usando sempre roupas maiores e mais largas. O bebê suga o mamilo geralmente sob a blusa e a mãe deixa que o tecido extra caia ao redor do seio e da boca do bebê, minimizando as partes expostas.
- Evite usar camisetas, pois dificultam uma amamentação mais discreta.
- Se precisar usar uma camisa (por ser parte de algum uniforme ou um presente de seu pai), tente desabotoá-la de *baixo* para cima e não o contrário, usando o tecido extra para camuflar o ato de amamentar.
- Usar uma peça extra, como casaco ou colete, sempre ajuda a bloquear a visão.
- Se for amamentar, sempre use duas peças. Macacões funcionam bem com camisa adequada, mas vestidos não contribuem para manter a discrição.
- Se seu pai continuar constrangido por mais que você tente solucionar o problema, peça licença todas as vezes e vá amamentar em outro cômodo.

Assim como você precisa se adaptar à função de mãe, ele talvez esteja se empenhando para se adaptar à ideia de sua garotinha ser mãe. Conversar sobre os novos papéis e reduzir a visibilidade de seu corpo ajudarão a diminuir o constrangimento dele.

Meu bebê é o primeiro neto dos meus sogros e não creio que estejam preparados para serem avós. Como posso ajudá-los a se envolver mais com o bebê?

Terá de ajudá-los a encarar essa nova etapa. Talvez você esteja emocionada por se tornar mãe, mas eles podem ter outros sentimentos ao perceberem que o bebê os transforma em avós. É adorável que você queira que participem. Se estiverem retraídos por respeito à sua independência, mostre-lhes e diga-lhes que deseja que participem mais da vida do bebê. Talvez terá de ajudá-los a se aproximarem, se esse vínculo não aconteceu naturalmente para eles.

Reconheça que há avós de todo jeito e idade, com diversas atitudes, interesses, disposição e disponibilidade. Atualmente, mulheres se tornam mães pela primeira vez em qualquer idade, da adolescência aos 40 e poucos anos. Isso quer dizer que os avós de primeira viagem podem ser quarentões joviais, no auge da carreira profissional, octogenários aposentados, ou qualquer combinação intermediária. Se seus sogros ainda trabalham em período integral ou ainda são indivíduos bastante ativos em outras áreas, talvez não estejam emocionalmente disponíveis ou tão interessados em sua vida como você gostaria. Da mesma maneira, talvez se interessem menos por sua vida se forem idosos ou com saúde precária. E, considerando como jovens adultos são muito mais ativos, se você não mora nas proximidades da casa dos avós, talvez seja apenas a geografia a limitar sua intimidade com os sogros. Há algumas coisas que você deve tentar para mantê-los conectados:

- ❧ Diga-lhes, carinhosamente, que gostaria que se envolvessem mais.
- ❧ Convide-os para visitá-la, sugerindo horários específicos para a visita em sua casa.
- ❧ Pergunte-lhes se pode visitá-los na casa deles. Frequentemente, receber visitas em casa aumenta a autoconfiança. Seus sogros talvez possam ser os avós mais participativos que você gostaria que fossem se estiverem em terreno familiar, onde eles é que definem as regras.
- ❧ Telefone frequentemente, contando-lhes as últimas novidades encantadoras do bebê.
- ❧ Envie fotos sempre, por correio eletrônico ou correio tradicional.
- ❧ Planeje reuniões familiares regulares e durante ocasiões festivas.
- ❧ Engaje seu marido na campanha para incluir os avós na família; embora seja ótimo que você esteja tentando aproximá-los do bebê, se você e seu marido agirem juntos, poderão lhes dar maior certeza de que são desejados.

Visto que nunca foram avós, não sabem automaticamente que tipo de direitos e responsabilidades você espera deles. E serem avós não era necessariamente o que mais desejavam nesse ponto das suas vidas. Demonstre respeito pela posição deles; faça convites para incluí-los o máximo possível e seja paciente para negociar essa transição familiar. E saiba que o nível de envolvimento deles provavelmente reflita mais seu interesse e capacidade do que o amor que sentem por você ou pelo bebê.

Assim como você é mãe há pouco tempo, os avós do bebê também são novatos na função.

Tenho dificuldade de me adaptar às diferenças entre minha família e a do meu marido em resolver discordâncias. Como cobrir essa lacuna para que ninguém se magoe?

Famílias sem dúvida têm diversas maneiras de lidar com conflitos, emoções difíceis e relacionamentos, e, às vezes, é complicado mesclar, com êxito, todos esses padrões familiares. Uma explosão ocasional, talvez comum na sua família, pode ser considerada grave insulto para alguém educado em um lar onde ninguém expressava raiva tão abertamente. Será preciso estar ciente de como cada família aborda os conflitos e aprender a se adaptar um pouco. Queremos manter a paz entre todos pelo bem do bebê e pelo seu, e mostrar a ele que existem inúmeras maneiras de expressar sentimentos e manter boas relações serão pontos valiosos para todos. Se você está certa ou errada é, quase sempre, irrelevante; contudo o que você faz, se não tomar cuidado, talvez seja equivalente à quebra de alguma regra grave de etiqueta em uma cultura estrangeira. Para que seu relacionamento com a família do marido sobreviva e para evitar que ele se sinta como se tivesse de tomar partido, você precisa manter abertos os canais de comunicação com seus sogros. Algumas pessoas se magoam com comportamentos que parecem insignificantes para outras e, por essa razão, é importante fazer o possível para esclarecer suas diferenças e fazer os relacionamentos funcionarem.

Onde existe conflito ou o potencial de sentimentos feridos:

- Converse com a pessoa envolvida. Se você, inadvertidamente, magoou seus sogros, por exemplo, peça desculpas. Na verdade, você não precisa se desculpar pelo motivo que causou o problema e não deve solicitar um pedido de desculpas deles. Não reavive o problema original aqui; apenas mostre que está triste porque eles ficaram magoados e vá adiante.

- Se sua família estava acostumada a disputas verbais em voz alta e seus sogros não, diga ao familiar ofendido que discutir ou gritar é normal para você. Peça desculpas se sua explosão foi interpretada como ataque pessoal, explique que você simplesmente os tratou como faria com sua irmã.

- Deixe seus sogros saberem que sua capacidade de se expressar de maneira livre, embora inconscientemente os tenha magoado, foi na verdade um sinal de que você se sente bastante à vontade com eles para ser a "edição sem cortes" de si mesma.

- Diga aos ofendidos que você não está mais com raiva e que ainda preza a amizade deles. Diga-lhes que não guarda mágoas e que espera que ajam da mesma maneira. Faça-os saber que, no futuro, você tentará ser mais sensível à maneira deles de lidarem com desavenças ou conflitos.

- Se alguma desavença fizer com que seus sogros parem de conversar com você, mostre por meio de seus atos que sente o que aconteceu e que deseja retomar um relacionamento positivo. Seja condescendente; inclua sempre os ofendidos em eventos familiares e coisas do gênero.

- Se com o passar do tempo você perceber que determinado familiar continua indiferente, se ele *ainda* não conversa com você, talvez nada que você venha a fazer ou dizer quebrará o gelo. Por mais triste que seja essa situação, você terá de aceitar que a sua maneira de lidar com conflitos causou danos que exigem tempo e esforço para serem reparados.

Se alguém da família do seu marido pretende cortar relações com você, continue a ser agradável, faça convites e, sempre que possível, envie cartões e presentes de aniversário e casamento. Seu marido apreciará a tentativa de boa convivência e, lentamente, sua atitude poderá ajudar a restaurar o relacionamento. Tenha cuidado ao tentar solucionar conflitos com a família de seu marido no futuro, e use essa experiência para ajudá-la a criar seus filhos de modo a interagirem eficazmente com diferentes pessoas e estilos. Ajude-os a aprenderem que o método da família de seu marido não é necessariamente melhor nem pior do que o da sua – é apenas diferente, e todos sairão ganhando se aprenderem a lidar com cada tipo de cultura familiar.

Às vezes quem está certo ou errado não é tão importante quanto resolver o problema.

Minha mãe está sempre doente e sua cabeça muitas vezes não é confiável. Como posso lhe dizer, sem magoá-la, que não me sinto bem deixando o bebê com ela?

Concentre-se no positivo. Com carinho, diga-lhe que deseja que ela os visite sempre que quiser, mas que já teve a oportunidade de criar os filhos e você não quer sobrecarregá-la, pedindo-lhe que a ajude a criar os seus. Convide-a frequentemente e enfatize como é importante para você tê-la em sua vida e na do bebê. Se a saúde dela (mental ou física) for bastante precária, na verdade ela vai se sentir aliviada com o fato de você não contar com ela como babá.

Por mais que você possa precisar de ajuda, o bebê é sua maior prioridade. Se você acha que sua mãe não é capaz de cuidar dele em segurança, então siga seus instintos maternais protetores. Você precisa ter certeza de que o bebê está seguro, mas também não precisa insultar sua mãe gratuitamente e, se escolher bem as palavras e lhe mostrar o quanto a ama, conseguirá não magoá-la.

A mãe de Olívia insistiu que queria ser babá do neto e que era perfeitamente capaz de fazê-lo, então Olívia lhe deu permissão apenas depois de o bebê passar a dormir praticamente a noite toda. Ela e o marido colocavam o bebê na cama antes da mãe chegar para cuidar dele, saíam para jantar e voltavam antes que algum problema tivesse surgido. Sandra disse à mãe, que vivia em uma cadeira de rodas, que tinham decidido não usar familiares como babás, de forma alguma, e seguiu a decisão. A sogra de Nina, Sophia, era muito esquecida e Nina lhe disse que preferiam visitá-la a pedir que ficasse como babá. Às vezes contratavam uma babá e saíam com Sophia, e, em outras ocasiões, ficavam todos em casa brincando com o bebê.

Seja firme em sua decisão. Se sua mãe tentar provar que você pode confiar nela para cuidar do bebê, mude de assunto. Diga que não é a capacidade dela, e, sim, sua necessidade que a fez tomar aquela decisão. Diga-lhe que sabe que ela fez um ótimo trabalho com sua educação, mas que tem outras pessoas para cuidar do bebê e que não deseja sobrecarregá-la. Reafirme também a ela o quanto a ama e a respeita e que ela já fez muito cuidando de *você*.

O primeiro filho de minha cunhada é seis semanas mais velho do que o nosso. Como evitar a competição constante em que vivemos?

Rivalidades entre irmãos demoram a passar, não é? Por mais agradável que seja para algumas pessoas provar que ainda são melhores do que o irmão mais velho, competir com entes queridos não beneficia ninguém, e ainda pode gerar tensões desagradáveis e constrangedoras entre você e a família de seu marido. Quando a competição começar, faça um esforço concentrado para se retirar. Quando um não quer, dois não brigam.

- Sempre que seu cunhado destacar um dom ou conquista, responda com sinceridade: "Ótimo!"
- Se sua cunhada lhe perguntar se seu bebê está andando (falando, engatinhando, fazendo caretinhas), diga apenas: "Está fazendo tudo no tempo certo, obrigada".
- Mude de assunto se as comparações entre sua família e a deles se tornarem delicadas. Se necessário, pule, olhos arregalados, exclamando: "Oh, meu Deus, tenho de telefonar para o Henrique agora mesmo!" Peça desculpas e saia.
- Não acrescente lenha à fogueira da competição entre vocês. Por exemplo: não mencione que seu sogro acabou de lhe dar mil reais para abrir uma poupança para o bebê, não anuncie o peso ou a altura do seu filho, nem dê detalhes sobre a dentição ou qualquer outra atividade como engatinhar, assoprar ou outras habilidades, a menos que você saiba que são exatamente as mesmas de sua sobrinha ou sobrinho.
- Desenvolva uma área de interesse mútuo com seu cunhado, e, depois, passem tempo juntos analisando-a, seja ela pintura, culinária ou conversas sobre o futebol.
- Limite o tempo de ficarem juntos, se a competição for inevitável. Quando estiver com eles, planeje alguma atividade que afaste o enfoque dos bebês.

Às vezes, a competitividade é contagiosa e irritante. Faça o possível para não criar essa oportunidade e afaste-se, quando se virem comparando os filhos.

Minha cunhada parece determinada a me provar que sabe mais do que eu sobre a criação do bebê. O que posso fazer para evitar suas críticas?

Mantenha distância de conversas sobre a criação dos filhos! Mesmo se ela for especialista em desenvolvimento infantil, suas opiniões não são necessariamente melhores do que as suas. Não se trata de uma ciência exata. Técnicas e atitudes que funcionam para alguns pais, com determinadas crianças, não funcionam para outros, e o sucesso está raramente relacionado a técnicas específicas. Personalidade, atributos naturais de pais e filhos e muita sorte contribuem para o filho ser "bem" criado.

Alguns "especialistas" em criação de filhos promovem ideias que outros "especialistas" abominam. E às vezes pais que fazem tudo "certo" ou de acordo com os profissionais especializados ainda têm problemas com os filhos, enquanto outros, que ignoram a sabedoria corrente têm filhos que se desenvolvem de maneira adorável. A menos que a abordagem que você ou sua cunhada adotam coloque as crianças em perigo emocional ou físico, é bem provável que as duas estejam fazendo um ótimo trabalho.

A irmã mais velha de Lena era educadora infantil, mas, apesar (ou talvez em consequência) de sua formação profissional e conhecimentos, era também a mãe mais permissiva que Lena jamais conheceu. A sobrinha de Lena, aos 2 anos, fazia com que outros da mesma idade, considerados terríveis, parecessem o sonho de todo pai. Aos 7 anos, a garotinha esperava que os adultos atendessem a cada desejo seu, tornando-se petulante e contestadora, se não conseguisse o que queria. Mas, aos 23, essa jovem, agora adulta, é encantadora, agradável e simpática, desafiando todas as previsões contrárias. Da mesma maneira, conheço pais que parecem fazer tudo "certo", cuja conduta exemplifica excelente equilíbrio entre permissividade e regras, amor e razão, limites e liberdade, mas cujos filhos se tornam insuportáveis e improdutivos. Obviamente, essas situações não são os resultados usuais, mas ilustram que não há garantias na criação dos filhos nem na sua vida.

Se sua cunhada continuar oferecendo orientações sobre como você deve cuidar do bebê, limite a interação com ela. Quando o encontro for inevitável, retruque as críticas com um agradável "Muito obrigada pelos conselhos!", mude de assunto ou saia da sala. Caso seu relacionamento permita maior objetividade, diga-lhe que os comentários de que o método dela de criação de filhos é melhor do que o seu fazem com que você se sinta péssima. Lembre-a de que, embora ela saiba como cuidar bem dos filhos, você também sabe cuidar bem dos seus. Cada uma precisa criar os filhos de acordo com personalidades e pontos fortes específicos. E, se ela continuar a aborrecê-la, seria bom lembrá-la de que a criação dos filhos não é um esporte competitivo.

Crie seus filhos de acordo com a personalidade, pontos fortes e necessidades deles e suas e não segundo alguma fórmula.

Minha mãe faleceu há muitos anos. É normal que eu sinta tanta falta dela, agora que tenho um bebê?

O fato de tornar-se mãe provavelmente a faz pensar mais na sua; essa é uma das ocasiões em que a maioria das mulheres deseja compartilhar com a mãe. Talvez você queira trocar ideias ou agradecê-la pela maneira como a criou. Você gostaria de mostrar o bebê para a avó, pedir-lhe conselhos, dividir suas experiências e emoções, mas não pode. Muitas mulheres acham que a mãe é a única que pode vê-las em seu momento mais vulnerável, a única a quem podem pedir ajuda sem constrangimento e a única que desejam ter por perto quando o bebê nasce. É perfeitamente normal que o primeiro filho (e possivelmente os demais) reavive tanto a conscientização como a tristeza de que ela não está mais aqui.

O que dificulta essa ocasião é que você sente falta tanto de sua mãe como pessoa específica quanto do relacionamento amoroso e protetor que ela lhe proporcionava. Se tiver sorte de ter outra parente mais velha, converse com ela. Procure uma tia, irmã, madrasta ou até mesmo a sogra e pergunte-lhes sobre seus primeiros dias como mãe. Peça a um de seus familiares para relembrar detalhes de seus primeiros dias de vida e da convivência com sua mãe. A maioria das mulheres vai adorar conversar com você, confortá-la, apoiá-la e contar histórias de suas experiências como mãe de primeira viagem. Desenvolver um relacionamento mais íntimo com outra mulher da família poderá ser satisfatório para ambas.

Mães novatas precisam dividir suas experiências com outras mulheres, ambas passando por transições e adaptações ao mesmo tempo, e também com as que têm a sabedoria e a vantagem de estar uma geração à frente. Desabafe, fale sobre seus sentimentos e perceba como eles são normais. Conversar com alguém mais velho e experiente do que você pode diminuir a dor da saudade que sente de sua mãe. Falar com alguém que a conheceu fará com que você se sinta menos sozinha.

Mães de primeira viagem precisam dividir suas experiências com outras mulheres.

Os avós do bebê vivem em cidades diferentes e esperam que passemos nossas férias e datas festivas com eles. Como podemos satisfazer a todos, inclusive a nós mesmos?

Divida as datas festivas entre os familiares e inicie algumas novas tradições. Se o Natal é a data mais importante na família de seu marido, mas a Páscoa é na sua, fica simples. Se ambas as famílias comemoram apenas a Páscoa dos judeus e nada mais o ano todo, o problema se complica, mas você ainda pode solucioná-lo.

- Alterne a família com a qual comemorarão cada data. Comemore o Natal e a Páscoa na casa de seus pais em anos pares, Réveillon e o aniversário do bebê com a família de seu marido e faça o contrário nos anos ímpares.
- Organize as comemorações em sua casa e inclua os dois lados da família.
- Fique em casa e comemore datas importantes apenas com seu marido e filhos, visitando os demais familiares em outras épocas do ano, como uma semana antes ou depois das comemorações.

- Divida o Natal e a véspera de Natal ou o primeiro e último dia de Hanukah, comemorando cada um com um lado da família.
- Visite familiares de cada lado com mais frequência para que sua presença nas datas especiais perca um pouco da relevância.
- Crie tradições de reuniões familiares. Passe as férias de janeiro com um lado da família, e as férias de julho com o outro.

Seja grata pelo fato de ambas as famílias desejarem você e o bebê, mas seja constante ao elaborar um plano viável e simples.

Será possível que meus sogros e meus pais estejam competindo pelo título de "avós favoritos"?

Não parece coisa de novela? Infelizmente acontece e muito. É como Dione, mãe de primeira viagem de um bebê agora com quatro meses, disse: "Além de meus pais e sogros nos sobrecarregarem com visitas e presentes, preocupo-me com a possibilidade de eles mimarem o bebê, fazendo com que os 'ame' pelos presentes e não pelo que são. Como posso fazê-los entender que nosso bebê os amará pelo que são e que sua 'generosidade' não é adequada?"

Não é fácil de lidar com a competição entre avós, mas é uma preocupação comum. Os avós de um lado tentam fazer mais do que os do outro, em termos de presentes, tempo despendido com os netos, número e qualidade de fotos ou afeto recebido. É um dos problemas menos desagradáveis, mas que ainda assim requer atenção.

Tente resolver a questão enquanto o bebê ainda é bem pequeno, antes que tenha consciência da disputa entre os avós e acabe ficando mimado.

- Converse com os avós diretamente. Agradeça a seus pais e sogros pela generosidade, mas peça-lhes para irem mais devagar. Conte-lhes sobre sua preocupação de que receber tantos presentes possa levar o bebê a amá-los pelos objetos tangíveis e não pela sua personalidade e relacionamento maravilhoso com ele.

- Após agradecê-los, diga-lhes que apreciará mais presentes dados ao bebê quando ele crescer, pois presentes de amigos e outros familiares costumam diminuir.

- Diga-lhes que nesse momento não possui espaço nem precisa de 47 bichinhos de pelúcia ou quatro vestidos de festa no tamanho de seis meses. Sugira que, se realmente querem ajudá-la, você prefere algo mais abstrato, vindo do coração.

- Não conte aos avós do lado paterno o que os outros lhe deram. Isso leva ao ciúme e ao desejo de dar algo melhor, para competir. Se seus sogros admirarem um brinquedo novo ou perguntarem quem deu, apenas agradeça-os pelo elogio, diga-lhes de qual loja veio e a marca e não deixe escapar que foi presente de seus pais.

- Planeje atividades que incluam os quatro avós, para que possam se tornar amigos e não adversários. Todos então passarão o mesmo tempo com o bebê e talvez a amizade acabe com a necessidade de provar quem é o melhor.

- Diga aos seus pais e sogros quanto os respeita e ama, como a presença deles é importante na vida do neto e que você não quer que os presentes atrapalhem o vínculo emocional que podem ter com o bebê.

- Diga aos seus sogros e pais que você sabe que o bebê os amará muito. Ensine-os que amar um deles não diminuirá o amor do bebê pelos outros.

Se mesmo o uso das ideias anteriores não fizer com que os avós reduzam o número de presentes e se sintam mais seguros no relacionamento com o bebê, entenda que, quando ele crescer, você terá de ensiná-lo sobre o valor de dar presentes. À medida que ele se desenvolver, conte-lhe histórias sobre os avós maravilhosos. Se a competitividade entre eles continuar, ajude o bebê a se comportar carinhosamente com cada um deles. Explique que, às vezes, até os avós podem ter atitudes tolas e que o melhor a fazer é amar muito todos eles, e da mesma forma.

Como o bebê pode crescer sentindo-se ligado a todos os familiares, se moramos tão longe uns dos outros?

É maravilhoso quando você e os familiares se relacionam bem e difícil quando não se vêem com frequência. Apesar das distâncias, é possível ter relacionamentos calorosos e íntimos com um pequeno esforço extra.

- Tire muitas fotos e compartilhe-as, sem constrangimento. Rosa ganhou uma máquina digital pelo nascimento do bebê e tira fotos quase todo dia. Ela as envia a todos os parentes por correio eletrônico para mantê-los a par do desenvolvimento do bebê.
- O mesmo é válido para filmes digitais.
- Dê telefonemas frequentes. Se você se preocupa com a conta do telefone, tire vantagem da competição entre as companhias telefônicas e use o melhor plano de serviço do mercado. Algumas empresas permitem telefonemas ilimitados em determinados horários ou para grupos que contratam os serviços juntos. Tanto planos de telefone fixo como celular estão disponíveis no mercado e nos permitem economizar bastante, enquanto desfrutamos as horas de comunicação.
- Visite-os sempre que possível.
- Organize reuniões anuais com cada lado da família.
- Planeje férias com a família. Algumas das férias de verão preferidas de Maura são quando todos os tios, tias e primos vão à mesma cidade litorânea e alugam uma casa enorme para todos. Mesmo um final de semana prolongado ajuda a cimentar esses vínculos e a criar memórias inesquecíveis.
- Fale sempre com carinho sobre seus familiares para o bebê. Coloque fotos da vovó e da tia Lulu para que ele as veja e as guarde na memória, até ter idade suficiente para se lembrar sozinho.
- Valorize a intimidade, apesar da distância geográfica. Você e sua família são abençoadas.

Capítulo Sete

A Vida Social

Apenas porque você se tornou mãe não significa que precisa abandonar a vida social, e, embora mantê-la quando se cuida de um recém-nascido possa ser um desafio, mães de primeira viagem precisam de amigos. Contudo há amizades de todo tipo. Talvez seja necessário um acontecimento grandioso (como a maternidade) para que saibamos exatamente quais amigos são verdadeiros, quais precisam de experiências comuns para que a amizade sobreviva e com quais sempre podemos contar para chorar as mágoas ou pedir conselhos sobre a criação dos filhos. É maravilhoso quando as amizades preenchem ou superam nossas expectativas, mas pode ser devastador quando elas terminam ou distanciam, sobretudo quando estamos carentes.

Mães de primeira viagem têm todo tipo de sentimento em relação à vida social (ou à falta dela). Na maioria das vezes, relata, chorosa, a perda da melhor amiga, que, solteira e sem filhos, está furiosa porque ela não está mais disponível para longos telefonemas ou passeios noturnos nos finais de semana. Outras mães novatas expressam prazer quando antigas conhecidas se tornam amigas generosas e simpáticas, agora que todas são mães. Algumas querem saber como conhecer outras mães também novatas, enquanto outras querem ouvir sobre todos os tipos de atividades sociais que podem fazer junto com o bebê. Muitas querem conversar sobre como encontrar uma babá para que possam, ao menos, se socializar de vez em quando, sem o bebê.

As perguntas e respostas deste capítulo examinam como ter uma vida social satisfatória após ter um filho. Os tópicos incluem a abordagem de como antigas amizades se esforçam para se adaptar à nova fase da vida, aonde ir para encontrar outras mães de primeira viagem e como manter uma vida social que também preencha as exigências do bebê. Quando nos tornamos mães, nossas prioridades, interesses e disposição mudam, mas ainda precisamos do convívio social.

Embora seja difícil, precisamos de amigos que validem nossas experiências e sentimentos, que compartilhem de nossos interesses não relacionados ao bebê, que possam nos ajudar a qualquer momento e com os quais possamos nos divertir. O objetivo deste capítulo é ajudá-la a se adaptar à maneira como a maternidade muda sua forma de se socializar e a desenvolver e manter uma vida social satisfatória e significativa.

Sinto-me muito solitária desde que o bebê nasceu. Como fazer novas amigas que também têm recém-nascidos?

Primeiro, você precisa conhecer outras mulheres que também têm bebês, e, depois, terá de dar o primeiro passo para estabelecer amizade. Para conhecer outras mães de primeira viagem, você precisa saber onde encontrá-las, e, para fazer com que o encontro se transforme em amizade, precisa de aptidões sociais e disposição para tentar se conectar com quem você ainda não conhece.

Há inúmeras maneiras de encontrar outras mães de primeira viagem em seu bairro. Muitas se sentem isoladas, e grande número delas gostaria de conhecê-la, tanto como você a elas; precisam apenas se encontrar.

- Procure em jornais ou revistas de bairro cursos ou grupos para mães e bebês e se inscreva.
- Faça contato com clubes, centros comunitários, igrejas ou sinagogas e veja se nesses lugares há cursos ou grupos para bebês.
- Pergunte aos amigos ou vizinhos com filhos maiores se havia algum grupo ou curso de que gostaram e depois inscreva-se.

- Saia com o bebê para uma caminhada, sempre que as condições climáticas permitirem e leve-o a um shopping center, museu, supermercado ou lanchonete e puxe conversa com outras mães e bebês que você encontrar.

- Seja igualmente simpática com outras mães com bebês, onde quer que as veja. Troque números de telefone, se vocês se entenderem logo de cara, crie coragem se for tímida e telefone para a outra mãe sugerindo um passeio juntas. Pode ser como um encontro para "tomarem um café": é melhor conhecer a outra pessoa em terreno neutro e ver se vocês gostam uma da outra, sem muito compromisso. Se houver empatia, você fez uma nova amiga!

- Se você participou de um curso para gestantes, organize um encontro. Na maioria das vezes, o instrutor terá o maior prazer em dar nomes e números de telefone e, às vezes, até poderá ajudá-la a organizar a reunião. Convide todas as mães de primeira viagem, pais e bebês para um jantar, no qual cada um levará um prato, ou apenas para um chá, ou reúnam-se no parque ou em outro local público. Tire fotos e mantenha contato com as pessoas que você tiver mais empatia e sentir que podem se tornar amigas.

- Se não fez curso para gestante, pergunte ao seu médico se ele estaria disposto a ajudá-la a formar um grupo de mães novatas. Em função de questões que envolvem sigilo médico, talvez você tenha permissão apenas de divulgar seu nome e número de telefone como organizadora do grupo, mas só essa atitude será o suficiente para gerar ótimas novas amizades.

- Se estiver amamentando, *Amamentação Online* é uma ótima referência (www.aleitamento.org.br).

Tenha coragem e disposição para correr o risco de ser recusada. Conheço muitas mães de primeira viagem, inclusive eu, que fizeram amizades duradouras com mães na mesma condição, que conheceram na lanchonete, parques de diversão ou até no supermercado. Inúmeras outras desenvolveram amizades permanentes com pessoas que conheceram em cursos e grupos. Vá aonde as mães novatas estão, abra-se à possibilidade de fazer amizade com elas e dê o primeiro passo, se necessário.

Ao ver outra mãe com bebê, é provável que ela esteja tão interessada em se tornar sua amiga quanto você; cumprimente-a.

Nenhuma de minhas antigas amigas tem filhos. Como posso manter essas amizades se nossas vidas agora são tão diferentes?

Algumas amizades duram para sempre, por mais que as pessoas tenham vidas completamente diferentes, mas outras precisam de interesses e horários comuns para manterem-se vivas. Sua vida, as prioridades e o tempo disponível para manter uma amizade são diferentes em relação aos de suas amigas sem filhos. Amizades baseadas em vínculos emocionais profundos, as almas companheiras entre amigos, permanecem ao seu lado, compreendem e até podem curtir essas diferenças. Amizades baseadas apenas em fazer passeios juntos ou em compartilhar interesses relacionados ao trabalho ou ao esporte infelizmente podem se dissolver aos poucos, com o passar do tempo.

- Se você realmente deseja manter amizade com uma pessoa, converse com ela. Seja honesta e direta sobre a falta de contato.
- Faça um esforço para encontrar-se com a amiga sem o bebê.
- Telefone para sua amiga quando seu marido estiver por perto ou quando o bebê estiver dormindo, para não ser interrompida.
- Use o correio eletrônico para manter contato, pois poderá escrever sempre que tiver um momento livre (e conheço muitas mães de primeira viagem que confessam segurar o bebê enquanto digitam apenas com uma mão), evitando interrupções.
- Divida com ela suas preocupações com relação à situação da sua vida atual, que talvez a impeça de se encontrarem tanto quanto

gostaria, e seu desejo de manter a amizade, apesar das diferenças temporárias em sua energia, interesses e disponibilidade.

➼ Não deixe de ouvir a amiga, mesmo quando não tenham mais interesses comuns.

Entretanto, se a amizade esfriar, tenha paciência. Embora muitas mulheres consigam manter as amigas de quando eram solteiras, sem filhos, outras têm exatamente a experiência que você descreveu. Algumas amizades exigem mais empenho, principalmente se você era mais dedicada a elas antes de o bebê nascer, do que possa ser agora. Certas amizades, menos focadas em vínculos emocionais, realmente precisam de atividades ou trabalhos em comum para serem mantidas. Você e suas antigas amigas podem ter necessidades e expectativas distintas, agora, e é assim que muitas vezes a vida funciona.

Isso não significa que exista algo errado com vocês, nem que alguém seja culpado. Vocês estão apenas se distanciando. Quando a vida segue um curso tão divergente, manter amizades pode ser difícil, embora seja doloroso perder contato com pessoas que amávamos e curtíamos. Faça o possível para permanecer próxima de quem você realmente ama ou com quem tem uma longa história, mas não se martirize com a tristeza de ter perdido certos amigos.

Pessoas em sua vida, inclusive você, podem resistir às mudanças causadas pela maternidade. Mas quem ama sua essência, almas companheiras e amigas para o que der e vier, permanecerá ao seu lado.

Minhas amigas tiveram o primeiro filho há anos e demonstram incompreensão total em relação às minhas necessidades. O que posso fazer para obter o apoio de que preciso?

Quando uma mãe mais experiente lhe diz: "Se acha que *isso* é difícil, espere até ele chegar à adolescência!", ela não está tentando ajudá-la. Faça o possível para ignorar esse tipo de comentário e não se queixe a essas "amigas" sobre a dificuldade que sente nessa etapa da maternidade. Eu tinha uma amiga com filhos mais velhos que sempre me dizia que a dificuldade apenas aumenta com o tempo, e eu pensava que, se seus comentários fossem verdadeiros ou não, eram pouco úteis. E daí se, em retrospecto, trocar fraldas e amamentar parecem simples e descomplicados, comparados à decisão de permitir ou não que o filho de 15 anos durma na casa de colegas? O que você está enfrentando agora é um desafio real, que merece respeito e apoio.

A adaptação emocional à maternidade é tremendamente estressante para a maioria das mulheres. Em nenhuma outra época da vida sofremos mudanças tão rápidas, assumindo um novo papel, cuidando de alguém que, alguns meses atrás, nem mesmo existia, modificando nossas prioridades e responsabilidades, alterando nosso casamento e, para muitas mulheres, mudando o cargo no local de trabalho. Prometo-lhe que, embora os problemas do cuidado infantil possam se tornar mais complexos à medida que os filhos crescem, o estresse do primeiro ano de maternidade é único e, para muitas mães, tão difícil e intenso quanto qualquer outro que enfrentaremos no futuro, como pais. E, para a maioria das mulheres, ser mãe (ao contrário de educar os filhos) fica mais fácil, não importando o que suas amigas digam.

Encontre amigos que sejam capazes de lhe dar apoio. Você ainda pode curtir suas antigas amigas como antes de se tornar mãe, mas não use essas mães mais experientes como fonte única ou principal de apoio emocional. Se elas estão minimizando suas dificuldades porque desejam assustá-la ou para provar que a vida delas é mais árdua do que a sua, ou simplesmente porque não se lembram dos problemas que tiveram na época, não estão ajudando em nada. Procure mulheres que *possam* compadecer-se de você e/ou recordar os conflitos pessoais, ouvindo-a com atenção e carinho. Você precisa de amigas que tenham em mente os seus interesses e não de amigas que, sem querer, dão a impressão de precisarem provar que são melhores mães ou necessitam de mais atenção do que conseguem dar.

Amigas verdadeiras são capazes de colocar de lado seus problemas e ouvi-la. Lembre-se de como é ser mãe de primeira viagem, anote o que as amigas mais prestativas dizem ou fazem por você (ou o que gostaria que fizessem). Depois, quando você for experiente e sábia, e uma mãe de primeira viagem procurá-la pedindo ajuda para algum esclarecimento, lembre-se de que ninguém se sente melhor se ouvir que a situação só tende a piorar. Ofereça o encorajamento e apoio de que todas precisam.

Amigas verdadeiras colocam de lado os próprios problemas e escutam os seus.

Meus amigos não entendem que só posso falar sobre meu bebê. Será que me tornei tão desinteressante?

Não, claro que não; você apenas se tornou mãe, envolvida nos detalhes da criação dos filhos. Muitas mães de primeira viagem receiam se tornar desinteressantes e sem graça. Mas a surpresa dos amigos ao seu foco recentemente restrito não significa que você seja desinteressante; é que seus interesses e os dos antigos amigos não são mais os mesmos.

Se nenhum dos antigos amigos tem filhos na faixa etária do bebê, você provavelmente tem menos em comum com eles do que antes de ser mãe. Mães de primeira viagem, na maioria das vezes, são completamente absorvidas pela novidade da maternidade; geralmente acham pouquíssimos tópicos tão envolventes como estrias, privação do sono ou as últimas gracinhas do bebê. Mulheres que não são mães raramente conseguem manter o interesse no bebê alheio por mais tempo do que a breve, porém educada, resposta de "Bem" ao seu "Como está o bebê?" Apesar de conversas sobre irritações cutâneas causadas por fraldas sejam exatamente do que *você* precisa, podem deixar suas velhas amigas desinteressadas. Mas não há culpados; vocês estão apenas em diferentes fases da vida.

Essa nova etapa da vida pode consumir seus pensamentos e exigir muito de sua atenção. Analise se sua conversa limitada aliena suas velhas amigas e se é por esse motivo que elas parecem não a compreender. Se seu envolvimento com o bebê for, de fato, excessivo, se não mais se importa com o que acontece aos outros, apenas com o bebê, com seu marido e com você, talvez precise fazer um esforço consciente para ampliar sua capacidade de ver além de seus problemas imediatos.

Por outro lado, embora o fato de cuidar de um recém-nascido seja às vezes sufocante, amizades baseadas no verdadeiro encontro de corações sobreviverão ao foco temporariamente reduzido. Caso você sinta que essas antigas amigas íntimas não lhe dão o apoio necessário ou criticam seu fascínio pelo bebê, pode ser que essas amizades estejam fundamentadas apenas em interesses por semelhança de atividades. É triste perder as intimidades antes compartilhadas, mas, se o que tinham em comum não existe mais, a amizade que se sustentava apenas na troca de experiências provavelmente se exauriu.

Quando a amizade continua apesar das mudanças nas fases da vida, alterações profissionais e distância geográfica, ela sobreviverá, mesmo se suas conversas forem um tanto estranhas durante algum tempo. Tudo que você precisa fazer é conversar com suas amigas sobre a modificação em seus interesses e prioridades, admitir que seu foco está limitado, agora, e aprender a ouvir as novidades que elas têm para contar. Preste atenção ao que elas dizem e converse com elas não apenas sobre as diversas cores das fezes do bebê, como também sobre todas as emoções vivenciadas no período de adaptação à maternidade. Esteja aberta para desviar sua atenção do bebê; lembre-se por que curtia essas pessoas antes. Se você dividir seus sentimentos e não somente os detalhes do seu cotidiano, sua conversa não será tediosa e as amigas verdadeiras estarão sempre interessadas em manter vivo o contato com você.

Algumas de minhas amigas que têm bebês fizeram opções muito diferentes na criação dos filhos, amamentação e trabalho; por que tenho a impressão de que essas diferenças estão nos distanciando?

Você pode ter amigas fazendo outras coisas, desde que todas estejam à vontade com as escolhas e diferenças. Amigas não precisam ser cópias umas das outras, tomando as mesmas decisões sobre como ser mãe, e a variedade pode ser enriquecedora e interessante. Na maioria das vezes, contudo, o desconforto e a incerteza acompanham as opções das mães de primeira viagem, levando algumas a se colocarem na defensiva e a se tornarem quase militantes sobre a certeza de seu método pessoal de encarar a maternidade. Se você não se sente nem um pouco ameaçada pelas diferenças das amigas, o desconforto delas poderá lhe parecer desnecessário. Mas algumas acham que suas decisões são criticadas quando confrontadas com outras que fizeram opções diferentes.

Se você está confiante com as decisões tomadas em relação à amamentação, trabalhar fora de casa, deixar o bebê chorar à noite ou acostumá-lo a horários rígidos, também é provável que não se colocará na defensiva se suas melhores amigas fizeram escolhas contrárias. Mas, se você ou elas são ambivalentes em relação a essas decisões importantes, talvez se sintam constrangidas diante de alguém que age de outra maneira.

- ☙ Entenda que cada mãe e bebê são singulares, e o que funciona bem para Carla pode ser desastroso para Clarice.
- ☙ Analise suas opções com a família e amigos. Quando existirem diferenças, ouça atentamente. Talvez você aprenda algo sobre cuidados infantis ou sobre sua amiga. De qualquer maneira, você ficará mais bem informada.
- ☙ Aprenda a ser tolerante. A menos que suas opções de criação de filhos reflitam atitudes, valores e moral de vida extremamente divergentes (e, honestamente, essas opções nem sempre refletem atitudes ou valores morais do indivíduo), a mãe em período integral ainda pode ser amiga de outra que tomou decisão con-

trária. E o fato de sua melhor amiga sentir-se à vontade para amamentar o bebê em público, enquanto você se refugia no banheiro, não é necessariamente uma indicação de que ela seja uma psicótica exibicionista que você deva evitar.

- Existem inúmeras maneiras de ser boa mãe. Apóie as diferenças de suas amigas assim como as semelhanças. Aprenda com cada uma o porquê de vocês agirem assim, e estimulem-se a seguir os métodos que funcionam para cada uma.

- Se está disposta a aceitar que você e suas amigas podem criar os filhos de diversas maneiras, mas elas ainda se mostram intolerantes em relação aos seus pontos de vista opostos, descubra o motivo. Se temem que sua abordagem para cuidar do bebê seja perigosa, ao menos analise se têm alguma razão. Converse com seu médico e com seu marido sobre as diferenças nas técnicas de cuidados infantis. Se, após investigar as preocupações das amigas, você ainda se sentir confiante de que suas ideias sobre a maternidade são tão válidas quanto as delas e que suas atitudes refletem uma diferença de estilo, e não de falta de aptidão ou de conhecimentos, talvez seja melhor procurar novas amizades.

Amigos devem nos proporcionar apoio e alegria e nos amar pelo que somos. Amigos verdadeiros aceitam as diferenças dos outros, aprendem uns com os outros e, quando solicitados, oferecem conselhos com tato e carinho. Não nos corrigem quando não estamos errados. Se suas amigas não toleram suas ideias divergentes, talvez seja o momento de encontrar outras fontes de apoio.

O que é certo para você talvez não o seja para outros, mas cada um precisa se sentir à vontade com as próprias ideias. Você precisa descobrir o que é certo para você e para sua família, sem se preocupar com a maneira de agir de suas amigas.

Às vezes, mesmo quando estou com amigas, interrompo a conversa para brincar com meu bebê. Será que todas as minhas amigas que não são mães pensarão que perdi a noção da realidade?

Muitas mulheres que ainda não são mães questionam a sanidade da velha amiga quando ela, antes equilibrada e eloquente, torna-se tão focada no bebê, que não consegue manter uma conversa adulta sem brincar com ele de vez em quando. Mulheres que não são mães raramente compreendem a profundidade do fascínio que o recém-nascido encerra para a mãe. Nem "entendem" como a privação do sono e o esforço para aprender a ser mãe podem, temporariamente, mudar de maneira total o foco de uma mulher tão inteligente. Quando somos novatas na maternidade, nada mais prende nosso interesse do que o bebê, e é difícil manter uma conversa coerente não relacionada ao foco principal. Portanto, é claro que suas amigas que não entraram para o "clube das mães" não vão entendê-la.

Você pode ajudá-las a compreender o que está acontecendo, antecipando suas reações e explicando-lhes que você não pirou *antes* de se derreter nas conversas com o bebê. Explique que seu mundo e sua capacidade de conversar mudaram. Tranquilize-as, contudo, dizendo que ainda está interessada nelas e quer saber das novidades, mas que, às vezes, é complicado você manter uma conversa adulta por muito tempo.

Diga às amigas sem filhos que você se lembra bem, antes de o bebê nascer, de como se preocupava com a mudança constatada em mulheres que se tornavam mães. Faça um esforço para ouvir suas amigas agora e peça-lhes desculpas antecipadas pelos lapsos na concentração. E depois telefone para as amigas que se tornaram mães antes de você e peça-lhes desculpas por não tê-las entendido na época!

Não tenho tempo nem disposição para me dedicar a algumas amizades que tinha, pois nossas vidas são muito diferentes. Eu as perderei porque tenho o bebê?

Se determinada amizade pode ou não resistir aos estresses causados por mudanças realmente importantes na vida, depende da amizade em si e do nível de dedicação que cada uma tem para mantê-la. Algumas amizades duram a vida toda, outras não. Pode ser muito triste quando uma amizade não consegue transcender relevantes alterações na vida, mas às vezes acontece. Felizmente, outras amizades se desenvolvem para preencher aquele vazio, embora isso nem sempre acabe com a tristeza da perda, principalmente se pensávamos que aquele relacionamento era especial o suficiente para continuar de qualquer maneira.

Há diversos tipos de amizade, e nem todos sobrevivem às alterações dos interesses e prioridades que não são compartilhados:

- Amizades que podem ser descritas como a de duas almas companheiras geralmente sobrevivem quando uma das partes se torna mãe. Almas companheiras são amigas porque gostam uma da outra de maneira profunda e semelhante. Essas amizades apoiam as diferenças e escolhas mútuas, mesmo quando levam os amigos a trilharem caminhos diferentes. Há afeição e respeito que existem além de estilos de vida ou interesses específicos e a competitividade é mínima. Em geral, essas amizades conseguem sobreviver às diferenças filosóficas e geográficas e as pessoas estão dispostas a cultivá-las e a resolver desavenças para que a intimidade continue.

- Algumas amizades são baseadas na existência de interesses comuns. Enquanto ambas as partes estiverem em etapas de vida similares, a amizade floresce. Quando uma muda para outro lugar, emprego ou etapa de vida, quando os passatempos ou interesses comuns desaparecem, perde-se o interesse mútuo. Na maioria das vezes, esses relacionamentos não sobrevivem quando uma das partes muda seu foco.

- Outro tipo de amizade depende de um amigo ajudar o outro. Vizinhos são amigos que se encaixam nessa categoria. São ótimos para dividir o carro ou para emprestar a famosa xícara de açúcar, mas, satisfeita a necessidade mútua, se não existirem outros interesses em comum, a ligação esfria.
- Algumas amizades se baseiam no que um faz para o outro. Vi muitas mães de primeira viagem que, ao refletirem, percebem que sempre foram as principais doadoras, as que mantêm viva a amizade. Gostam de ouvir os problemas da amiga, e são as que dão apoio. Quando têm o primeiro filho, contudo, as necessidades de doação são atendidas e são elas agora que precisam de apoio. Pode ser decepcionante descobrir que, quando não somos mais capazes de ouvir incansavelmente os problemas da amiga, ela, que pensávamos que ficaria ao nosso lado para sempre, desaparece de sua vida.

Mães de primeira viagem precisam de amigos e é ruim quando alguém que considerávamos amiga eterna nos abandona assim que fazemos a transição para a maternidade. É bem provável que essa amizade não fosse tão sólida quanto esperávamos e que tinha significados diversificados para cada parte. Mas, por outro lado, nos tornarmos mãe oferece oportunidades de aprendermos sobre nós mesmas e o que queremos e necessitamos das pessoas em nossa vida, e, embora algumas amizades acabem, outras nascem e florescem. Curta as amizades que resistem ao teste do tempo e à mudança de estilos de vida e entenda que a duração de alguns relacionamentos íntimos pode ser mais breve do que esperávamos.

Algumas amizades não duram para sempre. Estão vinculadas a determinado período ou função na vida do indivíduo. Às vezes é doloroso, mas perdê-las faz parte da vida.

Minha melhor amiga se ofende quando estou distraída ou mesmo impossibilitada de falar ao telefone com ela. Como posso fazê-la entender que não é nada pessoal?

Converse com ela. É perfeitamente normal nos distrairmos quando há um recém-nascido ou estarmos sempre com um ouvido atento ao seu choro ou estarmos muitas vezes impossibilitadas de atender ao telefone. Talvez você não possa dedicar o mesmo tipo de atenção de que gostaria aos amigos até que o bebê se torne mais previsível e você adquira mais confiança como mãe.

- Explique à sua amiga que a amizade dela significa muito para você, mas que você é responsável por manter o bebê bem e tranquilo. Peça-lhe que entenda que às vezes você terá de encerrar a conversa bruscamente ou em outras ocasiões não poderá nem mesmo iniciar a conversa. Diga-lhe que esse é um período de adaptação e que o fato do bebê precisar de você em nada diminui sua amizade por ela.
- Se possível, contrate uma babá ou deixe o bebê com seu marido ou algum parente ou vizinho em quem confie e saia com a amiga sem ele. Então você poderá se concentrar na conversa, sem se preocupar com as necessidades do bebê.
- Convide sua amiga que não tem filhos para visitá-la. Às vezes vê-la com o bebê poderá ajudá-la a entender o esforço envolvido em cuidar de crianças.
- Comunique-se por correio eletrônico. Assim você poderá enviar as mensagens quando tiver tempo e responder com um pouco mais de concentração. Se for interrompida, salve a mensagem para terminá-la e enviá-la depois.
- Se a amiga não aceitar suas explicações e pedidos de desculpas por sua falta de concentração, repense o valor dessa amizade. Bons amigos aceitam e respeitam um ao outro como são e, se a sua falta de concentração é tão irritante para seus melhores amigos, talvez eles não sejam tão bons assim.

Maria Lúcia adorava conversas longas e profundas mas, depois de ter o bebê, não conseguia permanecer com a atenção focada em suas amigas. Além disso, temia que as amigas ficassem irritadas com ela, e se esforçava para manter todas felizes. Quando percebeu que sua capacidade de focar sua atenção nas amigas estava comprometida e que ficavam irritadas e furiosas, Maria conversou com elas sobre a mudança em suas prioridades. Algumas entenderam perfeitamente e ofereceram apoio, enquanto outras se afastaram pouco a pouco. Embora se entristecesse ao perder algumas antigas amigas íntimas, as que ficaram ao seu lado estavam, de fato, interessadas em preservar sua amizade.

Você e suas amigas precisam entender que os bebês, às vezes, não podem esperar, e que o fato de você cuidar do seu filho não tem por objetivo insultá-las. As necessidades do bebê, ao menos no futuro imediato, vêm em primeiro lugar. Amigas verdadeiras entenderão e terão até orgulho de sua capacidade em se tornar uma ótima mãe.

Sinto-me tão isolada e farta de ficar em casa com o bebê... Que tipo de coisas divertidas posso fazer quando estiver sozinha com ele?

Ficar a sós com o bebê é maravilhoso, mas também pode se tornar tedioso após certo tempo. Depois de cantar "Atirei o pau no gato" 34 vezes, dançando ao redor da sala de estar e brincando com chocalhos, móbiles e bichos de pelúcia até não poder aguentar mais, você tem de sair, encontrar pessoas e ver outras coisas fora de casa. Leve o bebê com você. Deixe que seus interesses a orientem.

- Quando minha primeira filha nasceu, aproveitamos nossos dias livres nos museus. Eu a colocava no carro, pegava o carrinho de bebê e saía. Agora muitos prédios públicos têm acessos para cadeiras de roda, e as mães com carrinhos de bebê podem usá--los sem problema.
- Vá ao zoológico. Assim como em museus, você curte as exposições enquanto o bebê se delicia com a diversidade de sons, temperaturas e imagens.

- Se o tempo estiver ruim, vá a um shopping center ou até mesmo a uma loja de departamentos. Procure lojas que você normalmente não frequenta.
- Vá ao parque ou dê uma volta de carro em bairros que ainda não conhece.
- Se ainda puder carregar o bebê no canguru ou se prefere manobrar o carrinho, tome o metrô ou um ônibus, mesmo se não tiver destino definido.
- Vá à biblioteca. Muitas bibliotecas e algumas livrarias infantis têm, em sua programação, horários de narração de histórias, mas só de estar no meio de livros já será uma novidade.
- Vá a uma lanchonete ou restaurante típico que seja receptivo a mães com bebês. Nunca é cedo demais para acostumar o bebê às regras de etiqueta. Mas prepare-se para sair se o bebê ficar irritado.
- Inscreva-se em cursos para mães e bebês.

A maioria dos bebês é, na verdade, bastante receptiva à ideia de sair de casa e, se ele aprecia ou não uma verdadeira obra de arte não vem ao caso, desde que vocês dois curtam o passeio. Você vai se sentir melhor ao mostrar-lhe um pouco do que o mundo tem a oferecer, e a mudança necessária de cenário e ritmo enriquecerá a ambos.

Com certo planejamento, a maioria dos bebês irá a qualquer lugar alegremente. Saia com ele e divirta-se.

A única ocasião em que vejo minhas amigas é quando elas vêm à minha casa. O que podemos fazer juntas, além de nos sentarmos na sala de estar?

Siga algumas sugestões das perguntas anteriores. Você, o bebê e suas amigas podem facilmente ir a museus, shoppings, zoológicos ou parques juntos, e provavelmente o bebê gostará de ouvi-las, enquanto conversam e passeiam entre árvores ou lojas. Talvez você precise convencer as amigas de que você e o bebê serão ótima companhia, mas vale a pena tentar isso se suas amizades, e você, florescerem.

- ❧ Sempre saia bem preparada, com roupas extras para você e o bebê, um bom número de fraldas e alimentos.
- ❧ Agende os passeios para quando for mais conveniente ao bebê – quando ele estiver dormindo a maior parte do tempo ou quando estiver alegre e tranquilo.
- ❧ Faça coisas que costumava fazer com suas amigas. Se gostam de ir a restaurantes, procure locais adequados ou faça apenas um lanche.
- ❧ Pergunte a suas amigas quando o bebê é ou não bem-vindo. Não o leve se elas objetarem. Muitas amizades acabam quando mães entusiasmadas levam o bebê a toda parte, independentemente do desinteresse das amigas em incluí-lo.

Talvez suas amigas a visitem por pensarem que é mais fácil para você. Converse com elas e diga-lhes o que prefere fazer e coloque as ideias em prática.

Sinto falta de ir ao cinema. Posso levar o recém-nascido escondido sob meu casaco sem problemas?

Provavelmente não seja uma boa ideia entrar no cinema (ou em qualquer outro lugar) com um bebê escondido, a menos que você saiba que os responsáveis pelo local não farão objeção e você não terá de se preocupar. Além de você correr o risco de causar problemas, se o bebê chorar, você irritará o público. Nunca é cedo demais para dar bom exemplo; se seu comportamento de fazer coisas às escondidas continuar até o bebê se conscientizar de sua atitude ilegal, você inadvertidamente o ensinará a desrespeitar normas que não lhe forem convenientes.

Existem outras opções para pais de primeira viagem apaixonados por filmes:

- ❧ Muitos canais de televisão a cabo têm filmes excelentes. O investimento financeiro em assinaturas a cabo ou via satélite podem, afinal, poupar o dinheiro que seria gasto com babás e entretenimentos (sem mencionar a garantia de seu bem-estar emocional). Grave filmes apresentados em horários inconvenientes para assisti-los depois ou para garantir que um bebê inquieto a impeça de ver se o garoto finalmente fica com a garota ou não.
- ❧ Da mesma maneira, videocassetes e DVDs foram inventados para pais de crianças pequenas. Compre um aparelho de boa qualidade e alugue aqueles filmes a que sempre quis assistir. Se o bebê acordar, basta interromper o filme, cuidar do seu filho e ninguém ficará irritado (exceto, talvez, você).
- ❧ Contrate uma babá, troque os horários dela ou peça a um amigo ou familiar generoso e confiável para ficar com o bebê enquanto você vai ao cinema.

Você não precisa abandonar seu entretenimento preferido com a chegada do bebê, mas, como já foi mostrado antes, às vezes terá de ser criativa.

Minha melhor amiga não consegue engravidar e acho que ela está me evitando. Sinto falta de nossa amizade, mas como devo lidar com seu ciúme e minha culpa?

Se essa amizade é importante para você, enfrente a tensão abertamente. Você pode ou não querer conversar com sua melhor amiga sobre o assunto, mas, se ela a evita, você tem pouco a perder e muito a ganhar se tentar a reaproximação. Não estou prometendo nada; cada amizade e cada amiga são singulares. Sua culpa poderá lhe deixar constrangida para falar sobre o bebê quando estiver com sua amiga, enquanto a dor dela por ainda não ter conseguido engravidar a deixe desconfortável para compartilhar da sua alegria. Algumas amizades não conseguem sobreviver ao estresse resultante de alguém alcançar a felicidade que ela não alcança, mas outras, com um pouco de esforço e honestidade, se fortalecem.

É normal sentir ao menos uma ponta de inveja, quando sua melhor amiga obtém êxito em algo que você sempre fracassa. Antes do nascimento de meu primeiro filho, sofri um aborto e devo admitir que durante algum tempo achei muito difícil conviver com outras mães. Eu queria me entusiasmar por elas, admirar seus bebês, mas minha sensação de perda era enorme. Não queria saber quanto estavam felizes, nem queria ouvir suas queixas. Porém, tive mais sorte do que a pessoa desta pergunta porque, alguns meses depois, fiquei grávida de novo. Minha experiência com o aborto certamente me tornou mais complacente com mulheres que se esforçavam para engravidar, como a sua amiga, mas minha percepção e sensibilidade à tristeza de outra mulher nem sempre a ajudavam a superá-la. Às vezes as amizades acabam, sem que ninguém tenha errado.

Se vocês tiverem intimidade suficiente, conversem sobre o assunto.

- Diga a sua amiga que se sente péssima por ter o que ela deseja. Ajude-a a se abrir também, para que realmente saiba o que a incomoda ou como se adaptar a essa mudança em sua intimidade.
- Pergunte-lhe se ela quer que você fale sobre o bebê ou sobre a condição de ser mãe ou se prefere evitar o assunto totalmente. Respeite sua vontade de continuarem amigas, mas evite assuntos relacionados a bebês e maternidade, ou de ela se afastar de você. Se ela sentir necessidade de dar um tempo à amizade de vocês, não entenda como algo pessoal, e respeite sua decisão.
- Expresse sua decepção por vocês não estarem compartilhando essa nova etapa da vida. Faça o possível para continuar a curtir as atividades ou interesses que tinham antes de o bebê nascer.
- Reserve tempo para encontrá-la sem o bebê. Embora talvez você precise que ela a escute, tome o cuidado de lhe dedicar atenção especial.

- Se você realmente valoriza essa amizade, mantenha contato com ela. Não dependa de regras de etiqueta, esperando que ela lhe telefone. Envie mensagens de correio eletrônico, convide-a para visitá-la e telefone. Talvez ela adore ter notícias suas, mas não quer correr o risco de ter de ouvir seu bebê chorando.

- Por outro lado, não se exceda na atenção dedicada a ela; dê-lhe o tempo necessário para aceitar o fato de ainda não ter filhos. Talvez ela prefira não lhe telefonar nem visitá-la, se teme que sua preocupação com o bebê enfatize, para ela, o que sua amiga ainda não tem. Aceite de bom grado tudo quanto acontecer entre vocês.

Seja uma amiga carinhosa e dedicada, e provavelmente essa amizade venha a se fortalecer. Se a tensão entre vocês é muito grande, ou se sua amiga não consegue consertar seu coração despedaçado, a amizade poderá acabar, ao menos até que ela tenha um bebê ou resolva seus sentimentos sobre não ter o que deseja. Faça o melhor possível e boa sorte.

Algumas amizades não conseguem sobreviver quando alguém tem o que outro deseja ardentemente, mas muitas se fortalecem.

Sempre que nos reunimos, minhas amigas comparam qual bebê é mais desenvolvido, dorme melhor etc. Posso me socializar com elas sem todas essas comparações?

Certamente você pode tentar. Essa competitividade não tem nenhum valor positivo que eu seja capaz de imaginar, além de ocasionalmente permitir que a mãe do bebê mais desenvolvido se sinta superior.

Quando pais de primeira viagem se centralizam nas conquistas do bebê (se é que podemos considerar o fato de ter maior número de dentes uma conquista), geralmente estão tentando se convencer de que fazem um bom trabalho. Embora não haja nada errado com a comparação de estilos de criação dos filhos e desenvolvimento dos bebês para o aprendizado de novos métodos e eliminação do temor de que alguma coisa não vai bem, ela pode ser prejudicial para as amizades e abalar a confiança de pais inexperientes. Bebês que andam ou falam mais cedo não serão necessariamente atletas olímpicos ou alunos excelentes, nem suas aptidões avançadas indicam que os pais utilizaram algum método superior para educá-los. Portanto, se toda essa comparação e competição a constrange, você tem duas opções.

Primeiro, tente eliminar o espírito competitivo:

- Sugira que comparar as conquistas dos bebês não é uma boa ideia e peça que a competição fique fora da conversa. Se o objetivo de suas amigas não é se exibirem, elas gostarão de saber como o comportamento delas é recebido. Fim do problema.
- Use o senso de humor para evitar a classificação e competição indesejadas. Quando outra mãe lhe perguntar se seu bebê de três meses já vira no berço, responda com uma piada: "Ah, acho que ele conseguirá se virar no berço até o dia em que se casar". Se for questionada sobre a altura ou peso do bebê, não dê valores específicos; fale que seu pediatra disse que ele está normal para a idade. Depois mude para um assunto não relacionado a bebês.
- Se a competição continuar, mas você ainda gostar dessas pessoas, reúna-se com elas apenas quando houver alguma atividade que elimine o foco nas conquistas das crianças. Crie um clube do livro, sugira uma visita ao zoológico ou que façam pagamentos e compras em grupo. Só não fiquem sentadas, comparando o primeiro resfriado do seu Rubens com os padrões de sono inigualáveis de Marlena.

Segundo, você pode simplesmente evitar essas pessoas:

- Se fica aborrecida ao reunir-se com elas, corte os encontros, principalmente com os bebês. Crie uma noite para as mulheres, estipulando que não haverá conversas sobre filhos.

- Apesar do seu temor de ficar isolada, tente se acostumar a ficar em casa a sós com o bebê. Algumas mulheres buscam companhia nos primeiros dias da maternidade porque se sentem entediadas ou solitárias ficando o dia todo sozinhas com o bebê e acabam despendendo tempo com pessoas que não curtem.

- Desenvolva interesses ou projetos que possa fazer em casa enquanto cuida do bebê. Ler, tocar um instrumento musical, culinária, jardinagem, fazer atividades artísticas e artesanais são propícias, sobretudo se houver a possibilidade de manter os materiais fora do alcance do bebê, quando ele estiver se locomovendo.

- Aprender a viver mais no ritmo do bebê também pode reduzir a necessidade de companhia indesejada. Relaxe conscientemente; esqueça a expectativa de ter resultados para mostrar por todos os seus esforços ao cuidar do bebê. Divirta-se com ele.

- Se ainda estiver desesperada por companhia, programe encontros com mulheres que você conheceu no curso para gestantes ou no consultório médico. Comece novos passatempos com amigas casuais que você gostaria de conhecer melhor.

- Inscreva-se em um curso de exercício para bebês ou grupo de mães de primeira viagem, procure outras mulheres com bebês e preencha seu tempo social com visitas menos competitivas.

Você não precisa ser coagida a competir em seu estilo de cuidar dos filhos, se isso a incomoda. Observar semelhanças e diferenças entre bebês e pais pode ser esclarecedor quando a intenção é apoiar e educar; mas essa observação torna-se opressiva se nos deixa constantemente estressadas ou preocupadas com o fato de estarmos certas ou não. Se você não tolera a tensão competitiva, encontre amigas mais compatíveis e simpáticas.

A vida não é um esporte competitivo; não há vencedores nem perdedores. Seu valor não depende de como você ou seu bebê se comparam aos outros.

Minhas amigas e eu temos atitudes diferentes em relação à disciplina e criação dos filhos e isso começou a gerar grande tensão entre nós. O que posso fazer?

Antigamente três assuntos eram considerados tabu, segundo as regras de etiqueta: sexo, religião e política. Atualmente, são quase sempre perfeitamente aceitáveis, principalmente entre pessoas com as mesmas ideias. Mas, no seu caso, eu acrescentaria estilos de criação de filhos à lista proibida. Quando pais inseguros ou inexperientes compartilham sua filosofia de criação dos filhos, e ela é exatamente oposta à dos amigos, a tensão muitas vezes aumenta.

Reconheça as diferenças, deixando bem claro que ambos os métodos são razoáveis e válidos e mude de assunto. Você talvez fique constrangida ao saber que a vizinha permite que o filho de dois meses chore até dormir, mas ela se sente da mesma forma ao saber que você pega no colo seu bebê de quatro meses sempre que ouve um gemido. A criação dos filhos não é uma ciência exata; os chamados "peritos" discordam de tudo, de chupetas ao uso do vaso sanitário. Sua amizade deve ser capaz de tolerar algumas diferenças de opinião, desde que não indiquem divergência incompatível em atitudes de vida.

Desde que você se sinta à vontade com o fato de ninguém estar colocando em risco a vida da criança, entenda que existem inúmeras maneiras "corretas" e aceitáveis de criar filhos. A sua talvez funcione para você e seu bebê e a de Mara é perfeita para a família dela. Manter a mente aberta permite que a amizade continue, além de proporcionar certo *insight* com métodos que abordam problemas ainda não considerados por você.

Se os métodos de sua amiga lidar com os filhos lhe parecem intoleráveis, pode indicar que sua amizade não tem boa base de respeito mútuo para sobreviver. Embora pessoas com ideias diferentes certamente possam ser amigos, quando a ideologia é muito diferente e arraigada em pontos de vista incompatíveis, a amizade se torna mais casual ou acaba completamente.

Permita-se a oportunidade de descobrir se essas opiniões divergentes são apenas sobre a criação dos filhos ou se refletem uma lacuna intransponível entre vocês. Analise atentamente as suas ideias e as de suas amigas. Avalie se essas amizades deveriam ter permanecido superficiais, se você ou suas amigas precisam adquirir determinadas aptidões no cuidado infantil ou se é hora de cortar o relacionamento. Embora seja interessante ter diversidade de amizades, se você acha que suas ideias divergentes refletem atitudes de vida inaceitáveis, deixe a amizade acabar.

A razão de tantos especialistas infantis existirem é que há inúmeras maneiras corretas de educarmos os filhos.

Quando saio com amigas, constato que não consigo prestar atenção à conversa. Será possível que acho o bebê mais interessante do que minhas amigas?

Sem querer ofender suas amigas, sim, talvez, por algum tempo, você ache o bebê mais interessante do que elas, sobretudo se não têm filhos. Você é mãe de primeira viagem, e é parte natural do processo ficar completamente encantada pelo bebê. Quando somos mães pela primeira vez, parece que o mundo gira em torno do recém-nascido e todas as conversas também deveriam girar.

Quando somos mães pela primeira vez, como consequência de uma combinação de privação de sono e intenso fascínio pela vida, achamos difícil nos concentrar em qualquer coisa que não inclua referências a vômito e irritação causada pelas fraldas. Muitas acham a nova vida tão cativante que não é comparável à de mais ninguém. Outras se queixam de que as antigas amigas simplesmente não entendem o que é ter um bebê, e outras lamentam que seu assunto limitado possa fazer com que pareçam enfadonhas para as demais pessoas. Qualquer que seja o aspecto das conversas desconexas que a incomoda, você e suas amigas podem ter interesses mútuos novamente. Durante os primeiros meses de maternidade, assuntos relacionados ao bebê dominam a conversa de inúmeras mães de primeira viagem; você conseguirá manter e curtir diálogos adultos depois que colocar o sono em dia e o bebê tiver idade suficiente para lhe permitir tempo e disposição para retomar antigos interesses. Provavelmente você recobre o interesse pelas amigas.

Não entre em pânico. Com o tempo, sua capacidade de concentração retomará o padrão anterior de modo mais amadurecido. Seu mundo vai se expandir e incluir, mais uma vez, outras pessoas e, embora o bebê sempre lhe pareça fascinante, as boas qualidades das amigas voltarão a lhe parecer interessantes.

Por que, quando uma amiga *me* telefona, fico emocionada e converso por muito tempo, mas parece que o inverso, eu telefonar para ela, é impossível?

Além de fazer sentido, isso acontece o tempo todo. Solange era assim. Mãe pela primeira vez aos 36 anos, tinha uma vida organizada, estruturada e previsível antes de o bebê nascer. A maternidade foi complicada; com exaustão crônica, fora a casa constantemente desarrumada, ela mal conseguia telefonar para o consultório médico nos primeiros meses. Quando o bebê dormia, o que não acontecia com frequência, Solange dormia, lavava a louça ou simplesmente fitava o infinito; mas, quando o bebê acordava... bem, não havia mãos nem disposição para telefonar às amigas.

Mas ela também se emocionava quando uma amiga lhe telefonava. Como você, ela não conseguia *fazer* o telefonema, mas sentia-se salva quando o telefone tocava. Diga a suas amigas que ainda as ama e precisa delas em sua vida, e peça (ou implore) que entendam se você não for capaz de procurá-las durante meses. Diga-lhes, clara e diretamente, como é difícil para você fazer o telefonema (ou uma visita) e também perceba se entendem quanto você fica feliz quando lhe telefonam ou a visitam. Repita isso sempre que necessário e, quando estiver preparada e for capaz, poderá telefonar para elas novamente.

Quando nos tornamos mães pela primeira vez, é muito mais fácil receber do que fazer um telefonema.

Sou muito mais velha (ou jovem) do que a maioria das mães de primeira viagem que conheço. Sempre vou me sentir um peixe fora d'água no contexto social?

Uma sábia amiga minha, que é nove anos mais velha do que eu e teve o primeiro filho um ano antes de mim, disse que, depois que temos filhos, a idade deles determina nossa vida social mais do que nossa idade cronológica. Pessoalmente, também penso que é verdade. As necessidades dos filhos quase sempre influenciam os horários que temos disponíveis para nos socializarmos, e suas atividades geralmente determinam com que adultos interagimos com maior frequência. Estar no mesmo estágio de paternidade nos proporciona muitos pontos em comum com os pais das crianças que têm a mesma idade das nossas, pois podemos compartilhar dificuldades, preocupações e liberdades semelhantes, segundo o nível de independência dos filhos.

Não fique preocupada com o fato de que, por estar na faixa dos 40 (ou 20) anos quando o seu primeiro bebê nascer, você será transformada em um pária social. Hoje em dia, mulheres têm o primeiro filho nas mais diversas faixas etárias. Além de os acontecimentos de sua vida atual a aproximarem de outras mães inexperientes de qualquer idade, você provavelmente encontrará mulheres que fizeram opções de vida semelhantes. Se você esperou completar 40 anos para ter o primeiro filho, encontrará números cada vez mais significativos de mulheres que tomaram a mesma decisão. Se decidiu começar uma família assim que saiu da adolescência, também encontrará outras na sua faixa etária com quem trocar ideias.

Tire vantagem da oportunidade de expandir suas conexões sociais. Vi inúmeras amizades duradouras começarem entre participantes de meus grupos que, ao menos aparentemente, pareciam ter pouca coisa em comum além do bebê. Abra-se à possibilidade de desenvolver relacionamentos significativos com várias mães.

- As aparências enganam. Não julgue outra pessoa antes de conhecê-la melhor. Apenas porque você usa conjuntos de marca e a mãe que acabou de conhecer no consultório médico tem tatuagens e piercing não significa que não possam ser grandes amigas.
- Curta a possibilidade de fazer amizade com uma mãe de primeira viagem que não pertence à sua faixa etária. As diferentes circunstâncias de vida poderão trazer novos *insights* para as duas.
- Não pense que o simples fato de ter o primeiro filho na mesma época seja garantia de amizade ou compatibilidade. Você e aquela mulher com o bebê no parque talvez tenham a mesma idade, o que não quer dizer que vão se entrosar.
- Ter o primeiro filho na mesma faixa etária também não garante atitudes semelhantes em relação à carreira. Uma mãe de primeira viagem aos 40 e poucos anos talvez tenha tido o primeiro filho mais tarde porque estava totalmente centrada no progresso profissional, enquanto outra mulher tenha tentado engravidar desesperadamente durante anos, antes de finalmente adotar um recém-nascido. Talvez você prefira ter filhos mais cedo para poder curti-los na juventude, enquanto sua vizinha, também aos 20 anos, esteja tentando "tirar a possibilidade de ter filhos" do caminho para que possa lutar pela profissão em tempo integral.
- Se ainda deseja encontrar outras mães de primeira viagem que tenham mais ou menos a sua idade, não desista. Participe de

grupos ou peça ao seu médico, ao instrutor do curso de gestante ou ao nutricionista que a coloque em contato com outras mães inexperientes, mulheres que você ainda não conhece e que estejam na sua faixa etária, para compartilharem as alegrias e dificuldades de ser mãe pela primeira vez, ainda que mais velha (ou mais jovem).

Apêndice

Circunstâncias Especiais

Este capítulo analisa algumas preocupações que não são tão universais quanto a maioria dos tópicos dos capítulos anteriores, mas ainda bastante comuns para merecerem inclusão. A tecnologia médica e as tendências sociais nas últimas décadas permitiram a mulheres que nunca teriam a oportunidade de ser mães, se tivessem chegado à vida adulta em épocas anteriores, vivenciar a maternidade. Quando a mulher se torna mãe por outros meios que não o método antes considerado "tradicional" (casal feliz faz amor, ela engravida e depois dá à luz um bebê saudável), enfrenta situações e problemas que outras mulheres raramente enfrentariam.

Tornar-se mãe é uma experiência complicada sob as melhores circunstâncias e obviamente nem todas as mulheres as têm. Este capítulo responde a algumas das perguntas mais universais feitas por mulheres que se encontram em situações de maternidade não tão universais. Este livro não simula responder a todas as perguntas sempre feitas por mães de primeira viagem (embora eu tenha tentado incluir as mais urgentes), reuni as questões de acordo com os aspectos emocionais do problema.

Por exemplo: tanto mães solteiras como casais que adotam filhos podem enfrentar as mesmas questões sobre como e quando dar informações sobre a origem biológica do bebê. Casais gays e inter-raciais também vivenciam discriminação e falta de aceitação. Casais com histórias familiares de abuso físico ou emocional precisam de sugestões semelhantes para manter a segurança do bebê. Situações que parecem muito diferentes superficialmente talvez tenham soluções bastante similares.

Os capítulos anteriores responderam a perguntas que a maioria das mães de primeira viagem enfrentará em determinado momento, no primeiro ano de vida do bebê, enquanto este capítulo explora respostas para as perguntas mais comuns feitas por mães cujas situações incomuns criam diversos problemas. Este capítulo trata, no sentido mais amplo, de como lidar com seus sentimentos e reagir adequadamente quando sua condição de mãe não é tão comum. Esses problemas encaixam-se em quatro categorias:

- Mulheres que se tornam mães por meios não-convencionais: inseminação artificial e doadores de embriões, esperma e óvulos podem permitir que uma mulher leve a gestação até o final, sem problemas. A adoção, embora exista há séculos, sofreu mudanças consideráveis nas últimas décadas; as pessoas agora adotam crianças de outras raças e origens e têm diversos níveis de envolvimento com as mães biológicas.

- Mulheres com diversos estilos de vida: atualmente há maior conscientização e, pelo menos em alguns lugares, mais aceitação de estilos de vida alternativos. Gays, casais inter-raciais e mulheres solteiras têm a possibilidade de se tornarem pais; a mulher pode trabalhar, enquanto o marido fica em casa para cuidar do bebê. Casais podem preferir criar o filho juntos sem se casar. Mulheres podem e dão à luz o primeiro filho em qualquer faixa etária, da adolescência aos quase 50 anos, sem que se estabeleça esses casos como recordes.

- Bebês incomuns: bebês às vezes nascem com alguma coisa peculiar, variando de nascimentos múltiplos a pequenos problemas estéticos e graves transtornos clínicos.

- Problemas familiares: nem todas as mães inexperientes se originam de famílias em que se sentem à vontade. O modo de lidar com uma situação familiar perigosa é um assunto mais comum do que pensamos.

Os Estados Unidos têm grupos e associações locais e nacionais na maioria das comunidades que oferecem apoio a famílias recém-formadas em situações pouco convencionais. Para *insights* mais profundos e para buscar companhia e conhecimentos que lhe ajudem com seus problemas individuais, vá à biblioteca, procure pela Internet, telefone à secretaria de serviço social do estado ou o centro de saúde mental de sua cidade para obter referências. Às vezes o que você mais precisa é apenas comparar histórias com alguém que vivenciou a maternidade nas mesmas circunstâncias.

MEIOS NÃO-CONVENCIONAIS DE SE TORNAR MÃE

Meu bebê foi concebido com muita ajuda médica. Quando e até que ponto devemos contar aos nossos amigos e familiares e a ele, quando crescer?

Quando a geração de um bebê envolve meses ou anos de intervenções médicas, o processo parece dominar sua vida. Assim que o bebê nasce saudável, o foco de ficar e permanecer grávida desaparece e você se torna uma mãe como qualquer outra, normal, com um filho normal. Como ficou preocupada por tanto tempo com o processo de concepção de alta tecnologia e com a gravidez, você tem a impressão de que precisa contar todos os detalhes de suas tentativas a todos que quiserem saber sobre sua experiência de se tornar mãe. E parece plausível compartilhar essas informações com o filho, assim que possível.

Eu sempre me interesso quando mulheres querem me contar a história do parto e, cada vez mais, essas histórias incluem anos de empenho para conceber e/ou segurar a gravidez com sucesso. Passar por testes de fertilidade e tratamentos faz parte da primeira experiência maternal de várias mulheres. Para algumas, falar sobre as dificuldades em ter o bebê ajuda a entenderem a situação e a prosseguirem na nova vida como mãe. Mesmo quando os tratamentos de infertilidade são bem-sucedidos, a mãe de primeira viagem precisa confiar em sua capacidade e às vezes receia que a dificuldade com a gestação significa que terá problemas como mãe. Também penso que algumas mulheres que precisam de apoio médico para engravidar se sentem menos capazes e contar sua história aos outros as ajuda a resolver esses sentimentos.

Conte tudo que desejar àqueles que perguntarem sobre o bebê. Embora existam inúmeras mulheres que dependem da tecnologia médica para ter filhos, lembre-se de que nem todas as pessoas estão tão interessadas quanto você nos detalhes específicos. É bem provável que os mais íntimos já saibam o quanto você desejava um filho e como se empenhou para concebê-lo.

Se o bebê for biologicamente seu e de seu marido, *não precisa* saber das circunstâncias do nascimento (embora, quando for mais velho e pensando em ser pai, as informações médicas sobre a dificuldade dos pais em concebê-lo poderão ser úteis). Se o bebê fosse concebido de forma mais romântica, você provavelmente não lhe contaria sobre o jantar à luz de velas e a música ambiente; da mesma maneira, você pode optar por não contar a história do tubo de ensaio onde ele foi concebido.

Por outro lado, se seu filho tem antecedentes genéticos de outra pessoa além de você e de seu marido, ele precisa saber certos fatos importantes sobre suas origens. Talvez queira informações médicas da família biológica; além disso, você poderá lhe contar sobre elas à medida que a curiosidade e capacidade cognitiva dele permitirem. É bom que você esteja se preparando agora para ajudá-lo a conhecer suas origens. Se continuar a ser honesta, objetiva e direta sobre como foi gerado e a dar as informações solicitadas e bem esclarecidas, tudo dará certo.

Nosso bebê foi adotado e não se parece em nada conosco. Como devemos responder às perguntas de estranhos?

Responda educadamente. Responda simples e honestamente, usando um tom de voz casual. Você não deve a um estranho explicações detalhadas de como adotou seu filho, mas também não deseja responder de forma que seu filho pense haver algo peculiar, errado ou vergonhoso em ser adotado. A maioria das pessoas não pergunta por mal, mas por curiosidade, sem a intenção de ser hostil. Talvez também tenham um filho que não se parece com ninguém da família; talvez estejam pensando em adotar ou apenas queiram puxar conversa. Dê o tipo de informação que a situação e o seu relacionamento com o curioso exigem. Suponha que a pergunta foi bem-intencionada e responda a ela sucinta e honestamente.

Quando a pessoa que pergunta parece genuinamente interessada, agradável e receptiva, diga a verdade.

- Você pode responder que os cabelos do bebê são iguais aos da mãe biológica, oferecendo uma abertura, se ambos estiverem à vontade, para conversar sobre as circunstâncias do nascimento.
- À medida que o bebê cresce, quando a pergunta for feita na presença dele, você pode usar a situação para reforçar a seu filho o quanto se sente emocionada por ele ser parte da família agora e que adotá-lo foi a melhor coisa que lhe aconteceu.
- Seja descontraída ao dar explicações. Responda, por exemplo: "Sim, ele é muito engraçadinho, não é? Nós o adotamos – que sorte a nossa, não acha?"

Se a situação não permitir e você sentir que a pessoa foi rude, até hostil, ou se você simplesmente não quer contar a qualquer um, então não conte. Não precisamos dar inúmeros detalhes sobre como e por que resolvemos adotar e nem mesmo dizer que o bebê foi adotado.

- Se quem lhe perguntou é desconhecido ou alguém com o qual você não quer compartilhar a origem do bebê, pode dar de ombros e dizer: "Sim, não é engraçadinho?" Ou: "Ainda bem que o nariz parece o da avó!" Você não precisa incluir o fato de não ser parente da avó.

⁕ Se desejar explicar, mas o momento não for adequado, uma resposta sucinta do tipo: "A genética é fantástica, não é?" deve interromper o interrogatório.

Se a pessoa for grosseira, você não lhe deve resposta alguma. Levante-se e saia. Se o bebê tiver idade suficiente para entender, explique que algumas pessoas não têm educação nem entendem que uma família é composta de indivíduos que se amam e que não é necessário terem semelhanças físicas.

Nem todas as perguntas precisam ser respondidas.

Nosso bebê foi adotado. Como devo reagir quando alguém comentar como recuperei a forma rapidamente ou me perguntar por que não amamento?

Você pode responder sucintamente ou não, dependendo do modo que se sentir. Como a situação e seus sentimentos indicam, você pode sorrir e agradecer, ou contar a versão mais longa da história – que você não é a mãe biológica do bebê. Ambas as respostas são aceitáveis; não contar que você não pariu o bebê não é desonesto. Você escolhe com quem e sob quais circunstâncias deseja falar sobre a origem do bebê, ou sobre seu corpo, se for o caso. E é você quem decide se contará detalhes ou não.

Saiba que ao contar sobre a origem do bebê você abre o assunto para discussão, portanto seja cuidadosa ao escolher com quem compartilhar os fatos. Conte os detalhes que desejar para quem e quando quiser. Você não deve explicações sobre sua boa forma a ninguém. Tome cuidado para não divulgar muitas informações simplesmente por se sentir constrangida com o fato de não ter sofrido fisicamente para ter o bebê, mas sinta-se livre para contar a história toda, sempre que quiser.

Adotamos o bebê. Quando devemos começar a lhe contar sobre a adoção?

Agora. Você precisa se sentir à vontade com o que deseja que o bebê saiba sobre suas origens, e quanto mais cedo conseguir conversar casualmente sobre o assunto, melhor. Quando ele tiver idade suficiente para entender, seja direta e objetiva sobre como e por que ele veio a ser seu. Até lá, acostume-se a conversar sobre a adoção com os entes queridos para que ela seja tão natural para ele quanto o próprio nome dele.

Há várias gerações, adoções eram mantidas em segredo. As pessoas preocupavam-se, pensando que ser adotado era vergonhoso ou anormal e quanto menos fosse falado sobre o assunto, melhor. Alguns pensavam que a criança precisava se sentir biologicamente conectada à família para desenvolver segurança emocional; outros, que os pais biológicos eram indubitavelmente de família pobre, com problemas mentais ou morais, e desejavam proteger o bebê da verdade relacionada à sua origem. Famílias se recusavam a comentar as circunstâncias do nascimento da criança adotada e, na maioria das vezes, o segredo era revelado nos piores momentos possíveis. Em geral, esses segredos são uma péssima ideia, pois quase sempre ganham poder e importância em virtude da necessidade de manter o silêncio. Raramente protegem alguém e frequentemente resultam em sentimentos de traição quando finalmente revelados.

O pensamento atual sugere que, quanto mais formos informais sobre a adoção do nosso filho, mais tranquilo ele será. Você precisa estar em paz com o fato de ter adotado seu bebê e com os acordos que fez com os pais biológicos, e seu filho precisa saber das origens. Contar a outros, educada, calma e carinhosamente pode deixar bem claro para eles e, também para o bebê, que você tem orgulho de tê-lo escolhido e que a adoção é maravilhosa para todos.

Nosso bebê adotado é de outra raça (ou de outra nacionalidade). Quando devemos começar a conversar com ele sobre seus antecedentes étnicos?

Evidentemente acredito em honestidade e objetividade. Mais uma vez, eu diria que a origem e a raça do bebê devem ser assuntos corriqueiros. Há duas maneiras para você compartilhar informações sobre as origens culturais e biológicas do bebê. Primeira: como, o quê e quando compartilhar com ele essas informações. Segunda: como lidar com terceiros, sobretudo aqueles que não são da família.

Antes de seu filho perceber as diferenças entre seus traços e os dele, comece a ajudá-lo a entender e a aceitar sua singularidade, comentando como a cor da sua pele ou dos seus cabelos é linda. Introduza os conceitos de adoção e diferenças raciais, assim como detalhes específicos da história de seu filho, quando ele ou outros perguntarem. Seu filho precisa saber o quanto é querido e por que parece tão diferente de você. Mantenha um clima aberto a perguntas e dê respostas honestas e adequadas.

Se seu filho for de uma raça completamente diferente da sua ou de seu marido, sem dúvida a pergunta surgirá com frequência. Steffa, a mãe loura e de olhos azuis de um bebê negro que adotou, estava em um parque dando-lhe mamadeira. Uma desconhecida apareceu e lhe perguntou se a mãe do bebê o amamentava, supondo que Steffa jamais poderia ser a mãe. Stella conta inúmeras histórias desse tipo, de pessoas provavelmente bem-intencionadas, mas que fazem perguntas invasivas e presunçosas. Se seu bebê não é seu filho biológico, você provavelmente vivenciará situações semelhantes. Precisará aprender, como Steffa, quando e como responder educadamente para minimizar o próprio constrangimento, ou o da criança, e maximizar a possibilidade de um comentário impensado se transformar em interação positiva.

- Procure apoio de pais que adotaram filhos de outras raças ou culturas. Pergunte, *antes* que seu bebê tenha idade suficiente para entender a confusão, como outros pais lidam com perguntas sobre discrepância racial. Estar preparada pode lhe permitir analisar de antemão suas respostas e reduzir o estresse de tentar responder a uma pergunta tão emocionalmente complexa.
- Quem adota bebês estrangeiros quase sempre passa pela experiência com outros pais adotivos. Faça contato com eles e pergunte-lhes como lidaram com a situação.
- Comunique-se com advogados ou assistentes sociais que lhe ajudaram no processo da adoção.
- Informe-se a respeito de adoções internacionais e inter-raciais e aplique esses conhecimentos sabiamente. Instrua amigos, familiares e desconhecidos, quando necessário.
- Entenda que, *a adoção será sempre evidente,* porque o bebê é visivelmente de outra raça, o que significa que você se esforçará em dobro para ajudá-lo com questões de identidade.
- Faça contato com pessoas que você respeita em sua comunidade, incluindo professores e religiosos, e instrua-os sobre as origens de seu filho, conversando com eles sobre seus problemas. Ajude-os a ajudarem seu filho a se sentir aceito e inserido na comunidade.
- Lembre-se sempre de que você deve ser primeiramente leal ao seu filho, amando-o e ajudando-o a se sentir amado e aceito como parte da família e, sem dúvida, do mundo.

Meu bebê adotado não se parece comigo nem com minha família e estou sentindo dificuldade em desenvolver um vínculo com ele. Será que algum dia vou amá-lo como ele merece ser amado?

Talvez não seja fácil admitir não se sentir tão apaixonada pelo bebê, mas faz parte do processo de adoção. Para muitas mães inexperientes, o vínculo começa durante a gestação, oportunidade que os pais adotivos não têm. Além disso, parte do vínculo materno-infantil inclui o reconhecimento da conexão biológica entre mãe e filho, a conscientização de que o bebê é *dela* e a experiência de fitar seus olhos e saber que vocês compartilham de um profundo vínculo ou história biológica. Quando a sua aparência e a do bebê são muito diferentes, o vínculo emocional pode não se desenvolver tão rapidamente quanto esperado; ele passa a depender mais da experiência de ser mãe do que da conexão mais primitiva e visceral. É normal, talvez até mesmo comum, que a mãe demore mais a se conectar ao bebê que não se parece em nada com ela.

Há também o fato de o processo de adoção muitas vezes influenciar o desenvolvimento do vínculo. Alguns casais que adotam crianças vivenciam grandes decepções antes de uma adoção bem-sucedida. Se uma ou mais adoções potenciais falharam antes de receber seu bebê, talvez você esteja contendo um pouco as emoções até estar certa de que ficará com ele. Quando o medo de perdê-lo desaparecer, você se permitirá amá-lo totalmente. Além disso, se o bebê chegou rapidamente, o que às vezes acontece, você teve menos tempo de se preparar emocionalmente para a maternidade. Assim como a mãe que tem um bebê prematuro, você apenas teve menos tempo de se acostumar à ideia de que logo seria mãe.

Seja paciente consigo mesma e não se preocupe. Cuidar do bebê a levará a amá-lo. Se não acontecer após vários meses, converse com um profissional para ver o que a impede de sentir um vínculo mais carinhoso com seu filho.

A mãe biológica do nosso bebê era usuária de drogas (ou alcoólatra ou prostituta) e, em consequência, ele tem problemas de saúde. O quê e quando devemos contar ao bebê?

Quando existem problemas, as pessoas geralmente querem fazer acusações. Dizer ao filho que seus problemas de aprendizagem são o resultado das escolhas precárias da mãe biológica deixa claro que ele não é do jeito que é por *sua* causa, mas não tenho certeza se acusar a mãe biológica trará outros benefícios, principalmente enquanto ele for muito pequeno. O bebê, por fim, precisará saber sobre os antecedentes genéticos e médicos da mãe biológica. Dizer-lhe que talvez tenha uma predisposição biológica a ter problemas com vícios, em decorrência dos vícios da mãe poderá lhe ajudar a evitá-los, o que, sem dúvida, tem algum valor. Mas, por enquanto, é preciso descobrir quais informações devem ser ditas ao bebê.

Lembre-se de que a mãe biológica do bebê (mesmo se ela prometeu nunca mais procurá-lo ou se faleceu) terá sempre um lugar na vida dele. Ela tem um vínculo genético direto com ele e não há vantagem alguma em denegrir sua imagem. Seu objetivo é criar o bebê para que ele seja saudável, bem-sucedido e feliz, portanto considere essa meta, sempre que mencionar a mãe biológica.

- ❧ À medida que seu filho começar a fazer perguntas, responda-as honestamente, mas sem muitos detalhes sórdidos. Seu filho precisa saber os fatos, mas não saber que a mãe era uma idiota.
- ❧ Verifique se todas as informações que você compartilha com amigos ou familiares sobre a mãe biológica do bebê são aceitáveis para que ele também saiba. Outras pessoas não precisam saber detalhes sobre o caráter ou a situação da mãe biológica os quais você não gostaria que ele soubesse. Quaisquer informações compartilhadas com terceiros podem chegar aos ouvidos de seu filho e provavelmente de forma inadequada.

Reforce o que é positivo. O bebê chegou até você porque merece ser bem tratado. Você e ele têm sorte de ele agora ser seu filho e ele precisa saber que você se sente muito feliz com o fato de ele ter nascido e de lhe ter sido dado.

PROBLEMAS FAMILIARES MÉDICOS OU EMOCIONAIS

Sofri abuso físico (ou sexual) de um dos meus familiares quando criança. Como posso manter meu bebê longe dele sem ofender o resto da família?

Sua primeira prioridade é a segurança de seu filho. Se está decidida a não ter nenhum contato com essa pessoa, incluir seus filhos na decisão é fácil. Antes de alguma reunião familiar, verifique a lista de convidados com os anfitriões e faça seus planos. Não vá, se sentir que você ou a segurança do bebê correm risco. É bem provável haver muita gente no encontro e, se permanecer sempre acompanhada (peça a seu marido para acompanhá-la ao banheiro, se necessário), não correrá riscos, mesmo se a pessoa em questão aparecer. Mas você tem o direito, e talvez também a responsabilidade, de proteger a si mesma e ao bebê.

Se sua família conhece a história, seu desejo de não se encontrar com a pessoa não será considerado uma ofensa. Explicar sua posição uma ou duas vezes deve ser suficiente para esclarecer que você ama sua família, quer participar das reuniões, mas não pretende se colocar, desnecessariamente, em uma posição constrangedora ou arriscada. Solicite a lista de convidados calmamente; declare com firmeza seu desejo de permanecer longe da pessoa em questão e sua vontade deverá ser respeitada.

Se sente que o indivíduo ainda é perigoso e sua família desconhece essa parte de sua história, talvez seja hora de lhe contar. Converse com um profissional, assistente social ou psicólogo, de preferência alguém com experiência em situações de abuso familiar. Talvez você queira ter algumas sessões familiares para auxiliar sua família a aceitar e a entender a gravidade do problema e também para ajudar o perpetrador a parar de uma vez por todas. Se você nunca lidou com seus sentimentos sobre essa parte de seu passado, procure ajuda profissional, pois sua atual condição de mãe pode trazer à tona muitas lembranças antigas e perturbadoras.

Apesar da maior conscientização da prevalência de abuso infantil e sexual no mundo atual, muitas famílias ainda não estão muito dispostas a aceitar que um de seus componentes tenha cometido tal crime. Isso é válido, mesmo quando a antiga vítima, agora você, adulta, declara a verdade. Se teme que esse familiar ainda represente perigo para outros, é sua responsabilidade falar sobre suas preocupações com quaisquer vítimas potenciais ou seus pais, independentemente da resistência de seus entes queridos a enfrentar esse assunto.

Dizer aos familiares que um ente querido cometeu abuso gera enorme estresse e desconfiança e pode ser extremamente constrangedor, tanto para a antiga vítima como para o acusado. Ninguém quer acreditar que alguém que amam poderia abusar de uma criança, ou que a criança sofreu abuso sem o conhecimento dos adultos na casa. Nem o abuso físico nem o sexual são comuns, mas ambos acontecem. O abuso continuará, a menos que seja impedido; saber sobre o perigo potencial, sobretudo se é alguém de seu meio, talvez seja a melhor proteção tanto para seu bebê como para outras crianças.

Entenda que, por mais desagradável que seja compartilhar as lembranças horríveis do seu abuso, manter o segredo às vezes exacerba o problema. O silêncio é um peso e o medo de contar é, na maioria das vezes, pior do que a realidade. E se o acusado contar uma versão diferente dos fatos, colocando-o como vítima, ou contar mentiras sobre você, transformando-a em mentirosa ou causadora de problemas? Conte a sua família o que realmente aconteceu, proteja seu bebê e outras crianças com as quais essa pessoa tem contato e trabalhe para resolver a sua história de abuso. Concentre-se menos em não ofender familiares e mais na cura de sua dor. Você e o bebê têm direito a segurança.

Meu marido não se relaciona com parte da sua família. É razoável continuar sem contato, agora que temos um bebê?

As pessoas crescem, mudam e, com um pouco de maturidade e sorte, até aprendem com os próprios erros. Os que foram péssimos pais podem ser excelentes avós. Às vezes, as mesmas pessoas que eram patéticas como pais podem se tornar amigas dos filhos adultos, quando a obrigação de sustentar a família e o caos de viver com crianças se acabam. Podem se tornar uma contribuição maravilhosa para a vida do neto, assim como apoio inesperado para você. Às vezes.

Você terá de avaliar todas as circunstâncias e decidir se é melhor para o bebê cortar todo e qualquer contato com a família de seu marido. Certamente, em determinadas famílias, quanto menos contato, melhor. Quando comportamentos problemáticos continuam ou a mágoa é muito profunda, manter distância faz sentido. Quando você sentir necessidade de proteger a si mesma ou seu marido e o bebê de perigo potencial, talvez seja preciso limitar o contato.

Contudo, a maioria das famílias tem características positivas. Ora, a família de seu marido o educou e ele é ótimo, certo? Seria muito ruim eliminar qualquer possibilidade de você e seus filhos terem um relacionamento positivo com esses familiares que são, afinal, parentes consanguíneos do bebê.

Retome contato se:

- Sentir que todos os seus familiares estarão em segurança.
- Sentir que estabelecer novo relacionamento com o familiar anteriormente complicado pode ser melhor para todos.
- Você e seu marido desejam que o bebê (e quaisquer filhos subsequentes) conheça ambos os lados da família, independentemente dos erros passados.
- Você e seu marido desejam retomar o contato com a família dele e acabar com o peso das mágoas.
- O familiar problemático expressar o desejo de retomar o relacionamento.

Não retome o contato com esses parentes se:

- Tiver motivos para acreditar que os danos causados ao seu marido provavelmente continuarão.
- Acreditar que o contato com esses parentes prejudicará o bebê e a você.

- A raiva ou a dor de seu marido dominará o relacionamento de tal forma que poderá ser perigoso.
- Você ou seu marido forem incapazes de perdoar e prosseguir.

Restabelecer cuidadosamente um relacionamento amigável com o(s) familiar(es) que causou a ofensa pode ajudar para que todos se sintam melhor, além de dar exemplo aos seus filhos sobre como perdoar e lidar com relacionamentos estressantes. Se o familiar anteriormente perigoso voltar a ser destrutivo, esteja preparada para romper relações novamente. E, se houver tal animosidade entre essas pessoas de forma que não consigam ficar na mesma sala juntas sem que discutam, talvez seja a hora de buscar ajuda profissional.

Meu marido e eu somos deficientes visuais (ou auditivos ou portadores de qualquer outra deficiência física) e nosso filho não é. Como podemos educadamente informar às pessoas que fizemos pesquisas adequadas e temos o apoio necessário para que parem de se preocupar?

Se você tem a ajuda necessária para que o bebê seja bem cuidado e estimulado, tudo que tem a fazer é expandir seu repertório de respostas a amigos e familiares bem-intencionados.

- Agradeça aos entes queridos por sua preocupação e diga-lhes que você considerou todas as implicações da situação e tomou as medidas necessárias para educar e cuidar adequadamente do bebê.
- Tenha uma programação ou plano para os cuidados do bebê que possa ser compartilhado com seus familiares receosos.
- Não se coloque na defensiva se as preocupações expressadas são simplesmente iguais às dirigidas a todos os pais de primeira viagem. Quase todas as mães inexperientes enfrentam

CIRCUNSTÂNCIAS ESPECIAIS 267

comentários indesejados e orientações de amigos e familiares bem-intencionados, mas irritantes; isso talvez não tenha muito a ver com a sua incapacidade.

- ❧ Aceite ajuda quando necessário e se oferecida com amor. Toda mãe de primeira viagem precisa dela.
- ❧ E, se você precisar de mais ajuda, não tenha medo de pedir. Faça contato com grupos de apoio para adultos com deficiências físicas semelhantes. Saiba que muitos indivíduos com diversas limitações são excelentes pais e criam filhos talentosos e bem ajustados.

Tive grave depressão pós-parto. Estou muito melhor agora, mas preocupo-me com meu relacionamento com o bebê. Ainda poderemos ter uma boa ligação mãe-filho?

Sim. À medida que você começar a se sentir melhor e voltar ao que era antes, recobrará a disposição e a força emocional para se conectar ao bebê; o vínculo se desenvolverá. Depressão e psicose pós-parto são relativamente raras, mas problemas significativos, às vezes arrasadores e que ultimamente recebem muita atenção da mídia. Felizmente, essa atenção deve resultar em melhor compreensão e tratamento da doença e, portanto, os grandes problemas causados por essas doenças terríveis certamente serão minimizados. Depois que você recebe tratamento e se recupera, a vida e os relacionamentos voltam ao normal.

- ❧ Continue o tratamento enquanto os médicos considerarem necessário, incluindo a ingestão dos medicamentos prescritos e o acompanhamento com psicoterapia ou outros programas indicados. Se alguma coisa não estiver dando certo ou se você perceber que a depressão está aumentando ou retornando, procure o médico imediatamente.
- ❧ Não tenha medo de pedir ajuda com o bebê e a casa, se necessário. Pedir o que necessita é um sinal de força, não de fraqueza.

- Cuide-se para cuidar do bebê. Alimente-se adequadamente e descanse. Se para isso tiver de pedir a sua sogra que cuide do bebê enquanto você dorme ou encontrar uma boa amiga que lhe traga refeições de vez em quando até você se recuperar totalmente, peça.
- Encontre grupos de apoio, tanto em sua comunidade como na Internet, para compartilhar seus sentimentos e preocupações.
- Não se apresse e dedique-se a conhecer e a amar o bebê. Quando estiver totalmente recuperada, vocês terão uma vida toda pela frente para cultivarem o vínculo.

Nosso bebê tem atrasos no desenvolvimento e, por isso, nossa situação é diferente da experiência de nossos amigos. O que fazer para nos sentirmos menos sozinhos?

Embora algumas de suas experiências sejam semelhantes às de seus amigos (noites em claro, falta de tempo livre, mudanças nas prioridades etc.), outras decididamente são diferentes. Dependendo da gravidade dos problemas que você enfrenta, talvez tenha mais contato com diversos profissionais, maiores problemas financeiros, expectativas diferentes em relação ao futuro do bebê e talvez emoções inesperadas, à medida que se acostuma a ter um bebê diferente daquele dos seus sonhos.

- Peça ao pediatra para lhe indicar profissionais experientes no trabalho com famílias de crianças com problemas similares. Procure apoio tanto para você como para o bebê.
- Mostre aos antigos amigos que você ainda é a mesma e diga-lhes que ficarão sabendo até que ponto vai dividir com eles os problemas do bebê. Talvez eles tenham se afastado porque não sabem o que lhe dizer.
- Mesmo se você se sentir sobrecarregada (especialmente se estiver se sentindo sobrecarregada), telefone à sua melhor amiga. Garanta um tempo para seu marido e você e para seu casamento,

além de cuidarem do bebê. Conversem sobre as alterações em sua vida social.

→ Procure um grupo de apoio (ou organize um, se não houver nenhum na sua região) para mães ou pais de crianças com incapacidades semelhantes. Faça amizade com pessoas que sabem o que você está passando.

Você está certa de que seus amigos não sabem o que você está passando, o que não significa que não possam ser mais amigos. Consiga apoio onde e quando puder e mantenha os amigos queridos ao mesmo tempo.

Nosso bebê nasceu com algumas anomalias físicas (ou apresenta atraso no desenvolvimento). O que devo fazer quando alguém perguntar o que há de errado com ele?

Também neste caso, você não precisa responder a nenhuma pergunta que não queira. Se desejar responder com educação, dê uma resposta concisa e clara. Responder simplesmente que o bebê tem atraso no desenvolvimento ou descrever a natureza da anomalia física de seu filho é o suficiente, na maioria das situações. Às vezes você constatará que o autor da pergunta tem um filho com incapacidade semelhante e deseja dar sugestões ou apoio; em outras ocasiões, você verá que ele apenas é mal-educado, não controla seus impulsos e simplesmente fala o que lhe vem à cabeça. Responder simplesmente lhe permitirá manter a dignidade sem ter de se rebaixar e demonstrar rudeza desnecessária.

Quando lhe perguntam o que há de errado com o bebê, especialmente na presença dele, não imaginam que você ou o bebê podem se magoar com a pergunta. A maioria das pessoas é bem-intencionada: provavelmente perguntam por curiosidade ou desejo de fazerem amizade. Raramente querem magoá-la ou relembrá-la, caso tenha se esquecido, de que seu bebê não é normal. Embora ele seja muito pequeno para entender as palavras específicas que você emprega, desde que fique calma e seja educada, não importa como você responderá.

Quando o bebê tiver idade suficiente para saber que é objeto da curiosidade alheia, a reação que você terá às incapacidades dele e aos olhares e perguntas que elas suscitam influenciará muito no modo de ele se sentir em relação a você e a si mesmo. Você tem alguns meses antes de ele entender determinadas palavras e menos tempo até que ele possa se conscientizar de suas emoções.

- Converse com profissionais que entendam a condição do bebê e faça contato com outras famílias que tenham crianças com problemas físicos ou de desenvolvimento similares. Procure grupos de apoio adequados e programas de tratamento.
- Aprenda o máximo possível sobre o diagnóstico específico e o prognóstico de seu filho.
- Prepare-se para responder a perguntas de desconhecidos bem--intencionados e evitar as que venham de pessoas grosseiras.
- Ame seu bebê e inclua-o na vida familiar da maneira que você puder. Se precisar de ajuda para se adaptar a viver com uma criança diferente do que você esperava, faça o possível para obtê--la. Não é vergonha nenhuma sentir-se triste ou decepcionada com o fato de o bebê não ter o futuro que você sonhou, mas é preciso aceitar o filho que você tem, aprender a amá-lo e lhe oferecer as melhores condições de vida possíveis.

Todas as crianças merecem ser tratadas com amor e respeito. E todas merecem a oportunidade de aprender e se desenvolver o máximo possível dentro de sua capacidade. Saber o que esperar pode ajudar a família toda a planejar o futuro dessa criança, enquanto se apoiam e cuidam uns dos outros no presente. Responder calmamente a observações ocasionais inadequadas de terceiros ajudará seu filho a saber que você não se sente constrangida com ele, que você aceita suas possíveis limitações e que o ama. As palavras que você usar serão menos críticas do que o espírito com o qual você e ele enfrentam juntos o mundo.

Meu bebê tem anomalias físicas que são evidentes para qualquer pessoa a pequena distância. O que posso fazer para lidar com os olhares e as perguntas?

Se o bebê apresenta problemas físicos evidentes, as pessoas ocasionalmente vão olhar e até fazer perguntas inoportunas ou, no mínimo, constrangedoras. Como com qualquer pergunta, você não tem obrigação de responder, mas é bom se preparar e considerar quando e como deseja respondê-las, para que você e seu filho possam minimizar os momentos desagradáveis ou constrangedores. Ao contrário das perguntas sobre a origem da criança, que podem denotar certo preconceito ou superioridade social, indagações sobre anomalias físicas podem ser motivadas por mera curiosidade. Seja qual for a intenção da pergunta, você deseja proteger seu filho de constrangimento, indelicadeza ou estresse desnecessários.

- Dê respostas sucintas e honestas. Talvez a pessoa curiosa sobre o bebê conheça alguém com problemas similares e possa lhe oferecer ideias ou apoio.
- À medida que o bebê cresce, você pode usar essas situações constrangedoras para ensiná-lo sobre comportamento bem-educado, como, por exemplo, não olhar fixamente para os outros.
- Sempre que possível, você pode instruir a pessoa curiosa, sugerindo-lhe que as perguntas feitas deixam-na constrangida (se for verdade) ou que o fato de as pessoas encararem o bebê faz com que ele se sinta péssimo (se for o caso). Diga aos curiosos que, embora você saiba que são bem-intencionados, seus olhares ou comentários sobre a aparência do bebê não a fazem se sentir bem e, educadamente, peça-lhes que a deixem em paz.
- Concentre-se nos atributos positivos do bebê e ajude os outros a vê-los. Quando alguém perguntar o que há de errado, diga que ele tem paralisia cerebral e que você se sente abençoada em tê-lo em sua vida porque é carinhoso, inteligente e divertido.
- Se seu bebê tem problemas visíveis permanentes, precisa aprender a tolerar atenção indesejada. Ajude-o a entender que algumas

pessoas apenas querem saber por que ele é diferente dos outros bebês, que há diversos tipos de crianças e que ele é maravilhoso.

Meu bebê é grande (ou pequeno) para a idade e as pessoas sempre comentam sobre seu tamanho. O que devo dizer?

Muito bem, tenho que dizer uma coisa. Às vezes as pessoas, sem querer, são simplesmente idiotas. Conheço uma família adorável cuja primeira filha era muito pequena para a idade. Sempre que alguém perguntava qual a sua idade, a mãe respondia e depois a pessoa exclamava: "Mas é tão pequenina!" Quando essa garotinha completou dois anos, já ouvira a mesma frase tantas vezes que, se alguém perguntasse sua idade, ela respondia: "Tenho dois e pequenina!" Embora parecesse engraçadinho, ela achava que "pequenina" fazia parte da idade e se tornou parte de sua identidade, e nem sempre uma boa parte. A maioria das pessoas quer ser conhecida pelo conjunto, não apenas pelas partes visíveis e incomuns.

As pessoas adoram comentar sobre bebês, mas raramente têm algo a dizer. Então, normalmente, a primeira coisa que notam é a que lhe sai da boca. Na maioria das vezes isso não é um problema, mas você e seu filho acabam cansados da surpresa diante do fato de ele ser tão pequeno para a idade. A baixa estatura não é um problema real; com o passar do tempo, a maioria dos prematuros atinge o desenvolvimento normal e indivíduos geneticamente pequenos podem se dar muito bem na vida, desde que não sejam inseguros ou fiquem constrangidos *em consequência* da altura. Além de influenciar ocasionalmente a possibilidade de o indivíduo se tornar jogador de basquete ou ginasta, a estatura não desempenha nenhuma função importante na vida, não afeta a inteligência, a determinação, a criatividade, a destreza ou as aptidões interpessoais. Mas a preocupação constante com a estatura pode trazer problemas; a menção frequente do tamanho da criança, se grande ou pequena "demais," poderá abalar sua auto-estima.

CIRCUNSTÂNCIAS ESPECIAIS 273

- Quando lhe indagarem sobre o tamanho de seu filho, explique que ele é pequeno porque é prematuro ou grande porque os avós e uma tia-avó tinham mais de 1,90 m de altura.
- Alguns pais, esforçando-se para desviar a atenção da aparência do bebê, respondem que a aparência não é o mais importante.
- Outros simplesmente assentem ou falam: "Sim, ela é grande" e mudam completamente de assunto.
- Dependendo da personalidade do bebê e da sua, você pode dar respostas usando inúmeras opções divertidas ou inteligentes. Pode falar que seu filho tem exatamente o tamanho certo para ser quem ele é ou que as coisas boas sempre vêm em embalagens pequenas ou brinque, dizendo que ela é alta o suficiente para seus pés tocarem o chão.

À medida que seu filho fica mais velho, principalmente se permanecer extremamente pequeno ou grande, talvez precise aprender a ignorar comentários. Além dos adultos, outras crianças comentam sobre tamanho. Ajude seu filho a desenvolver aptidões sociais e a ter uma atitude positiva sobre si mesmo de forma que, quando outros questionarem ou o ridicularizarem sobre seu tamanho, ele tenha confiança de que a estatura não representa quem ele é. Ele deve saber que possui outros valores além de ser capaz de se esconder em lugares pequenos ou poder alcançar a prateleira mais alta sem ajuda.

ESTILOS DE VIDA NÃO-CONVENCIONAIS

Meu parceiro e eu somos gays. Como devemos responder a algumas perguntas rudes que nos fazem?

Sempre que lhe fizerem uma pergunta grosseira, você tem a opção de não responder. Você não se importa com as perguntas de um amigo íntimo, mas se ofende com a ideia de outra pessoa perguntar a mesma coisa. Se vocês formam um casal explicitamente gay, você provavelmente já se sentiu inundada com comentários grosseiros de algumas pessoas e com a aceitação total de outras. Ter um bebê pode dar às pessoas grosseiras mais munição para tentar magoá-la, mas amigos verdadeiros e pessoas que sabem a importância do amor e da amizade continuarão a lhe dar apoio e compreensão.

Responda às perguntas que desejar, da maneira que lhe parecer melhor. Embora eu raramente defenda o fato de esconder informações importantes, existem boas razões para não revelar quem é o pai de seu filho. Se você deseja manter em segredo a identidade do pai biológico, *mantenha-a completamente em segredo*. Na maioria das vezes, contar a determinada pessoa, por mais bem-intencionada que ela seja, pode ocasionar problemas, porque ela talvez conte a outra, ou suponha que outra pessoa já saiba ou revele a informação de uma maneira que você desaprova.

Se não quer contar a ninguém, não conte. Existem inúmeras formas de evitar respostas a perguntas indesejadas. Se ainda quiser ser educada:

- Você pode responder: "Agradeço seu interesse, mas é um assunto particular." E mude a conversa.
- Diga-lhes que o que mais lhe importa é que seu bebê está ali neste momento.
- Você pode dizer: "Ah, não quero entediá-la com essa história."

Se quiser usar o senso de humor e responder de forma mais rude,

- diga: "Nunca lhe perguntei quem era o *seu* pai."
- diga-lhe que não pretende discutir os detalhes da concepção do bebê, assim como não quer discutir a noite em que os pais dele o conceberam.
- pergunte-lhes se querem saber porque estão pensando em ter um bebê do mesmo jeito.

Se deseja contar a história da origem do bebê, conte. Como acontece com todas as perguntas, você pode escolher respostas completas ou curtas e é uma ótima ideia responder a perguntas de forma adequada para a pessoa, lugar e ocasião.

Sou mãe solteira por opção. O que devo dizer às pessoas que questionam minha decisão de criar meu filho sozinha?

O que esperam que você diga não determina necessariamente o que você dirá. Poderá responder de forma completa ou sucinta, como quiser. Se sente que a pessoa é bem-intencionada, explique que você sabe que criar filhos sozinha é complicado, mas que está preparada para a tarefa. Se sentir que a pessoa é preconceituosa ou intrometida, talvez seja melhor dizer que a sua escolha é pessoal.

Embora não seja da conta de ninguém, as pessoas pensam que criar um filho como mãe solteira pode ser estressante. Na tentativa de alertar ou preparar você sobre as dificuldades futuras, muitas pessoas não percebem e nem se importam que suas perguntas podem magoá-la ou irritá-la. Comece esperando o melhor, mas prepare-se para cortar imediatamente qualquer conversa desagradável.

- ❧ Lembre-se de que você não deve respostas a perguntas grosseiras. Conte apenas o que desejar sobre as origens do bebê ou sobre a existência e paradeiro do pai.
- ❧ Lembre-se de que o mais importante é o bebê ter mãe e outros familiares que o adoram, que você o sustentará financeira e emocionalmente e pode dizer *isso* à vizinha intrometida que perguntar o que aconteceu ao pai do bebê.
- ❧ Procure apoio entre outras mães solteiras. Muitos centros comunitários de psicologia/psiquiatria e organizações que ajudam famílias ou mulheres têm grupos de apoio ou podem dar boas referências. Saber como outras mães solteiras lidam com comentários grosseiros e outros desgastes inerentes à situação pode ajudar muito.
- ❧ Saiba que, embora ser mãe solteira possa ser estressante, também pode ser muito gratificante. Seja objetiva com as pessoas e com o bebê e diga que é o que deseja fazer. Procure ajuda quando necessário, mas não perca tempo tentando justificar sua opção.

Eu trabalho e meu marido fica em casa, cuidando do bebê em tempo integral. Como reagir quando as pessoas questionarem nossa decisão?

A verdade é sempre a resposta mais simples. Falar diretamente: "Joe em casa cuidando de Cindy é o que melhor funciona para nós", "Ganho mais do que meu marido", ou "Meu marido é mais carinhoso do que eu" geralmente basta. Se a curiosidade se transformar em crítica, corte o mal pela raiz.

- Quando a primeira crítica surgir, tente cortar a reprovação potencial, exaltando as inúmeras virtudes do seu plano de cuidados infantis.
- Algumas pessoas simplesmente têm uma ideia preconcebida de como criar filhos e nenhuma outra maneira lhes parece adequada. Diga-lhe que, embora você respeite sua preocupação, seus comentários a magoaram. Diga que não quer mais falar sobre sua decisão e mude de assunto.
- Se alguém criticar seu marido por ser "pouco masculino" responda da mesma maneira. Não precisa brigar, apenas limite o contato e a conversa para tópicos mais neutros e plausíveis.
- Organize ou participe de um grupo para famílias com pais em período integral para que você e seu marido tenham o apoio de outros casais que tomaram decisões semelhantes.
- Tenha conversas periódicas com seu marido para ver se a situação está satisfatória para ambos. Faça ajustes, se um de vocês estiver insatisfeito.
- Relaxe. Se está feliz em prover o sustento financeiro da família enquanto seu marido cuida do bebê e da casa, não há problema: seu filho ficará bem e em pouco tempo ninguém mais vai lhe importunar sobre o assunto.

Famílias Mistas

Este é meu primeiro bebê, mas meu marido tem dois filhos de um relacionamento anterior. Como posso saber se serei uma mãe tão boa quanto sua primeira esposa?

Seja o tipo de mãe que deseja ser e empenhe-se não na competição, mas em proporcionar carinho e conforto ao seu casamento e à sua família. Seu casamento será bem-sucedido se você e seu marido se amarem e se dedicarem um ao outro, ajudando na felicidade e crescimento mútuos. Ser bons pais juntos certamente enriquecerá o casamento, mas comparar seu estilo com outrem, sobretudo com a ex-mulher, apenas causará transtornos.

- ❧ Tente se lembrar de que existem inúmeros aspectos na maternidade e que cada mulher age de forma singular. Tente não se preocupar com as diferenças entre você e a primeira mulher dele.
- ❧ Você já tem muitas preocupações como mãe de primeira viagem. Se estiver excessivamente preocupada com seu desempenho em relação às expectativas de seu marido, talvez tenha problemas conjugais que precisam de atenção e não problemas com a maternidade. Casamentos se desfazem por motivos complexos; da mesma maneira, alcançam êxito por motivos complexos. Seria raro o seu casamento falhar apenas porque você não é o mesmo tipo de mãe que a ex-mulher dele.
- ❧ Se sente que seu marido está comparando seu estilo de mãe com o da ex-esposa, diga-lhe que você é mãe inexperiente e que ainda está aprendendo a função. E diga-lhe que guarde essas ideias para ele mesmo. Se ele quer ajudar, então que ajude, mas dizer-lhe que você não atende a seus padrões apenas magoará os dois.
- ❧ Se está preocupada que ele não a amará tanto por não ser boa mãe (como se isso pudesse ser mensurado), converse com ele sobre o assunto. Peça-lhe para lhe assegurar que estão juntos por inúmeras razões e que suas aptidões de mãe são excelentes.

- Se você se preocupa em atingir os padrões estabelecidos pela ex-mulher em determinada área, especialmente se essas preocupações forem infundadas, precisa lidar com esses sentimentos. Fale sinceramente com seu marido sobre suas preocupações. Se as palavras de apoio dele não aliviarem sua ansiedade, procure ajuda profissional. Tornar-se mãe pela primeira vez quando o marido já tem filhos cria vários problemas que outras mães de primeira viagem não enfrentam. Conversem abertamente sobre sua insegurança; se isso não reduzir a pressão que você sente, procure ajuda fora de casa.

- Se você é claramente melhor mãe que a ex-mulher, não há problema em sentir-se satisfeita consigo mesma, mas não "conte papo" nem anuncie sua superioridade. Gabar-se ou apontar de que maneira é melhor mãe não eleva sua condição e você, seus enteados e o relacionamento com eles somente será beneficiado se a mãe deles for tratada com respeito. Seu bom desempenho como mãe ficará evidente sem nenhuma ostentação desnecessária, além de que aceitar as crianças e sua mãe nutrirá a auto-estima delas assim como o amor que sentem por você.

- Se a ex de seu marido foi/é boa mãe, seja grata. Filhos de divorciados precisam de todo apoio possível dos pais. Agradeça o fato de não ter de se preocupar em desfazer nenhum aspecto peculiar ou prejudicial que seus enteados tenham vivenciado. Viva em paz com a ex, se possível; se tiver sorte, ela até pode se tornar sua aliada.

Como posso ser boa madrasta se estou tão apaixonada pelo meu bebê?

Mães de primeira viagem que também são madrastas são cada vez mais comuns, o que não altera o fato de as duas funções poderem ser confusas e estressantes. Naturalmente você ama muito seu bebê e ainda bem que está preocupada com o fato de que esse amor possa ser constrangedor para seus enteados! Você pode ser boa mãe e boa madrasta, mesmo se amar sua família biológica de outra maneira.

Quando seu marido já tem filhos de casamento anterior, você confronta inúmeras questões que mães inexperientes tendo filhos com pais igualmente inexperientes não vivenciam. Os primeiros filhos do seu marido podem sentir ciúme do bebê, talvez já o tenham de você, e você pode invejar ou se ressentir com o relacionamento dele com os filhos mais velhos. Dependendo da situação de custódia e da faixa etária dessas crianças, talvez você entre na maternidade com certa experiência na criação de crianças maiores, mas nenhuma com bebês – mas seu marido já viu esse filme antes. O bebê é, ao mesmo tempo, um irmãozinho e filho único; você é mãe de um, mas madrasta de vários. Todo lar se desestrutura com a chegada de um bebê, mas, se você tem a custódia ocasional dos enteados, o seu lar será constantemente desorganizado. Então, o que fazer?

- Entenda que seus sentimentos pelo bebê são provavelmente diferentes dos que você tem pelos enteados. Você não quer exibir seu amor pelo bebê, mas não precisa escondê-lo.
- Tente não usar palavras como "meu bebê" nem compará-lo aos filhos de seu marido.
- Se você tinha um relacionamento positivo com os enteados antes, ele deve continuar.
- Saiba que o bebê poderá fazer com que os enteados temam perder o afeto e a atenção do pai. Ajude seu marido a amar o bebê ao mesmo tempo que ama as outras crianças. Planeje ocasiões para que todos se reúnam e outras em que seu marido esteja apenas com os filhos mais velhos.
- Se seu relacionamento antes era tenso, talvez permaneça assim, mas tente incluir o bebê como parte da família. Se os filhos mais velhos oferecerem ajuda, aceite-a. Inclua-os nas cerimônias e comemorações adequadas. Continue se empenhando para melhorar a comunicação entre vocês e lembre-se de que essas crianças não escolheram ser suas enteadas, mas fazem parte do pacote do seu casamento. Tratá-las bem é sempre uma ótima ideia.

- Você não *tem* de amar seus enteados da mesma maneira que ama seu filho biológico, mas não se esqueça de que eles sempre serão parte da vida de seu marido e do bebê e, portanto, da sua também. Pense que seu amor pelas crianças é diferente, nem melhor, nem pior, nem maior, nem menor. Amar cada um de seus filhos de forma singular, enteados, adotados ou biológicos, é adequado, realista e construtivo, mas esperar qualquer outra coisa de si mesma não.

Meu primeiro filho é o terceiro do meu marido. Como posso ser boa mãe se ele sabe cuidar de bebês muito mais do que eu?

Sorte sua! De onde foi que tiramos a ideia de que as mulheres devem saber tudo sobre bebês ou mais do que os pais deles? Claro, se seu marido estava envolvido na criação dos filhos anteriores, ele provavelmente saiba mais do que você. Ele tem experiência direta e prática, enquanto você não. Tudo bem.

Entenda que ele sabe mais sobre cuidar de bebês porque é experiente e você não. Só isso. Se ele conhece algumas boas técnicas para acalmar o bebê ou se é mais prático com as fraldas, sinta-se abençoada. Aprenda com ele e seja grata, pois a aptidão dele significa que você poderá descansar de vez em quando, sem se preocupar se ele cuidará bem do bebê.

Contudo sua preocupação indica um pouco daquela velha síndrome da mãe insegura. Você acha que, por ser a mãe, *tem* de ser a perita da família em bebês. Se está preocupada que seu QI mais elevado para cuidados infantis a diminua aos olhos dele (ou aos seus), você tem um problema bem diferente.

- Relaxe. Embora seu marido tenha passado por essa etapa da paternidade antes, ele não tem mais experiência do que você neste casamento nem com este bebê.

- Em pouco tempo, você alcançará o nível de aptidão de seu marido. Particularmente se for mãe em período integral, ficando em casa o tempo todo, em algumas semanas você será a especialista com *este* bebê.

- Tente abandonar a ideia de que você ou seu marido são melhores na função de pais. Não importa quem possa fazer o bebê sorrir mais rápido ou limpar seu vômito com mais eficiência. Apóiem-se nas tentativas e ensinem-se mutuamente o que sua experiência pessoal lhe ensinou ser válido para o bebê.

- Lembre-se de que o objetivo de um casamento não é ser melhor do que o cônjuge, mas apoiar talentos e aptidões mútuas e ajudarem-se nos momentos difíceis. Comparar suas aptidões com as dele, independentemente de quem está em desvantagem, pode ser destrutivo para o relacionamento e não a ajuda a se sentir melhor em relação a si mesma.

Meu marido sente que não foi um bom pai para os filhos mais velhos. Como posso ajudá-lo a se sentir melhor em relação ao seu desempenho como pai com o nosso bebê?

Mostre-lhe que confia nele com o bebê e diga-lhe que você está emocionada por ele desejar ser um bom pai para seu filho. Na maioria das vezes, homens que tiveram a primeira família no início da vida adulta dedicaram muito mais tempo à carreira ou a si mesmos do que à família ou filhos. Alguns deles, quando têm filhos em casamentos subsequentes, acham que têm uma segunda chance, mas temem não ser capazes de desempenhar bem a função.

- Seu marido precisa de seu apoio e incentivo. Peça sua opinião sobre qualquer questão e preocupação que você tenha em relação aos cuidados com o bebê. Ouça as ideias dele e use-as sempre que possível.

- Deixe-o sozinho com o bebê por algum tempo para que ele se sinta à vontade. Se ele é do tipo que aprende melhor pela experiência, entregue-lhe o bebê e saia. Se ele aprende melhor observando primeiro, mostre-lhe como fazer certas coisas e *depois* deixe que ele assuma o cargo. Depois elogie seu desempenho.
- Mesmo se você achar que seu marido fez alguma coisa idiota com o bebê, desde que a criança não esteja em perigo, seja positiva e elogie suas tentativas de cuidar do filho.
- Diga-lhe com todas as letras que se orgulha de seu interesse pela criação do bebê.
- Não critique os métodos dele para cuidar do bebê.
- Não dê sugestões, a menos que tema pela segurança do bebê. Deixe-o agir à maneira dele. Será que importa se ele colocar a fralda de outro jeito?

Seja compreensiva e amorosa e mostre-lhe que tem certeza de que ele será um excelente pai.

MÃES DE MÚLTIPLOS

Temos trigêmeos (ou quadrigêmeos, quíntuplos etc.). Existe uma maneira agradável de evitar olhares e comentários inadequados de desconhecidos?

Como em qualquer situação incomum, múltiplos chamam atenção; às vezes isso é bom, às vezes não. Andar por aí com vários bebês geralmente lhe trará ajuda extra e espontânea, pois pessoas simpáticas correm para manter portas abertas para vocês passarem ou permitem que fure a fila em várias situações. Mas, com a mesma frequência, a novidade dos múltiplos pode eliminar a capacidade das pessoas serem educadas e os três bebês serem saudados com olhares que poderiam ser considerados hostis.

- Entenda que seus bebês são incomuns e, portanto, interessantes. A maioria dos olhares é inofensiva.

- Se os bebês trajam roupas iguais, a multiplicidade se torna ainda mais evidente. Se você quer que tenham identidades distintas e ocultar, ao menos um pouquinho, a multiplicidade, vista-os com trajes diferenciados.
- Adote o método de acenar com a cabeça educadamente e continuar seu caminho para a atenção indesejada de desconhecidos. Quando lhe perguntarem – como se não fosse óbvio – se os bebês são quadrigêmeos, faça um aceno com a cabeça e vá andando.
- Se o interrogatório persistir ("Você usou drogas para fertilidade?"), sua personalidade e paciência determinarão se deve ou não responder.
- Lembre-se de que seus filhos aprenderão com você. Se for agradável com as pessoas hostis, eles também o serão. Mas, além disso, se você descrever a existência deles como um dom de Deus, saberão que você os curte muito e, falar sobre como é difícil lidar com eles, saberão que representam um fardo em sua vida. Escolha cuidadosamente suas palavras antes dos bebês aprenderem a falar.

Temos gêmeos. Muitas pessoas os comparam, na frente deles e na nossa. Como posso ajudá-las a não dizerem coisas que magoem meus filhos?

As pessoas comparam crianças o tempo todo, mesmo quando não são gêmeas. A avó percebe que Luke andou mais cedo que a prima Frannie; a vizinha se gaba de que os filhos dela dormiam a noite toda muito antes dos seus; ou sua professora do terceiro ano observa que seu irmão se comportava muito melhor do que você. Raramente esses comentários são válidos ou construtivos. Se você ou seu filho forem o "melhor," a sensação é boa naquele momento, mas você também sabe que a sua vez de fracassar logo chegará.

Muitas pessoas ao verem gêmeos (ou outros múltiplos) não conseguem deixar de comentar sobre a semelhança, perguntando qual é mais bonzinho, ou mesmo se você consegue distingui-los. Embora algumas famílias curtam a atenção, essas observações e perguntas podem ser prejudiciais. Se você decide responder, talvez perceba que está, inconscientemente, declarando qual criança tem quais características e esse rótulo quase sempre limita a capacidade de seus filhos explorarem todos os talentos e interesses de que são dotados. Você não precisa sucumbir aos desejos que os terceiros têm de classificar seus filhos.

- Se lhe perguntarem qual é melhor em determinada atividade (dormir, comer, disposição etc.) não escolha um nem outro. Diga ao curioso que *ambos* são encantadores e que se comportam exatamente como qualquer outro bebê.
- Se você tem gêmeos fraternos (e para outros múltiplos), você pode fornecer algumas informações ao curioso. Diga-lhe que um é maior do que o outro porque gêmeos fraternos são como qualquer irmão e irmã e, consequentemente, possuem características similares e distintas.
- Sempre trate os bebês como indivíduos. Incentive seus pontos fortes, admire e valorize sua individualidade.
- Entretanto não force seus filhos a assumirem papéis especificamente diferentes. Não suponha que, por Ashley ser calma, não gosta de esportes ou que a capacidade que Don tem de se virar com somente três semanas de vida significa que deva colocá-lo em uma aula de ginástica, mas não a irmã. Deixe que cada criança tente diversas atividades e incentive-as a se desenvolverem em muitas áreas.
- Quando lhe perguntarem se consegue distingui-los, mostre-lhes como você faz! Aponte as sardas no queixo de um ou o fato de que você sempre veste Margaret de azul.

Assim que os bebês tiverem idade suficiente para decidirem sozinhos, apóie diversos interesses e até algumas atividades "excêntricas".

Índice Remissivo

adoção
    casais gays 274-275
    criar vínculos com o bebê 261
    diferenças raciais 260-261
    quando contar ao bebê 259-260
    responder a perguntas sobre gravidez, parto, ou recuperação 258-259
amamentação
    constrangimento do avô 210-211
    cuidado com os seios 66-67
    descida do leite 66
    dificuldades para amamentar 63-66
    dor 65-66
    peito ou mamadeira 62-63
    perda de peso 67-68
    quando trabalha fora de casa 140-142
    vazamento da mama 141

amigos
    diversas opções para a criação dos filhos 233-234, 247-248
    falta de tempo para 236-237
    incompreensivas 230-232
    mudança nos interesses 248-249
    perder 246-247
    preservar amigos se não têm filhos 228-229
    quando você é mais velha/mais jovem do que outras mães 250-251
    telefonar 249-250
antebraços, doloridos 80-81
arrependimentos, evitar 54-55
atrasado, estar 102-104
avós
    aumentar o envolvimento deles 212-214
    avó age como se fosse mãe do bebê 205-206

competitivos em relação à
maternidade 198-199
comportamento invasivo
201-202
datas festivas 221-222
desavenças 204
limitar o envolvimento deles
200-201
maior respeito pela sua mãe
193-194
quando se sentem constrangidos com a amamenta-
ção 210-212
quando você não se sente à
vontade com eles atuando
como babás 216-217
saúde limitada 195-196
sensibilidade à crítica deles
194-195
valorização dos 197-198

baby blues 37
bilhetes de agradecimento 93-94

cabelos 58-59
carreiras, mudar 135-137
casamento
ausência de tempo para o
casal 185
martírio 55, 150-152, 177-
178
menstruação 77
nada em comum, exceto o
bebê 184-185

noite para sair com o marido
162
preparo de refeições 108-110
certidão de nascimento 97
chorando, a mãe está 37
clube da vassoura e rodo
106
competição
brigas conjugal 149-150
entre amigas 244-246
entre avós 221-223
entre familiares 217-218
confiança 40; com os sogros
198-203
controle de natalidade 77
corpo, mantê-lo para si 157-158
creches 126, 130-131
cuidados infantis
babás 128-129

decepção
com o bebê 49-50
com o parto 28-30
com os avós 195-199
depressão pós-parto 30, 38, 50,
181, 268-269;
desafios de se tornar mãe 88-89
desavenças, diversos métodos
para resolver 214-215
desorganização
em casa 86-87
diferente, quando o bebê é
anomalias físicas 272-273

atraso no desenvolvimento
269-271
menor ou maior do que o
normal 273-274
dor lombar 74-75

egoísmo na mãe 34
em casa 126-129
entreter o bebê enquanto você
trabalha 101-102
espontaneidade
no casamento 163-164
estimular o intelecto do bebê
31-33
estrias 75-76
estrutura
controle em sua vida 51-52
rotina do bebê 99-100
exaustão 47-48, 60-62

falta de atenção para a mãe de
primeira viagem 41-42, 57
família, relações cortadas com
264-267
familiares como babás 127
férias ou faltas por doença 131
filmes 241-242
fotografias 110-111

gravidez, com acompanhamento médico
compartilhar informações
com o bebê 255-256

compartilhar informações
com outros 255-256

hemorróidas 83
horários
adaptar-se à vida com o bebê
35-36, 51-52
ajudar o bebê a se adaptar
99-100

identidade, perdeu 24, 52-54

lidar com múltiplas funções
35-36
listas 89-93
lubrificação vaginal /secura 78

madrasta, ser uma 279-281
mãe em período integral
168-169
desfrutar de atividades fora
de casa 144-145
falta de poder no casamento
164-167
manter aptidões profissionais
143-144
permanecer em contato com
colegas de trabalho
142-143
sentimentos 134-135
mãe
fazer escolhas diferentes das
suas 204-205
sentir saudade dela 220-221

mães de múltiplos, 283-285

mães, solteiras 276

mamas

    alterações no tamanho e forma 68-69

    pertencem ao bebê ("objeto de trabalho") 66

    quando não parecem sensuais 66-67

marido

    critica as aptidões da esposa nos cuidados com o bebê 156-157

    não entende o dia da esposa 155-156

    quando a esposa não confia nele com os cuidados infantis 175-176

    quando a esposa precisa pedir ajuda 179-180

    quando ele deseja ser um pai melhor desta vez 282-283

    quando ele é melhor em determinadas tarefas do cuidado infantil 186-187

    quando ele não faz as coisas à sua maneira 175-176

    quando ele não se sente à vontade com os cuidados infantis 176-177

    quando ele sabe mais sobre cuidados infantis 281-282

    sente-se ignorado 172-174

    ser mais do que pais do mesmo bebê 162-163

tem filhos de união anterior 278-281

trabalha demais 182-183

maternidade, valor da 48-49, 134-135, 155-156

mudanças

    apetite 70-71

    físicas 69-70,72

número do sapato/crescimento do pé 84

olfato 73

organização 86-87, 171-172

pagar as contas 94-96

pai em período integral 168-169

pais, deficientes 267-268

parto

    decepção com 28-29

    dificuldade e relação com as aptidões maternais 29

pele 59

perguntas na entrevista 128

plano de saúde 121-122

poder financeiro, perder a independência financeira 164-167

preocupação com o bebê, normal versus ansiedade excessiva 42-43

prioridades, definir 35-36, 88-93; diversas 181-182

privação do sono 60-62

proteção 40, 43-45, 264-265

psicose pós-parto 268-269

raiva
    em relação à família do côn-
        juge 214-216, 265-267
    em relação ao bebê 45-46
    em relação ao marido 152-
        157, 187-189

Realizar tarefas com o bebê
    106-107

reduzir suas expectativas 35

Regra dos Dez Minutos 101

relação sexual
    falta de interesse 159-160
    medo da dor 79-80
    nível de desejo diferente em
        relação ao do cônjuge
        159-160
    retomar a boa vida sexual
        160-161
    secura vaginal 78

relacionamentos, manter em
    família 224

responsabilidade 42, 55-56, 135

sacrifícios 206

sacrifícios 54-55, 193, 206-207

sair com o bebê 104-105

sangramento vaginal 76

socialização com o bebê
    240-241

sogra, dominadora 202-204

sogros, irritantes 200-202

solidão 38-39, 106, 226-227

sonho da maternidade vs. reali-
    dade 26

sugestões indesejáveis 111-112

tarefas
    compartilhar 150-151
    conseguir que o marido aju-
        de mais 168-169
    igualdade 177-178
    quando a esposa faz mais
        168-169, 171-172

testamento 97

tomar banho 87

trabalhar fora de casa
    acomodações na empresa
        122-123
    amamentar 140-141
    babá doente 125
    benefícios de cuidados in-
        fantis e de plano de saúde
        121-122
    considerações financeiras
        120-121
    culpa 132-133
    desejar estar em casa quando
        está no trabalho e vice-
        -versa 138-140
    filho doente, 131
    flexibilidade de horário de
        trabalho 116, 122-123

meio período *versus* período integral 116-117

opções de gastos flexíveis 122

questões profissionais 122-123

ser levada a sério 124-125

trabalhar em casa 118-120

trabalhar em período integral é ruim para o bebê? 132-133

trabalhar ou não trabalhar, como decidir 113-115

vínculo com o bebê 133-134

trabalho de meio período

como se adaptar aos colegas de trabalho e a outras mães 137-138

sentimentos 137-139

trocar aptidões e serviços 106

variações de humor 37

veias varicosas 81-83

verificar a respiração do bebê 42-43

vínculo

após a depressão pós-parto 268-269

com bebê adotado 261-262

entre a mãe que trabalha e o bebê 133-134, 140-141

separação do bebê imediatamente após o nascimento 30